大型古墳の出現と埴輪

▌甲斐銚子塚古墳と埴輪
（山梨県立考古博物館蔵）

朝鮮半島との関係を示す遺物

▌金銅製眉庇付冑
出典：colbase（https://colbase.nich.go.jp/）
千葉県祇園大塚山古墳

▌金銅装双龍環頭大刀柄頭
写真提供：木更津市郷土博物館金のすず
金鈴塚古墳

武力を担った東国

地方寺院の建立

龍角寺軒丸瓦・軒平瓦
写真提供：千葉県立房総のむら

貴重な地方豪族の記録

那須国造碑
所蔵・写真提供：大田原市・笠石神社

鎮護国家の寺院

下野国分寺の復元模型　写真提供：下野市教育委員会

地方の役所の実態

八角形の倉庫跡（佐位郡正倉跡）　写真提供：伊勢崎市教育委員会

本書4章参照

姫塚古墳の埴輪列とその構造

（芝山仁王尊・観音教寺蔵）

保管：芝山町立芝山古墳・はにわ博物館、撮影：（独）奈良文化財研究所・中村一郎

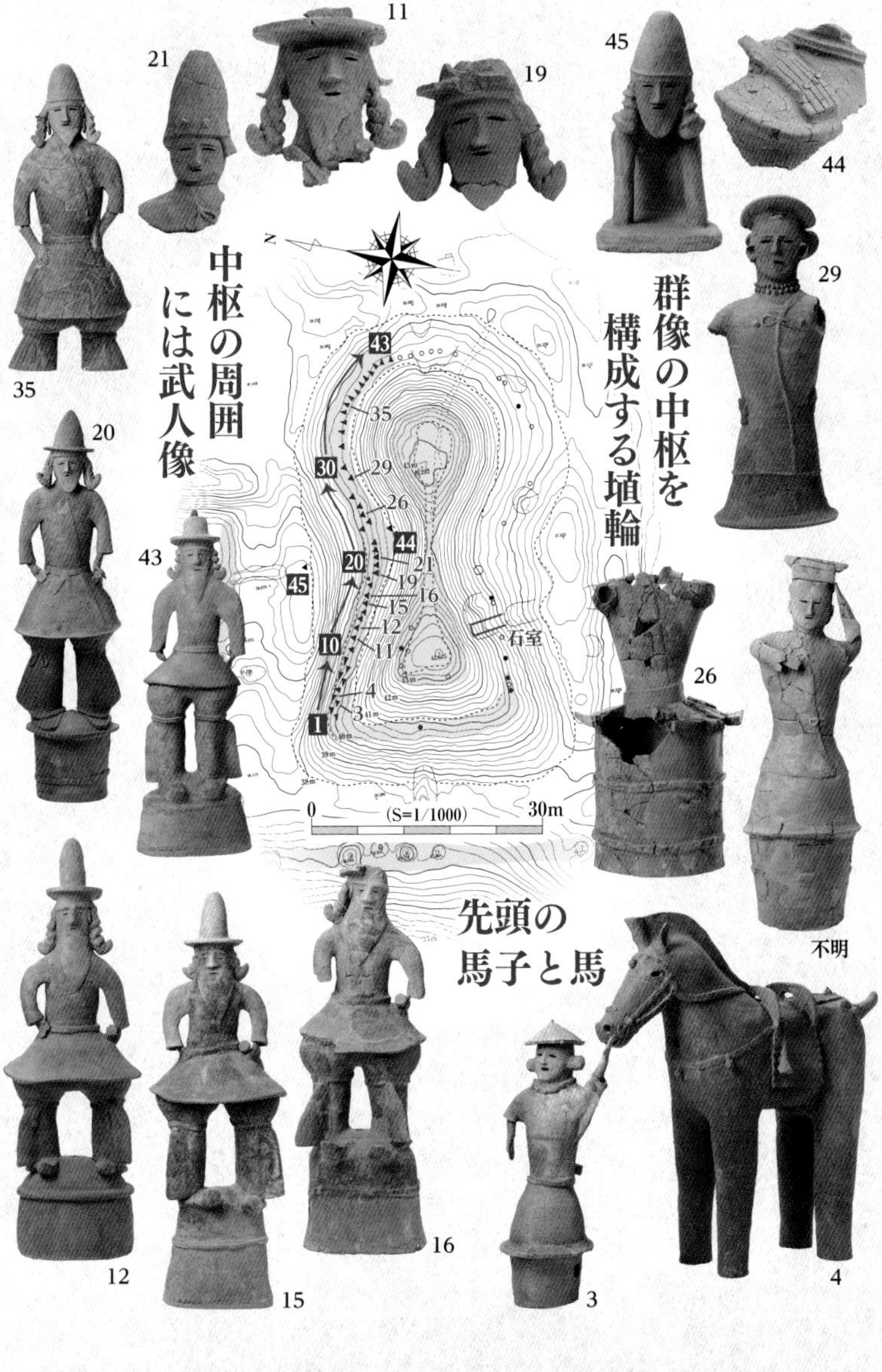

シリーズ❖地域の古代日本

東国と信越

吉村武彦
川尻秋生
松木武彦
編

角川選書
657

刊行にあたって

古代で倭国《わこく》・日本とされた列島地域は、『日本書紀』の国生み神話では「大八洲国《おおやしまぐに》」と呼ばれていた。本州・九州・四国島という主要な三島《さんとう》と隠岐《おき》・佐渡《さど》などの島々である。この大八洲国に、蝦夷《えみし》が居住する「渡島《わたりしま》」がある北海道と、「南島」の南西諸島が加わって現在の日本国が構成されている。

律令制《りつりようせい》国家の時代は、行政的区分として五畿七道（天平宝字元年〈七五七〉の和泉国《いずみのくに》の建国までは四畿七道）に分かれていた。畿内は大和《やまと》・河内《かわち》・和泉・摂津・山背国《やましろのくに》からなり、七道は東海・東山・北陸・山陰・山陽・西海・南海道である（東海道から時計の逆回りに呼ぶ）。各国には国府《こくふ》と国分寺《こくぶんじ》があり、複数の郡から構成され、在地の有力者が郡司として地域の支配に加わっていた。

さて、人の一生をみるに、物心がついた居住地から郷土意識が芽生える。それが誕生地であれ、移住地であれ、マチやムラという馴染《なじみ》の地域となる。やがて成長するにつれ、村・町や市、そして都道府県へと行動範囲が拡がっていき、やがて日本を意識するようになる。

近年では、教育・メディアの影響で標準語が一般化している。しかし、たとえば「×」記号の読みは、関東では「ばつ」、関西では「ぺけ」、九州では「ばってん」などと読まれ、それぞ

れの地方に根づく言葉として使われている。地域に根ざした文化は、ひとつの言葉でさえ、特色のある呼び方として今日まで続いている。これが生活習慣となると、方言以上に地域独自の特徴を持っている。おそらく古代を含め、歴史的に形成されてきたものと思われる。このように、一人ひとりが個性を持つように地域にも独自の文化があり、それらが歴史的・複合的に形成されて、今日の日本文化を成り立たせている。

これまでKADOKAWAでは、地域の歴史に焦点をあてた書籍を多く刊行してきた。『角川日本地名大辞典』(全五一巻、一九七八〜九〇年)は、都道府県別の地名研究に大きな足跡を残してきた。

そして、本企画の前身となるシリーズ『古代の日本』(全九巻、一九七〇〜七一年)、『新版 古代の日本』(全一〇巻、一九九一〜九三年)を出版し、地域に根ざした歴史の解明に寄与してきた。その後、三〇年近く経ち、都城や地域の国府・郡家《ぐうけ》の官衙《かんが》遺跡などの発掘による新発見や、数多くの木簡・墨書土器などの文字史料が出土し、地域の歴史研究もめざましく発展した。新聞を飾る考古学上の新発見もあいつぎ、研究者ばかりか一般の歴史愛好者の関心を集めている。

選書版『地域の古代日本』は、これまでの『古代の日本』シリーズの学術的意義を受け継いでいくとともに、新版刊行後における考古学・歴史学の研究成果を反映して、一般の読者に地域の歴史をわかりやすく解き明かすシリーズとして企画した。

シリーズの構成はコンパクトにまとめて全六巻とし、『東アジアと日本』を総論として、『陸

奥と渡島』、『東国と信越』、『畿内と近国』、『出雲・吉備・伊予』、『筑紫と南島』と展開する。

ただし、地域編についても、各地域の具体的特徴がわかるようなテーマを設定するとともに、日本の全体像が理解できるように構成して、列島全域を再現することを試みた。

なお、巻末には地域を詳しく知るための文献案内のほか、博物館・埋蔵文化財センター展示室など地域の歴史遺産を実見できるように、ガイドを掲載した。ぜひ地域の歴史の面白さを実感してほしい。

吉村武彦
川尻秋生
松木武彦

本文中の「＊」は、巻末の「キーワード解説」の用語の初出に付けたものである。

本巻への招待

本書は、関東甲信越地域を扱う。この地域を一言で言い表すことは困難であるが、強いて言えば、王権から見て東に位置するということであろう。アヅマ（東）である。よく知られているように、王権から見た「東国」とは、時代の経過とともに東に移動することになる。

東国をよく示す概念として『古事記』雄略《ゆうりやく》段の三重《みえ》の采女《うねめ》の天語歌《あまがたりうた》がある。そこには、「百《もも》足《だ》る槻《つき》が枝《え》は、上《ほ》つ枝は天を覆《おお》へり、中つ枝は阿豆麻《あづま》を覆へり、下《し》つ枝は比那《ひな》を覆へり」とあり、「天—東—夷《ひな》」というヤマト王権から見た宇宙観が表示されている。現代の感覚からすれば、「アヅマ」は「ヒナ」に含まれるように感じられるが、古代社会では、両者は別々の存在であった。ここで言う東方の「ヒナ」とは伊勢《いせ》から美濃《みの》までで、その先の遠江《とおとうみ》・信濃《しなの》以東を「アヅマ」としているとみられる。この地域区分は、律令《りつりょう》制下で防人《さきもり》が徴発される地域とほぼ重なり（遠江・駿河《するが》・甲斐《かい》・相模《さがみ》・伊豆《いず》・上総《かずさ》〈安房《あわ》〉・下総《しもうさ》・常陸《ひたち》・信濃・上野《こうずけ》・武蔵《むさし》・下野《しもつけ》国）、七世紀後半までの東国観を示していると推測される。

越《こし》について、『日本書紀』では、四道将軍の一人として大彦命《おおひこ（のみこと）》が北陸に派遣され（崇神《すじん》十年九月条）、『古事記』でも大毘古《おおひこ》（大彦）命《（のみこと）》が「高志《こし》道」に遣わされたという（崇神段）。その

まま史実とみる訳にはいかないが、王権の統治が及んでいく過程を説話化したものであろう。越は、律令制下では越後《えちご》・越中《えっちゅう》・越前《えちぜん》〈能登《のと》・加賀《かが》〉国となるが、もともとは一つの領域であったと推測される。東国には含まれないが、北陸道による陸路、日本海交通による海路、信濃国から信濃川沿いに越後国へ向かう道などで都とつながることになる。

さて、東国の重要性を示すのが『日本書紀』崇峻《すしゅん》五年十一月条である。蘇我馬子《そがのうまこ》は、崇峻が自分のことを殺害しようとしているのではないかと疑い、「東国の調《みつき》」が貢納される日であると偽って崇峻を誘い出し、殺害したことになっている。同様の事例は、乙巳《いっし》の変（大化《たいか》改新）の際、用心深い蘇我入鹿《いるか》を誘い出す口実として、「三韓の調」の貢納が用いられたことと共通する。貢ぎものを上納する儀式は、大王（天皇）や主要な豪族が必ず出席しなければならない重要な行事であったこと、延《ひ》いては、東国がある意味で朝鮮半島諸国と同じく「異国」として認識されていたことを示している。

「東国の調」については他に史料がないが、『万葉集』巻二、相聞（一〇〇番）に手がかりがある。

東人の　荷前《のさき》の箱の荷の緒にも　妹《いも》は心に　乗りにけるかも　禅師

これは、久米《くめの》禅師と石川郎女《いしかわのいらつめ》の間で交わされた相聞《そうもん》歌（恋愛歌）であるが、この前の四つの歌（九六〜九九番）は信濃に関係するものである。したがって、この歌も信濃関係と推測され、信濃から納められた布（信濃布）が、ある時期、東国から貢納される初物（荷前）として認識されていたことを示している。おそらく信濃布は、古く「東国の調」の一つの品目だったのだ

ろう。

東国の領域は時期によって変遷するものの、ヤマト王権にとって、異国にも匹敵する重要な地域であった。その理由は何なのであろうか。それは、東国の持つ大きな軍事力に求められる。例えば、中衛府《ちゆうえふ》（聖武《しようむ》天皇の護身のために設置された衛府）の舎人《とねり》は、主として東国の郡司子弟から採用されたため「東舎人《あずま》」と呼ばれたが、「額《ひたい》に箭《や》は立つとも背には立つまい（決して敵に背を向けることはないだろう）」と聖武に賞賛されたように（『続日本紀《しよくにほんぎ》』神護景雲《じんごけいうん》三年〈七六九〉十月条）、勇猛果敢な性格で知られていた。

また、九州北部に派遣され、外敵の侵入に備えた防人《さきもり》は、東国の軍団兵士のなかから差し向けられたが、東国の軍事力を国土防衛に転用するとともに、東国の軍事力のいわばガス抜きの機能も果たしていたらしい。東国の軍事力を管理し、王権に忠実な僕《しもべ》として維持しておくことは、王権にとって必要不可欠であった。

奈良時代はじめになると、東国の範囲はさらに東に移ることになる。神亀《じんき》元年（七二四）四月には「坂東《ばんどう》九国」との表記が見え（『続日本紀』）、この段階では陸奥《むつ》国を含むものの、八世紀中頃以降、「坂東」と言えば、現在の関東地方と同等の地域を指すことばになり、現在に至る。この坂東という地域概念は、征夷《せいい》のための兵員・軍糧の兵站《へいたん》基地として設定されたもので、坂東と東北地方には深い関係があったことが知られている。

こうした王権と東国の平衡関係が崩れたとき、東国は王権への敵対地域として立ち現れてくる。本書で扱った時代の後に続く平将門《たいらのまさかど》の乱、そして源頼朝《みなもとのよりとも》による鎌倉《かまくら》幕府によって、東国

は独自の地域として自立し、王権に対峙《たいじ》することになるのである。

以下、論考の内容を紹介しておこう。

1章の川尻秋生《かわじりあきお》「国造の世界」は、従来の国造制《こくぞうせい》・ミヤケ制研究を脱却するためには、地域に密着した新たな資史料の掘り起こしが必要であると説き、房総《ぼうそう》や武蔵地域を俎上《そじょう》に上げ、出土文字資料や時には中世史料にも目配りをしつつ、新たな研究方法を模索・提示する。

2章の田中史生《たなかふみお》「東国と渡来系移住民」は、渡来人と東国の関係を古墳時代まで遡《さかのぼ》らせ、東国に渡来人が配された理由、馬の飼育と渡来人、ミヤケと渡来人の関係、上野三碑《さんぴ》など、多様な点から東国と渡来系移住民の関係を詳述する。文献にとどまらず、考古資料もふんだんに用いた叙述は、渡来人の視点から見たこれまでにない東国像を醸し出している。

3章の白井久美子《しらいくみこ》「古墳と埴輪祭祀」は、全国的な古墳の動向も視野に入れながら、東国の古墳文化を時代別・地域別に叙述する一方、東国の埴輪《はにわ》について詳しく説明を加える。埴輪祭祀《さいし》について、いくつかの説があるが、白井氏は「もがり」、すなわち葬送儀礼との関係を重視する。近年の東国の埴輪研究は、精緻《せいち》化しているが、この論考は今後の出発点になろう。

4章の大橋泰夫《おおはしやすお》「役所と在地社会」は、国府・郡家《ぐうけ》（郡衙《ぐんが》）など、東国の官衙を扱う。この分野は、近年各地で多くの遺跡が発見・発掘され、大きく研究が進んだ。各国の郡家および国府を概観・類型化し、渡来人の影響や蝦夷《えみし》政策・交通との関連も見出《みいだ》す。また、唯一、文献史料（『上野国交替実録帳』）と遺跡が対比しうる群馬県の郡家遺跡、七世紀末に遡る初期国府（常

陸国庁）などにも言及し、この分野の牽引《けんいん》者である大橋氏独自の見解も披露されている。

東国の仏教の特徴に村落寺院がある。5章の藤本誠《ふじもとまこと》「地方寺院と村堂」は、各種文献、とくに『日本霊異記《りょういき》』『東大寺《とうだいじ》諷《ふ》誦文稿《じゅもんこう》』を丁寧に読み解きながら、東国・信越地域の具体的な考古学知見を加え、地方寺院や村落寺院の存在形態を追う。氏寺とは異なり、複数の氏族が地域秩序の維持目的で建立した寺院があるとの説は興味深い。

6章の大隅清陽《おおすみきよはる》「ヤマトタケル東征伝承とアヅマ」は、東国に関する諸説を参照した上で、ヤマトタケル伝承を読み解き、部分的に『日本書紀』が古態を残す部分はあるものの、土地の制圧ではなく、言向《ことむ》けを行う『古事記』の方が大筋として原形を留《とど》めているとみる。さらに、酒折宮《さかおりのみや》伝承に着目し、「酒折」の原義を路が交わる交通の要衝（衢《ちまた》）とし、この地で、タケルが御火焼《みひたき》の翁《おきな》に「東の国造」の称号を授けたエピソードについては、洒落《しゃれ》が根幹にあったと推測する。広くこれまでの学説を見渡しつつも、地域研究に深く根ざした考えを提示する。

7章の田島公《たじまいさお》「三川・穂・三野・科野・越の地域と社会」は、参河《みかわ》・美濃・信濃・越後地域を取り上げ、記紀伝承を検討材料に取り込みながら、木簡・系図などの最新研究を踏まえつつ、大化前代の地域・社会像を紡ぎ出す。記紀伝承の扱い方には難しい面があるが、避けて通ることはできない。史料が限られている当該時期の研究の進め方において、興味深い方法・論点が示されている。

ESSAYの福田《ふくた》アジオ「民俗の分布を考える」は、生活互助組織「ジルイ」ということばの分布から、集団の移動、ないし関係性の伝播《でんぱ》を想定する。民俗学の先達ならではの視角であ

ろう。

本書は、これまで蓄積されてきた関東甲信越地域の地域史研究を振り返りつつ、今後の研究の方法や地域史研究の方向性を追い求めた点に、これまでになかった斬新《ざんしん》さがあると思う。執筆者一同、本書を出発点として、新たな地域研究、そして地域社会像が生み出されることを、切に願うものである。

川尻秋生

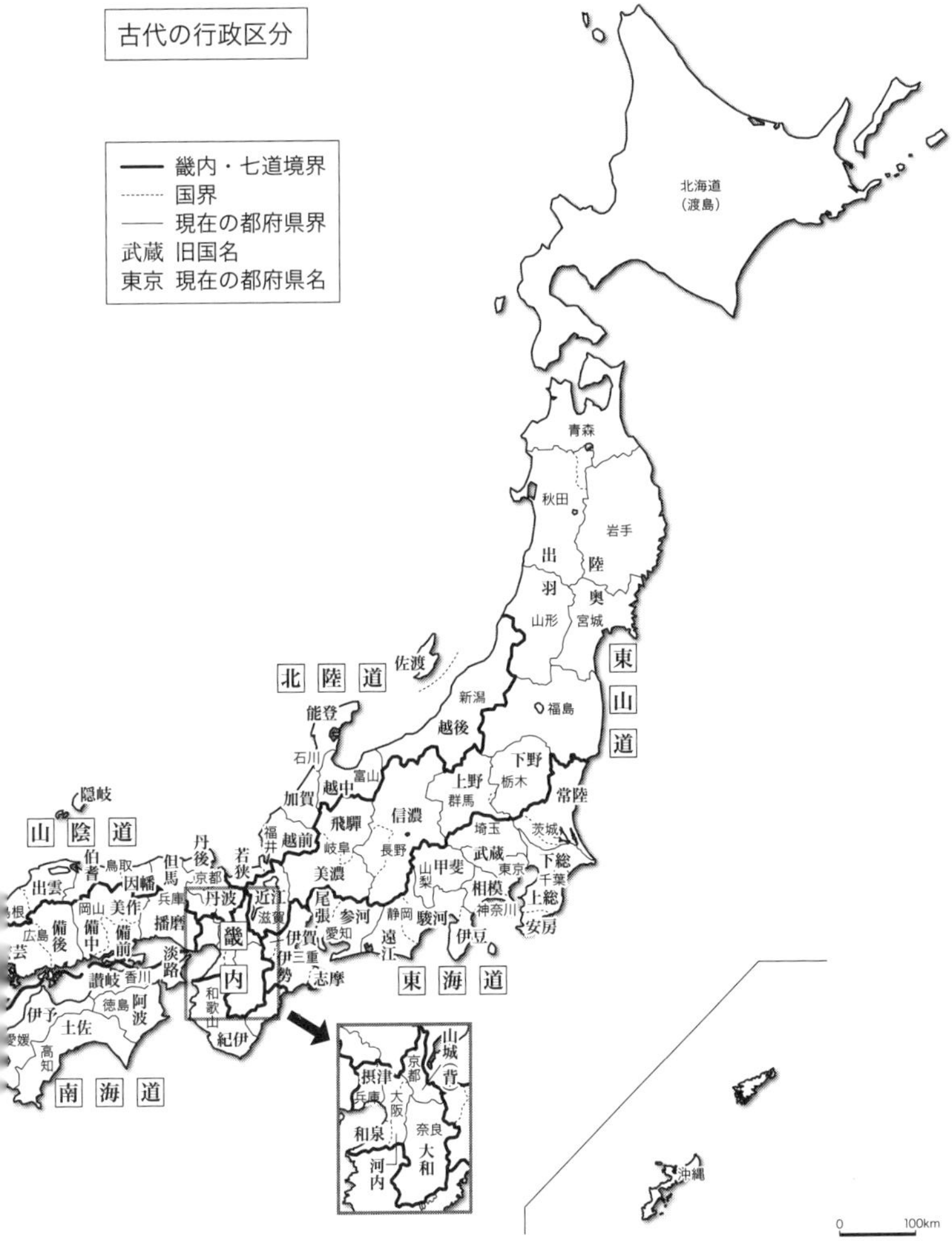

『図説 日本史通覧』(帝国書院)を元に作成

国名	よみ	都府県名	五畿七道
陸奥	むつ	青森・秋田・岩手・宮城・福島	東山道
出羽	でわ	秋田・山形	東山道
下野	しもつけ	栃木	東山道
上野	こうずけ	群馬	東山道
美濃	みの	岐阜	東山道
飛驒	ひだ	岐阜	東山道
信濃	しなの	長野	東山道
近江	おうみ	滋賀	東山道
佐渡	さど	新潟	北陸道
越後	えちご	新潟	北陸道
越中	えっちゅう	富山	北陸道
能登	のと	石川	北陸道
加賀	かが	石川	北陸道
越前	えちぜん	福井	北陸道
若狭	わかさ	福井	北陸道
安房	あわ	千葉	東海道
上総	かずさ	千葉	東海道
下総	しもうさ	千葉	東海道
常陸	ひたち	茨城	東海道
武蔵	むさし	埼玉・東京・神奈川	東海道
相模	さがみ	神奈川	東海道
伊豆	いず	静岡	東海道
駿河	するが	静岡	東海道
遠江	とおとうみ	静岡	東海道
三河	みかわ	愛知	東海道
尾張	おわり	愛知	東海道
甲斐	かい	山梨	東海道
伊勢	いせ	三重	東海道
伊賀	いが	三重	東海道
志摩	しま	三重	東海道
山城	やましろ	京都	畿　内
摂津	せっつ	兵庫・大阪	畿　内
和泉	いずみ	大阪	畿　内
河内	かわち	大阪	畿　内
大和	やまと	奈良	畿　内
丹波	たんば	兵庫	山陰道
丹後	たんご	京都	山陰道
但馬	たじま	京都・兵庫	山陰道
石見	いわみ	島根	山陰道
出雲	いずも	島根	山陰道
隠岐	おき	島根	山陰道
伯耆	ほうき	鳥取	山陰道
因幡	いなば	鳥取	山陰道

国名	よみ	都府県名	五畿七道
播磨	はりま	兵庫	山陽道
備前	びぜん	岡山	山陽道
美作	みまさか	岡山	山陽道
備中	びっちゅう	岡山・広島	山陽道
備後	びんご	広島	山陽道
安芸	あき	広島	山陽道
周防	すおう	山口	山陽道
長門	ながと	山口	山陽道
紀伊	きい	和歌山・三重	南海道
淡路	あわじ	兵庫	南海道
阿波	あわ	徳島	南海道
土佐	とさ	高知	南海道
伊予	いよ	愛媛	南海道
讃岐	さぬき	香川	南海道
筑前	ちくぜん	福岡	西海道
筑後	ちくご	福岡	西海道
豊前	ぶぜん	福岡・大分	西海道
豊後	ぶんご	大分	西海道
日向	ひゅうが	宮崎	西海道
大隅	おおすみ	鹿児島	西海道
薩摩	さつま	鹿児島	西海道
肥後	ひご	熊本	西海道
肥前	ひぜん	佐賀・長崎	西海道
壱岐	いき	長崎	西海道
対馬	つしま	長崎	西海道

1章　国造の世界

川尻秋生

はじめに

国造制《こくぞうせい》研究については、江戸時代以来の蓄積があり、記紀や『先代旧事本紀《せんだいくじほんぎ》』所引「国造本紀」を中心として、現在に至るまで精緻に研究されてきた［森、二〇一四］。その結果、国造*に関する史料や論考を広く収集した研究書も刊行され、共通の財産となった［篠川ほか、二〇一三・二〇一七］。

しかし、国造に関する史料が少ないことは如何《いかん》ともしがたい事実であり、この欠を補うためには、文献史料のみならず、考古資料をはじめとした様々な資史料を用いた工夫が求められる。

一方、東国の国造制を考える上で、『常陸国風土記《ひたちのくにふどき》』*（以下『風土記』）が残されていることはきわめて重要である。『風土記』は常陸地域における国造制のあり方や国造の領域から評《こおり》が分立した状況を語って他に類例がない。つまり、『風土記』の記事を調べることは、ある意味で日本列島の国造制全般を考えることにつながる［鎌田、二〇〇一a］。

そこで、かつて筆者は、他の地域についても『風土記』研究から帰納される方法を応用できるのではないかとの仮説を立て、平城京二条大路木簡から下総国埴生郡《しもうさのくにはにゅうぐんじ》司の氏族名を特定し、

古墳群の消長、白鳳寺院《はくほうじいん》の建立、評（郡）家の成立などの在地の動向、そしてヤマト王権との関係を考察した。その結果、七世紀中頃、印波国造《いんばのくにのみやつこ》の領域内に新興氏族が勃興したために、国造職がその氏族に移り、乙巳《いっし》の変（大化改新）の後、埴生評が印波国造の領域から独立した可能性について論及した［川尻、二〇〇三a］。

このような研究を踏まえて、本稿では、これまでの東国の国造に関する研究史を事細かに追うのではなく、地域に根ざした今後の国造制やミヤケ*研究には、どのような方法が考えられるのかという点を具体的に提示することにしたい。

こうした新しい試みは近年では考古学からのアプローチがあり［桃崎、二〇一〇］、とくに東国では、古墳および群馬県高崎市の山上碑《やまのうえひ》・金井沢碑《かないざわひ》・多胡碑《たごひ》のいわゆる上野三碑《こうずけさんぴ》*を用い、上野地域のミヤケについて、詳細に研究されている［若狭、二〇一一］。

そこで、以下ではいくつかの具体的な事例をあげながら、さしずめ、「国造の領域から評はどのように生まれたのか」、「ミヤケを探す」、「国造の名はどのようにして付けられたのか」という三つのカテゴリーを考えている。

地域史研究は、文献史学のみならず、考古学・文学（日本語学）・地理学などの隣接諸科学、そして中近世史料をも視野に入れる必要がある総合的な歴史学の分野である。本稿が今後の東国の国造制研究にいささかでも貢献できるならば、これに過ぎる慶《よろこ》びはない。

1　国造の領域から評はどのように生まれたのか

国造・ミヤケとは何か

まず、読者の皆さんに、安閑元年紀にみえる「武蔵《むさし》国造の反乱」を通して〔甘粕、一九七〇／城倉、二〇一一／若狭、二〇二一〕、国造とミヤケのイメージを摑《つか》んでいただこう。以下、意訳しておく。

武蔵国造の笠原直使主《かさはらのあたいおみ》が同族の小杵《おき》と国造の地位をめぐって争ったが、年を経ても決着しなかった。小杵は性格が邪《よこしま》で、朝廷に従わなかったので、密《ひそ》かに上毛野君小熊《かみつけののきみおくま》に助けを求め、使主を謀殺しようとした。使主はこれに気づいて上京し、朝廷に実情を報告した。朝廷は断罪して使主を国造に任命し、小杵を誅殺《ちゅうさつ》した。国造となった使主は喜んで、国家のために横渟《よこぬ》・橘《たち》花《ばな》・多氷《おおひ》・倉樔《くらす》の四カ所の「屯倉《みやけ》」を献上した。

国造とは、ヤマト王権が地方の有力者に、各地域の統治を委任する代わりに与えた称号である。「クニノミヤツコ」ということばは、もともと「奴」すなわち「家っ子」に敬意を表す「ミ」を冠した名称で、国造が王権に従属するありさまを表している。「国造本紀」には、一〇〇ほどの国造をみることができる。

一方、「屯倉」とは、三家・三宅などとも記されるが、「ヤケ」に敬意を示す「ミ」が付いたことばである。「ヤケ」とは、元来、堀や垣根などで囲まれ，その中にヤ（屋）やクラ（倉）、

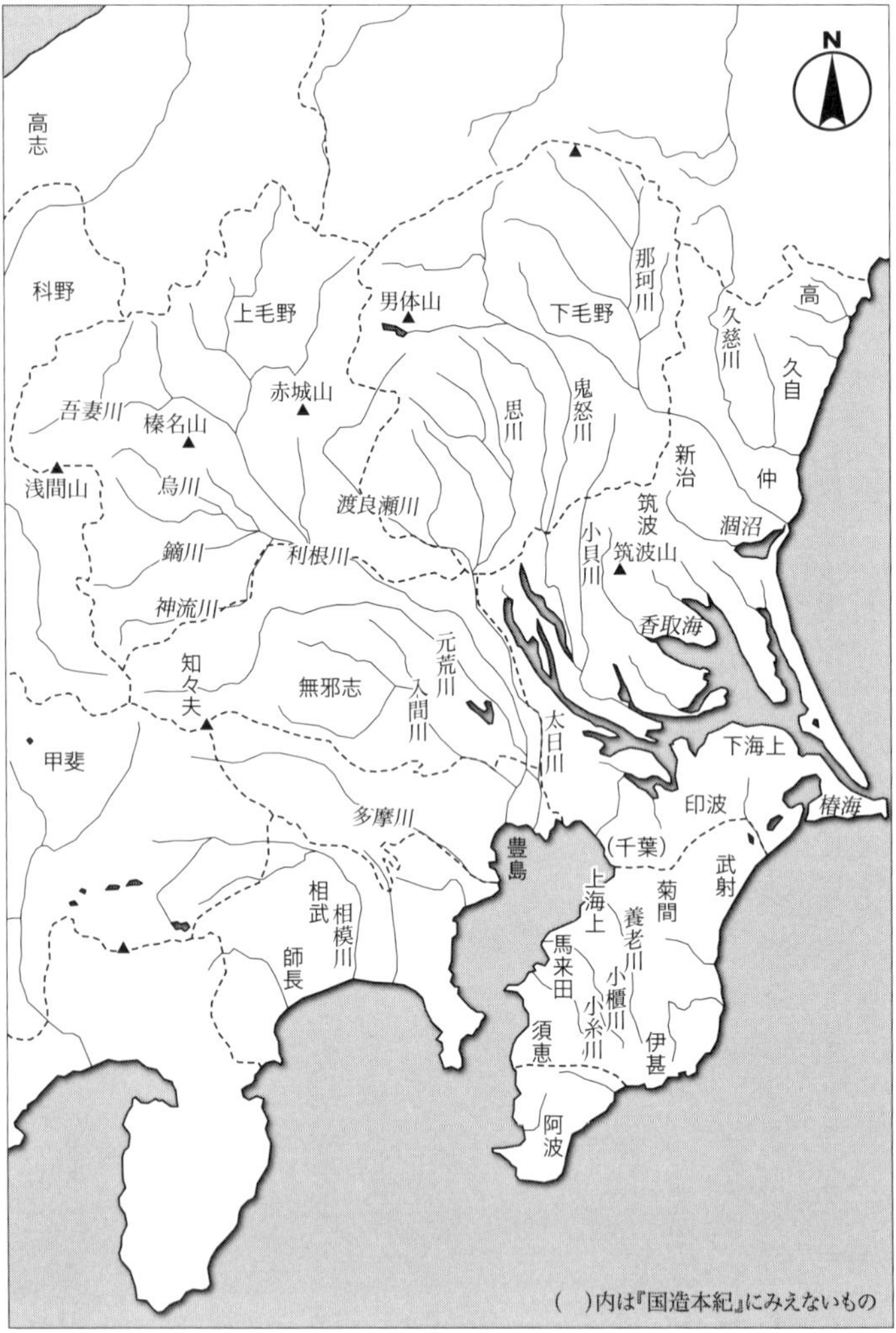
N
高志
科野
上毛野
男体山
下毛野
那珂川
久慈川
高
久自
赤城山
思川
鬼怒川
吾妻川
榛名山
浅間山
烏川
新治
仲
筑波
渡良瀬川
涸沼
鏑川
利根川
小貝川
筑波山
神流川
香取海
知々夫
無邪志
元荒川
入間川
太日川
下海上
甲斐
多摩川
印波
椿海
豊島
(千葉)
上海上
武射
菊間
相武
相模川
養老川
師長
馬来田
小櫃川
須恵
小糸川
伊甚
阿波
(　)内は『国造本紀』にみえないもの

図1-1　東国の国造

耕作地などが含まれる一定の領域を指すことばであった。したがって、ミヤケとは、国造などの地域の有力者が王権へ貢納や奉仕を行う拠点という性格が強い〔舘野、一九七八〕。この貢納・奉仕は、農業のみならず、鉄・塩生産、港湾・陸上交通の監視など多様な内容を持っていた。王権にとっての生産や軍事上の要衝に設置されたわけである。『日本書紀』にみられる「屯倉」とは穀物を収納する「倉」を強調した表記であり、本稿ではより一般化するために「ミヤケ」とカタカナで表記する。

地方のミヤケは、武蔵国造の反乱や筑紫《つくし》磐井《いわい》の乱など、王権に対する反乱や過失の後、贖罪《しょくざい》のために献上される場合が多く、王権の拠点が国造の支配領域に楔《くさび》のように打ち込まれたことを意味する。王権への従属度はそれだけ高くなると言える。七世紀以前の地域社会と王権の関係をみる時、国造とミヤケの問題はきわめて重要なのである。

東国国司詔

大化元年（六四五）八月、改新政府はいわゆる東国国司詔を発した。東国国司の任務は、「戸籍」の作成・校田（田の面積や所有者などの調査）の実施、公共地の共有化、武器の公的管理、そして国造と郡領（評司）の候補者を連れ帰ることなどであった。また、その際、派遣先で訴訟があっても勝手に判断してはならないこと、賄賂を要求してはならないこと、各戸から直接物品を調達してはならず、国造を介することなどが注意事項として命じられた。ただし、現在では「国司」「戸籍」などのことばに、後世の潤色があることが指摘され、とくに「国

司」はもともとクニノミコトモチを意味した「国宰」ないし『風土記』にみえる惣領《そうりょう》であったと考えられている。

本稿では、「国司」たちが国造・「郡領」を連れ帰ることが許されている点に注目したい。すでに指摘されているように、「国司」たちのもっとも重要な任務は、国造のクニに代わって「評（後の郡）」を建てることであった〔早川、二〇〇〇〕。

大化二年三月、帰京した「国司」たちに対して、その評価に関係する詔が下された。そこには、東国国司詔の禁制にもかかわらず、国司たちが派遣先で犯した罪が列挙されているが、その中に在地の紛争に介入して罰せられた国司がいたことは興味深い。在地側で自律的に紛争を解決することができず、王権を裁定者として仰ぐ必要がある社会が生まれていたことを示している。ヤマト王権が、従来の国造のクニに代えて、「評」を設置することができた原動力はここにあったと言える。

「国司」たちは後の評の官人となるべき候補者たちを連れ帰ったとみられる。その点を在地の視点から語っているのが、ほとんど唯一、国造のクニから評が生まれるようすを具体的に示している『風土記』である。

常陸の立評

『風土記』によれば、まず、中央から「惣領」が己酉《きゆう》年（大化五年＝六四九）に派遣され、後に神郡となる香島（鹿島）評を除いて、国造の領域をそのまま評とした。ついで、癸丑《きちゆう》年（六

五三）に、既存の評を割いて、後の郡に連なる評が建てられた。立評作業は都合二回行われたことになる。「惣領」とは、東国国司詔では「国司」と呼ばれた者たちのことである。

古老のいえらく、癸丑の年、茨城国造小乙下壬生連麿、那珂国造大建壬生直夫子、惣領高向大夫、中臣幡織田大夫等に請いて、茨城の地の八里と那珂の地の七里を合せて七〇〇戸を割きて、別きて郡家を置けり。

右の史料は行方《なめがた》郡条で、癸丑年の立評に当たる。壬生連麿《みぶのむらじまろ》と壬生直夫子《みぶのあたいおのこ》は、高向大夫《たかむこのまえつきみ》と中臣《なかとみの》幡織《はとり》田大夫《だのまえつきみ》に、茨城評と那珂《なか》評の一部を分割して行方評を立てることを申請し認められたことになる。壬生麿・壬生夫子は惣領とともに上京し、評の官人に任命されたのであろう。

問題は壬生麿・壬生夫子が、それぞれ茨城国造・那珂国造を名乗っている点である。普通に考えれば、茨城国造は茨城評、那珂国造は那珂評に本拠を持つ人物と思われる。しかし、この場合、彼らは行方評の立評にかかわっている。ちなみに後の茨城郡の郡司は「茨城□」、那珂郡司は宇治部直《うじべのあたい》で、壬生連や壬生直とはウジ名が異なる。それでは、この点はどのように考えればよいのであろうか。

おそらく、乙巳の変（大化改新）が起きた頃になると、国造の領域の中で、有力な氏族が複数台頭し、在地の秩序が激しく動揺していたのであろう。那珂国造を例に取れば、本拠地にいた宇治部直に対して、行方地方で壬生直の勢力が増して、ついに国造の地位を獲得したことが想定される［鎌田、二〇〇〇a］。

この点は、東国国司詔で、「もし派遣先で官職を求める人がいて、元から国造・伴造《とものみやつこ》・県《あがた》

国造のクニ	大化五年	白雉四年	立評記事の有無	立評申請者	八・九世紀の大少領の姓
新治	新治評	新治評	×		新治直
新治	新治評	白壁評	欠		
筑波	筑波評	筑波評	×		丈部 壬生宿禰
筑波	筑波評	河内評	欠		
	筑波評・茨城評	信太評	○	小山上　物部河内 大乙上　物部会津	物部→物部志太連
茨城	茨城評	茨城評	×		茨城□
	茨城評・那珂評	行方評	○	茨城国造小乙下　壬生連麿 那珂国造大建　壬生直夫子	壬生直
那珂	那珂評	那珂評	欠(×)		宇治部直
下海上・那珂	香島評	香島評	○	大乙上　中臣□子 大乙下　中臣部兎子	中臣鹿嶋連
久慈	久慈評	久慈評	欠(×)		
多珂	多珂評	多珂評	×		君子部
多珂	多珂評	石城評	○	多珂国造　石城直美夜部 石城評造　部　志許赤	磐城臣(丈部)

図1-2　『常陸国風土記』にみえる評の成立

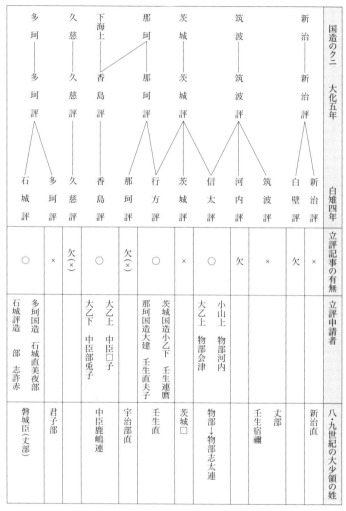

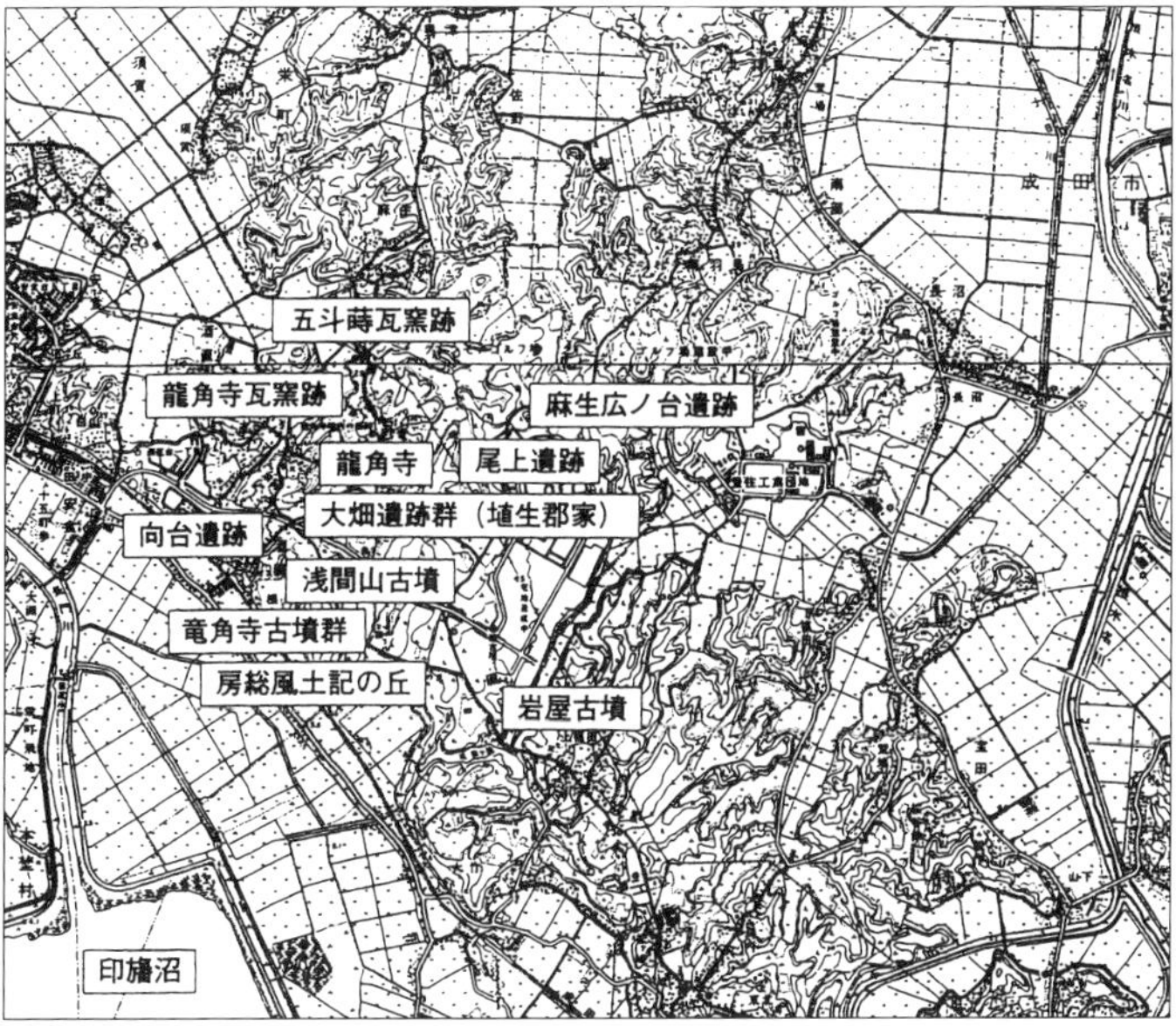

図1-3　龍角寺付近の遺跡

稲置《いなぎ》でもないのに、祖先の代から官家を預り、治めていると詐《いつわ》りを申した場合には、おまえたち「国司」は、そのまま朝廷に申告してはならない。詳しく実情を摑んだ上で報告しなさい」と指摘していることからも裏打ちされる。王権は強制的に評を立てたのではなく、在地の矛盾を突いて地方行政改革を行えたのである。

印波国造の場合

以上のような『風土記』研究の成果を利用して、かつて筆者は、印波国造の領域の分割について論及したことがある［川尻、二〇〇三a］。印波国造とは、現在の千葉県の印旛沼《いんばぬま》周辺に存在した国造

のことである。この国造が注目されたのには、理由がある。印旛郡栄町に古墳時代後期の群集墳・竜角寺古墳群が、終末期古墳としては全国屈指の、一辺八〇メートルで三段築造の岩屋古墳や、大和山田寺とよく似た瓦当《がとう》文様（八葉単弁蓮華文軒丸瓦《れんげもんのきまるがわら》と重弧文軒平瓦《じゅうこもんのきひらがわら》）を持ち、頭部のみではあるが、白鳳仏の本尊を有する龍角寺がある。

また、近年、発掘されたものとしては、埴輪《はにわ》を持たない最後の前方後円墳である浅間山《せんげんやま》古墳、七世紀中頃の龍角寺の瓦を焼き、文字瓦を多数出土した五斗蒔《ごとまき》瓦窯跡《がようあと》、七世紀末に成立した評（郡）家として大畑Ⅰ遺跡もある［白井、二〇一六］。

これらはかなり狭い地域に構築され、古墳時代後期から奈良時代までの遺跡の変遷を連続的に知ることができるために、全国的に著名である。考古学者は、古墳や古代寺院が印波国造によって造られたと推測してきた。

一方、これらは律令制《りつりょうせい》下では印播《いんば》郡（千葉県印旛郡・印西《いんざい》市・佐倉市・八千代市・八街《やちまた》市・成田市・四街道《よつかいどう》市）ではなく、埴生郡（印旛郡栄町・成田市）に所在していた。印播郡には、竜角寺古墳群よりも時代を遡《さかのぼ》る公津原《こうづはら》古墳群が築造され、印播郡司は丈部直《はせつかべあたい》氏であることも知られていた。そこで文献史学者は、国造名を負っている郡の郡司である丈部直を印波国造の後裔《こうえい》と見なしていた。考古学者と文献史学者とでは、印波国造の理解に差があった。

こうした中、筆者は、平城京二条大路木簡に、

左兵衛下総国埴生郡大生直野上養布十段

というものがあることに気づいた（『平城宮発掘調査出土木簡概報』二四）。平城京の左兵衛府に

兵衛（兵衛府の実働部隊）として上京していた下総国埴生郡の大生部直《おおみぶべのあたい》野上に、都での生活費として布一〇段《たん》を送った際の付け札である。年代は、ともに出土した木簡から天平一〇年（七三八）頃と推測される。

令（軍防令）では、兵衛に郡司の子弟が任命されることが規定されており、この木簡から、従来不明であった埴生郡司が大生部直であったことが確認された。ちなみに、神亀《じんき》元年（七二四）二月には、東国の多数の有力者たちが征夷《せいい》のために献物《けんもつ》を行ったことが知られているが（『続日本紀《しょくにほんぎ》』）、その中の大生部直三穂麻呂という人物も、野上の近親者と推測できるようになった。

こうした点から、筆者は、もともとの印波国造は丈部直で、その本拠地は後の印播郡にあったものの、七世紀前半には、埴生郡の大生部直が急速に勢力を伸長した結果、国造職を奪取したのではないかと推測した。壬生部《みぶべ》とは皇子を養育するために、推古一五年（六〇七）に設置された最後の部民《べみん》であった（『日本書紀』）。

筆者がこの見解を発表して以降、印西市西根《にしね》遺跡から「大生部直」「生部《みぶべ》直」、佐倉市南作《みなみさく》遺跡から「山梨郷長　坏　大生部直岡□」という墨書土器も発見された。西根遺跡は印播郡に属すが、新たな開発のために大生部直が入植したらしく、後者は千葉郡山梨郷に属している。もともと埴生郡司であった大生部直が次第に郡外にも進出していったと考えられるようになったのである。

その背景には、大生部直が上宮王家（聖徳太子の一族）と密接な関係を持ち、印旛沼水系の

水上交通と下総地域の陸上交通の要衝を押さえていたことが想定される。こうした状況は、『風土記』にみえる那珂評および茨城評から行方評が分立したことときわめてよく似ている。おそらく、印波国造のクニの中でも後の埴生地域で大生部直が急速に成長した結果、印波評から埴生評が分立したのではなかろうか。七世紀中頃には、常陸地方のみならず、下総地方でも新興豪族が勢力を伸ばす一方、旧来の豪族が力を減らすなど、在地で大きな動揺が起きていたと推測される。

武射国造の場合

今度は、武射《むさ》国造領域の分割について考えてみよう。

武社（武射）国造は、「国造本紀」では、和邇臣《わにのおみ》の祖彦意祁都命《ひこおけつのみこと》を祖としている。記紀に武射国造は見えないが、『古事記』中、孝昭段には天押帯日子《あめおしたらしひこ》の後裔で春日臣《かすがのおみ》などと同族の牟耶《むさの》臣《おみ》が見え、武射国造のウジ名と推測される。

また、『続日本紀』神護景雲三年（七六九）三月条では、陸奥国《むつのくに》牡鹿《おしか》郡の人春日部《かすかべ》奥麻呂らに武射臣を下賜し、二条大路木簡には「武射□□虫□」（『平城宮発掘調査出土木簡概報』二九）、『日本三代実録』元慶《がんぎょう》三年（八七九）一一月条にも、「右近衛将監《しょうげん》 武射臣助守」がみえる。春日臣と和邇《わに》臣は同族であるから、「国造本紀」の系譜が裏づけられる。

武射国造領域には、六世紀中頃以降、古墳が築かれるようになり、終末期には大型方墳である駄《だ》ノ塚《つか》古墳（一辺六〇メートル）、その近くに郡名を冠した「武射寺」の墨書土器が出土した

真行寺廃寺《しんぎょうじはいじ》、武射郡家と推定される嶋戸東遺跡《しまとひがし》がある（千葉県山武市《さんむ》）。武射地方もまた、六世紀末から七世紀中頃にかけて勢力を拡大した豪族の存在が予想される［白石、二〇〇七］。

ただ、東国の国造の多くが「直」のカバネを持つのに対して、「臣」のカバネを持つのは珍しい。奈良県橿原市《かしはら》には、式内社の牟《む》佐坐《さにます》神社、身《む》狭桃花鳥坂上陵《さのつきさかのえのみささぎ》（現・宣化天皇陵古墳）など、「ムザ」の地名がある。また、蘇《そ》我稲目《がのいなめ》は、百済《くだら》人を派遣して高市郡に大身《おおむ》狭《さ》・小《お》身《む》狭《さ》のミヤケを設置させた（欽明一七年一〇月紀）。しかも、蘇《そ》我倉山田石川麻《がのくらやまだのいしかわま》呂《ろ》の弟日《ひ》向《むか》の字《あざな》が「身狭臣」であったことからみて、日向は「ムザ」に居住していたと推測される。橿原市に「曽我」の地名があることからも、武射国造は蘇我氏ないし推古女帝と密接な関係があるのであろう。

この点は、次の資料からもうかがうことができる。正倉院調庸銘文には、

長倉郷桜井舎人部豊前□

がみえ、桜井舎人《とねり》は推古天皇の宮「桜井豊浦宮《とゆらのみや》」の名を冠した舎人と推測される［川尻、二〇一四］。書紀では推古の宮を「豊浦宮」とのみ表記するが、『元興寺《がんごうじ》伽《が》藍縁起并流記《らんえんぎならびにるき》資財帳《しざいちょう》』では「桜井豊浦宮」としている。推古一一年（六〇三）に小《お》墾田宮《はりだのみや》に移ったことから（『日本書紀』）、桜井舎人部の設置年代はこれ以前となる。

六世紀末〜七世紀前半にかけての武射地域発展の背景には、王権との直接的な関係が想定できることになる。それだけでなく、ことによると、蘇我氏が東国の豪族の子弟を身辺警護に組織した「東方の儐従者《しとべ》」（皇極三年紀〈六四四〉一一月条）の一員だった可能性もあろう。

さて、武射国造の領域であるが、武射郡（山武市・芝山町・横芝光町《よこしばひかりまち》）を中心に、律令制下の山辺郡（山武市・東金市・大網白里市・九十九里町・茂原市《もばら》・千葉市）を含んでいた可能性が高い。『倭名類聚抄《わみょうるいじゅうしょう》』山辺郡条をみると武射郷の記載がある。武射郡と山辺郡の郡境は、木戸川であったと推測されるが、木戸川の右岸（山辺郡側）には「上武射田《かみむざた》」「下武射田《しもむざた》」の地名が残り（東金市）、武射郷の故地と考えられる。このことは、もともと山辺郡側に武射郡の飛び地があったか、ある時期に流路が変わり郡境が変化したことを示すと思われるが、武射郡と山辺郡の一体性をよく表している。こうした武射郡と山辺郡の一体性は近代まで続き、かつては山辺郡と武射郡の頭文字から一字を取った山武郡《さんぶ》があり、現在も山武市として存続している。

そこで山辺郡の有力氏族をみると、次の人物が目を引く。

丈部臣曾禰麻呂　年卌九　上総国山辺郡岡山郷労二年　戸主丈部臣古万呂戸口

丈部臣曾禰麻呂《そねまろ》と丈部臣古万呂《こまろ》は、天平二〇年（七四八）、東大寺写経所が、労により出家を願った解（上中文書）にみえる人名であるが（『大日本古文書』三―七九頁）、「臣」のカバネを持つから、郡司とは断定できないものの、山辺郡の有力氏族と言える。一般に、東国の丈部は、武人として著名な「直」姓を名乗るものがほとんどであるが、この場合は「臣」姓である。丈部には、「直」姓とは別に春日臣と同族のものがおり〔佐伯、一九八二〕、山辺郡の丈部臣はこちらに当たろう。丈部臣は武射臣と同族と推測される。

一方、古代の武射郡と山辺郡を大局的にみると、武射郡には終末期の大型方墳を含む、古墳時代中期古墳が多いのに対して、山辺郡には高塚古墳があまり存在しない。その代わりに、六

世紀半ば以降集落が成立し、墨書土器研究で著名な東金市の山田水呑《やまだみずのみ》遺跡をはじめとして、八世紀以降に成立した集落跡が濃密に分布することになる［萩原、二〇〇七］。つまり、古墳時代の武射国造の領域の中心は後の武射郡域にあり、その後、後の山辺郡域が新たに開発されるようになったと大まかに言える。

こうした地域差を考慮すれば、武射郡と山辺郡が分立した理由として、開発による差が背景にあったのではなかろうか。想像を加えれば、山辺郡を含む武射国造の領域がまず武射評として立評し、その後、同族である丈部臣が申請者となって、山辺評が分立した可能性が考えられるであろう。

立評の背景に、地域間の開発の違いという点についても目を向ける必要がある。武射郡と山辺郡の場合には、郡領氏族に本宗家とその支族という関係があったことになる。

2　ミヤケを探す

豊島のミヤケ

古代には多くのミヤケが存在していたことが想定されるが、現在、史料に残されているものはその一部である。ミヤケについての研究は積み重ねられているが［舘野、一九七八／仁藤、二〇一二］、史料は断片的である。しかし、確定的なことは言えないとしても、ミヤケの痕跡を

探すことは、古代の地域社会の解明には重要である。

東国のミヤケについては、武蔵国造の反乱の後に献上された四カ所の屯倉や、伊甚《いじ》屯倉《みのみやけ》（安閑元年紀）が著名であるが、本稿では武蔵国東部地域（東京低地）を例に取り、各種の方法を用いながら、ミヤケの痕跡を探求し、地域社会の解明に資することにしたい。

まず、埼玉県比企郡鳩山町金沢《こんたく》窯跡から出土した文字瓦に注目したい。当窯跡は武蔵国分寺に瓦を供給した遺跡として、また、文字瓦が出土することでも著名である［国士舘大学考古学研究室、二〇一四］。

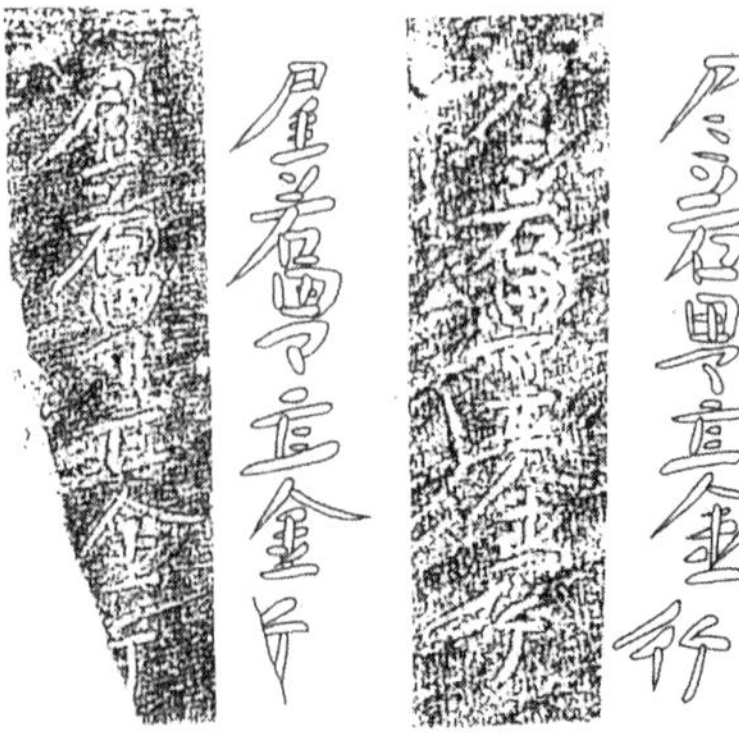
図1-4　豊島郡の人名瓦（国士舘大学考古学研究室『金沢窯跡』より）

武蔵国分寺の場合、おおむね郡ごとに瓦を発注していたため、郡郷名や個人名が、模骨（粘土を巻き付ける桶《おけ》）、スタンプ、叩《たた》き板（粘土を叩き締めるための道具）、ヘラ書きなど多様な方法で記される。
ここで注目する二点の瓦は金沢二号窯から出土したもので、いずれも丸瓦、広端部に「荒」、凹面に「戸主若田部直金行」とヘラ書きされる。「荒」とは武蔵国豊島《としま》郡荒墓《あらはか》郷を指し、豊島郡が発注した瓦であることが確認できる。
すでに報告書で、豊島郡と国造ないしミヤケとの関わりが指摘されているが（香川将慶氏）、田部とは

ミヤケに付随して設置された部民で、「直」姓は郡司級の豪族が取ることが知られるから、律令制下の豊島郡にミヤケが置かれた可能性が確認できる。若田部が設置された時期は不明であるが、若舎人などと同じく、比較的新しい時代の可能性があるだろう。少なくとも六世紀後半以降とみてよい。

次に、『吾妻鏡』仁治二年（一二四一）四月条に着目したい。ここには豊島時光《ときみつ》が大宮盛員（武蔵国の御家人）と武蔵国豊島庄の「犬食名《みよう》」を賭《か》けたことが不当と判断され、「犬食名」が没収された記事がある。

問題は「犬食名」である。地名辞典の類いでは、これを「大食《おおぐい》」の誤字とみて、荒川区尾久に当てる説を紹介するが、誤字説は最終的な手段であるからここでは採らない。それでは、どのように考えればよいのだろうか。

「イヌク（グ）ヒ」ないし「イヌク（グ）へ」と読むとすれば、筆者は、「犬養（飼）」の転訛《てんか》ではないかと考える。連接母音「ai」は長母音化して「e:」と発音されることが知られている。例えば、「危ない」は「あぶねー」、「痛い」は「いてー」とする類いである。現在では上品な言い方ではないが、国語学ではだいたい一一世紀以降、こうした表現が生まれたと推測されている［高山、一九九二］。したがって、「イヌカ（ガ）ヒ」は「イヌケ（ゲ）ー」ないし「イヌク（グ）エー」と発音され、漢字に音写された結果、「犬食」と表記されるようになったのではなかろうか。

東国の「名」には地名が用いられることが間々あり、これもよく知られているように、犬養

豊島郡にミヤケが存在したと考える。

（飼）の地名は犬養（飼）部に由来し、ミヤケに付随して存在する［黛、一九八二］。「犬食名」の比定地は不明であるが、豊島庄の中に存在したことは確かである。以上の二点から、筆者は豊島郡にミヤケが存在したと考える。

ミヤケ設置の理由

それでは、なぜ、この地にミヤケが設置されたのであろうか。

その理由は、豊島が河川交通と陸上交通の要衝にあったためではあるまいか。まず、水系である。豊島郡には太日川《ふといがわ》（江戸川）、墨田川、入間川、また、すぐ東には元荒川も流れていた。これらの水系が河川交通に使われていたことは、例えば、埼玉県鴻巣《こうのす》市の生出塚《おいねづか》埴輪窯で生産された埴輪が、武蔵国のほか上総・下総・相模《さがみ》地方にも分布しており、埴輪の重量からみて、その輸送には河川・海上交通が使用されたと考えられる［高田、二〇一〇］。

一方、豪華な金銅製品を出土したことで知られる後期古墳の金鈴塚《きんれいづか》古墳（千葉県木更津《きさらづ》市、口絵p.1）の石室の石材は埼玉県秩父《ちちぶ》産（緑泥片岩）で、逆に埼玉《さきたま》古墳群（埼玉県行田市）中の将軍山古墳には千葉県産のいわゆる房州石（砂質凝灰岩）が使用されている。これらの場合も、その重量からして水運を使用したとみて誤りないであろう。

豊島は、また下総国と武蔵国を結ぶ渡河地点としても重要であった。律令制下、下総国府内に所在した井上《いかみ》駅（千葉県市川市）から武蔵国へ抜ける最初の駅家《うまや》＊は豊島駅家（台東区谷中《やなか》付近？）であった。

さらに、これらの点をもう少し具体的に考えてみよう。『夫木和歌抄』巻三一には、康元元年（一二五六）に、武蔵国を訪れた藤原光俊《みつとし》の和歌が収められている。

関屋の里　（藤原）光俊朝臣

いほさきのすみだ河原に日は暮れぬ関屋の里に宿やからまし

この歌は、歌集に云、康元元年九月鹿島社に詣でけるに、すみだ河のわたりにて、このわたりの上の方に、河の端に着きて、里のあるを尋ぬれば、関屋の里と申す。前には海船も多くとまりたりと云々。

ここで着目したいのは、隅田川の渡河点近くに「関屋の里」があり、その前に船だまりないし津があって、「海船」が多く停泊していたとしている点である。ちなみに刊本によっては「前には海、船も多く……」と校訂するものもあるが、それでは意味が通らない。「関屋の里」とは河川交通を管理する河関に由来すると考えられる。東京低地の場合、自然によるまた人工的な地形改変が激しいため、比定地を探すことは容易ではないが、「関屋の里」とは足立《あ》区《だち》千《せん》住《じゅ》関屋町付近から墨田区東向島《ひがしむこうじま》付近にかけての地であろう。京成線の「関屋駅」にその名が残っている。

この場所に関屋が設けられた理由は、在原業平《ありわらのなりひら》の「都鳥」の故事でも有名な隅田川の渡河点の近くであると同時に（『伊勢物語』）、海船が隅田川を溯上《そじょう》する限界点で、このあたりで海船から川船への乗り換えや川船への荷物の積み替えが行われたためであろう。波の影響を抑えるために吃水《きっすい》を深く取らねばならない海船と、吃水を浅くせねば座礁の危険がある川船の使い分け

は、当然古墳時代まで遡るだろう。

もちろん、「関屋」が本稿で問題としている時期まで遡源できるわけではない。しかし、こうした内湾交通と河川交通の乗り換え地点が河口部に存在したことは、時代を遡らせても変わりないだろう。もし、そうであるならば、こうした海と河の結節点にミヤケを設置した可能性は十分考えられるのではあるまいか。瀬戸内海交通を監視するために、海に張り出した地点に児島《こじまの》ミヤケ（備前国）が置かれたのではないかとする見解も参考になろう〔松原、一九八五〕。

東国の内陸部にある上毛野国造や武蔵国造が河川交通を利用する場合、豊島の地は必ず経由する必要がある。その地点で河川交通を監視するために、ミヤケを置く価値は高かったのではなかろうか。

豊島郡の有力氏族

最近、豊島郡司に関する木簡が平城宮から発見された（『木簡研究』三三）。

豊嶋郡大領大伴直宮足書

大伴直宮足《おおとものあたいみやたり》とは、先の大生部直三穂麻呂と同じく、神亀元年二月に陸奥国の鎮所《ちんしょ》（多賀城）へ私穀を献じ、外従五位下に叙された人物である（『続日本紀』）。この木簡により、彼が武蔵国豊島郡の出身で、この後郡司に任命されたことが知られた。それどころか、この木簡自体、献物叙位により、宮足が大領《たいりょう》に任命された際のものである可能性もある。

先に、豊島郡には郡司級の有力氏族として若田部直が存在したことを指摘したが、あるいは

図1-5　富津市内裏塚古墳群分布図（若狭徹『前方後円墳と東国社会』より）

宮足が献物叙位を行った背景に、若田部直の存在があったのではなかろうか。在地で郡司職《しょく》をめぐる攻防が起きており、ことを有利に運ぶために、宮足が積極的に献物に応じ、その結果、外従五位下を賜わり、思惑通り郡司に任命された可能性が考えられよう。

豊島地域には、少なくとも有力な二つの氏族が存在した。この関係がいつまで遡れるのかは不明であるが、大伴部とは膳《かしわで》大伴部のことで、安房《あわ》国造の大伴部直と同様、膳（高橋）氏が統率し、水産物を貢納することを職掌としていた［川尻、二〇〇三b］。ちなみに、豊島郡に

は膳氏から分かれた宍人部《ししひとべ》（鳥獣の肉を貢納する部民）が存在したことも、武蔵国分寺の文字瓦からわかる。このことは、もともと豊島地域が王権に食物を貢進する性格を負っていたことを推測させるが、大伴部はその職業柄、水上交通にも通じていたであろう。これもまた豊島に内湾・河川交通にかかわるミヤケが設置された背景なのかもしれない。

中世、東京低地には伊勢神宮領の葛西御厨《かさいのみくりや》が置かれ、その後、秩父平氏に連なる豊島氏とその支族である葛西氏・江戸氏が統治していた。近年の調査により、葛西城跡からは伊勢系の内耳付き鍋など、海上交通によってもたらされた遺物が検出され、葛西城は水城であったとも言われるようになった［葛飾区郷土と天文の博物館、一九九九］。この地域の地理的特性は、時代を隔てていても大きく変わることはなかったであろう。光俊の和歌とともに、中世資料といえども目配りをしておく必要性がある。

3　国造の名はどのようにして付けられたのか

周淮国造のウジ名

今度は、国造の名前の由来について考えてみよう。

国造名には、例えば武蔵国造・美濃《みの》国造など、国名を冠する広い領域を持つものがある一方（大国造）、上総・下総、そして常陸地域のように、狭い領域を持つものもある（小国造）。国名

については、東山道は「野」を基本とするものが多く（美濃・信濃《しなの》・毛野など）、東海道は河や水に関するものが多い（三河・遠江《とおとうみ》・駿河《するが》など）という指摘があるが［平川、二〇〇八］、大国造の場合は地名がまず存在し、後に国造名に冠せられたと考えられる。一方、小国造の場合には、ヤマトや後の畿内の地名と同じものも少なくなく検討を要する。

ここで取り上げるのは後者に属す周淮《すえ》国造である。現在の千葉県富津《ふっつ》市・木更津市域に比定され、富津古墳群（内裏塚古墳群）があり、房総最大の規模を誇る内裏塚古墳（五世紀中頃）を筆頭に、七世紀前半の大型方墳・割見塚《わりみづか》古墳に至るまで、中断時期を挟みながら継続的に造営されたと推測される［小沢、二〇〇八］。

まず、周淮郡司に注目したい。正倉院宝物の調庸墨書銘の中に残されている。

金光明寺封上総国周淮郡額部郷戸主額田部千万呂細布調壱端長四丈二尺 広二尺四寸 専当国司大目正六位上勲八等 簀秦恵師麻呂 郡司大領 外従七位上日 下部使主山主 宝亀八年十月

これにより、宝亀八年（七七七）当時、日下部使主《くさかべのおみ》氏が郡司を務めていたことがわかる。また、天平勝宝七歳（七五五）に防人《さきもり》として派遣された「国造丁日下部使主三中」が知られ（『万葉集』四三四八番）、防人の中ではもっとも上位に属する「国造丁」を称しているところから［岸、一九六六］、奈良時代の国造（律令国造）が日下部使主であった可能性もある。さらに神亀元年二月の献物叙位記事にも外正八位下日下部使主荒熊がみえる。日下部使主を周淮国造の末裔と考えてよいだろう。

問題は、使主というカバネである。東国の氏族の中でも特徴的で、他にあまり見出すことが

できない。まず、地名とカバネを手がかりとして考えてみよう。

天津彦根系の末使主

筆者は、周淮という地名と使主というカバネから、末使主《すえのおみ》を思い浮かべる。『新撰姓氏録《しんせんしょうじろく》』和泉国神別《いずみのくにしんべつ》によれば、末使主は天津彦根（以下、アマツヒコネ）の子・彦稲勝命《ひこいなかつのみこと》の後裔であるという。「末」とは、茅渟県陶邑《ちぬのあがたすえむら》、すなわち、須恵器《すえき》生産で著名な和泉（もと河内）国大鳥郡陶器荘《すえのしょう》（大阪府堺市中区陶器北付近）の地名に基づいている（以下、房総を周淮、河内を末と書き分ける）。

ところで、「国造本紀」須恵国造条には、

志賀高穴穂《しがのたかあなほ》朝、茨城国造の祖建許侶《たけころ》命の児大布日意弥《おふひのおみ》命を、国造と定め賜う。

とあり、周淮国造は茨城国造の祖で、アマツヒコネの子である建許侶（以下、タケコロ）の子からはじまるという。末使主と重なる一方、茨城国造とも関係するという。

アマツヒコネの子孫に、茨城国造や額田部湯坐連《ぬかたべのゆえのむらじ》らを置くもの（『古事記』上、天安河之宇気《あめのやすかわのうけ》比《ひ》）、茨城国造・額田部連を規定するもの（『日本書紀』神代、宝鏡開始章第三の一書）、また、額田部湯坐連を位置づけるものがあり（『新撰姓氏録』左京神別下）、諸史料でよく一致する。

さらに『風土記』茨城郡条も注目される。

茨城国造の初祖、多祁許呂《たけころ》命、息長帯比売《おきながたらしひめ》天皇の朝に仕え、当に品太《ほむだ》天皇の誕るるに至るべき時、多祁許呂命、子八人有り。中男の筑波使主《つくばのおみ》は、茨城郡の湯坐連等の初祖なり。

茨城国造の初祖であるタケコロの中男・筑波使主は、茨城郡の湯坐連の初祖であるとする（湯坐部とは王族の新生児に産湯を使わせる部。転じて王族の子供の養育を担当する部。湯坐連は湯坐部の管掌氏族）。この史料からみて、『風土記』が編纂《へんさん》された八世紀初めの段階で、実際に茨城郡に湯坐連が居住し、茨城国造とも同族関係にあったとの伝承が存在したことになる。先の諸史料を考慮すれば、茨城郡の湯坐連とは額田部湯坐連のことではなかろうか。

筆者は、これまでこうした系譜史料をあまり重視しなかったのであるが、この場合は事情が異なる。『倭名類聚抄』周淮郡の郷名が次のようになっているからである。

山家《やまいへ》　山名《やまな》　額田　三直《みのう》　凡田《しこた》　湯坐　藤部　勝部　勝川

ここには額田郷と湯坐郷がともにみえるのだ。実際、額田郷に額田部が居住していたことは、先に掲げた正倉院宝物の銘文からもうかがうことができる。これは偶然ではあるまい。郷名を通して、周淮国造と茨城国造の関係が推しはかれることになる。周淮国造は、末使主と同様、アマツヒコネないしその子タケコロの系譜に属し、額田部連、額田部湯坐連、そして茨城国造と同族意識を持っていたことは史実なのであろう。

推古王権との関係

周淮国造が額田部と関係を持っているとすると、推古王権との関係が深いことになる。推古女帝の幼名が額田部皇女であったことからもわかるように、推古を養育した集団は額田部氏であり、同氏は推古朝に勢力を拡大したと推測される［森、二〇〇二］。

　また、山家・山名郷はもともと山部郷と称したものの、桓武《かんむ》天皇の諱《いみな》である山部を避けて（『続日本紀』延暦四年〈七八五〉五月条）、郷名が変えられたと考えられる。同様の変化は、上野国多胡《たご》郡山字《やまな》（山名）郷が奈良時代には山部郷と表記されていた（『法隆寺伽藍縁起幷流記資財帳』）ことからうかがうことができる。おそらく山家郷と山名郷は、本来、山部郷の名称変化にともなって併記されていたものの、後世、それが忘れられた段階で、別々に表記されるようになったのではなかろうか。つまり、山家郷と山名郷は一つであったと考えられる。

　山部（山林や鉱山資源を管掌した部民）が上宮王家と密接な関係にあることはよく知られている［狩野、一九九〇／奈良文化財研究所、二〇〇七］。そもそも、額田氏の本拠地は、大和川に面する大和国平群《へぐり》郡額田郷で（奈良県大和郡山市《やまとこおりやま》）、氏寺は額安寺《かくあんじ》（額田寺）、上宮王家との関係が密接であった。上宮王家との関係は措くとしても、印波・武射国造と同様、周淮国造も推古朝に王権と密接な関係を結んだのではあるまいか。割見塚のような大型方墳の出現もその点で理解できよう。

河内との関係

　国造名や地名の「周淮」、そしてカバネの「使主」は、「末使主」に由来したことになる。そうすると、周淮国造のウジ名も元来は「日下部」ではなく「スヱのヲミ」を称していたものの、ウジ名を「日下部」に変えられた後も、使主というカバネだけは遺制として残されたのではなかったか。

もともと、多くの地域の有力者は国主《くにぬし》として、地名をウジ名として用いていたものの、ヤマト王権の統治を受け入れるようになると、王権の僕《しもべ》という意味で、「国造《くにのみやつこ》」という称号を与えられ、職掌あるいは王宮や王の名に基づいたウジ名を下賜されたらしい［鎌田、二〇〇一b］。周淮国造も、同様の経過をたどったのではないか。

さらに、周淮地域は、別の点からも河内との関係をうかがうことができる。『新撰姓氏録』山城国諸蕃《しょばん》にはもう一つの末使主があり、百済系の渡来系氏族だとする。そもそも使主というカバネは渡来系の氏族に多い。ここで周淮郡の郷名に勝部郷があったことを想起したい。『新撰姓氏録』山城国諸蕃には、同じく百済からの渡来系氏族として「勝《すぐり》」氏があり、勝部郷が勝部に由来するならば、周淮地域と渡来系集団との関わりも指摘できることになる。末使主が二系統存在するのは、両氏が後の河内国大鳥郡を本拠地とし地縁により同族関係を形成していたためであろう。周淮国造は二つの末使主と同族関係を結んでいたことが想定される。

ちなみに大鳥郡には、末の隣接地に日下の起源地と推測される日下（部）郷があり、日下部使主との関連も推測される。

さて、房総地域には、渡来系文化を数多く見出すことができ、とくに市原市・富津市・木更津市などの東京湾沿岸地域の古墳には、ヤマト王権の直接的な影響とともに、朝鮮半島や渡来系文化が濃厚に分布する［小沢、二〇〇八／国立歴史民俗博物館、二〇一三／若狭、二〇一七］。

末と言えば、河内平野に王陵が築かれた古墳時代中期のことが思い浮かぶ。もちろん、部民制や国造制は古墳時代中期（五世紀）までは遡らない。しかし、律令制下の地名や国造名、そ

してカバネにその遺制が反映している可能性は残るのではあるまいか。このような河内との関係は、地名や国造名にかかわる本質的な問題であり、推古朝より前の段階で形成されたのではないか。ここから先はあくまで推測に留《とど》まるが、例えば、五世紀後半頃に操業し、内裏塚に埴輪を供給した畑沢埴輪《はたざわはにわ》窯跡《ようせき》（木更津市）は、埴輪生産遺跡として、また人物埴輪の出現では関東でもっとも早く、河内とほとんど時間差がないという［若狭、二〇一七］。周淮地域と河内地域の密接な関係が反映していたのかもしれない。

これまでも、周淮の地は三浦半島から東京湾を渡海して上陸する地点、すなわち古東海道との関係が指摘されてきた。近年、神奈川県逗子《ずし》市・葉山町で、長柄桜山《ながえさくらやま》古墳群が確認され、三浦半島側の渡海地点の重要性も再認識されるようになった。この点は、記紀のヤマトタケル伝承からもうかがうことができる。また、富津岬の先端部に位置する天羽《あまは》郡（富津市）には、三宅郷や長津郷があり、ミヤケと津の存在が予見される。海上交通の要衝にミヤケが置かれることは児島《こじま》屯倉、本稿では豊島の例でみたとおりである。

このような交通の要衝が、ヤマト王権によって早くから注目されていたことは想像に難くないが、地域側も積極的に王権やその近くの氏族と関係を結ぶ一方、東国の諸首長とも同族関係を形成していたのであろう。

ここでは、周淮国造が河内の豪族および茨城国造との同族関係を結んでいたことを指摘し、併せて「国造本紀」の系譜部分も検討を加えれば史料として十分用いることができると考えるに至った。ちなみに、「国造本紀」によれば、周淮と隣接する馬来田《まくた》国造もアマツヒコネ系で

茨城国造と同族関係にあった。周淮地域と馬来田地域の古墳（木更津市祇園《ぎおん》・長須賀《ながすが》古墳群）の間に深いつながりがあることはこれまでも指摘されてきたが、東国のより広い範囲の国造との間にも同族関係を形成していたことが想定できるようになった。このことがはたして実態を踏まえたものかどうか、今後の研究に期待したい。

おわりに

「はじめに」にも記したように、本稿は、東国の国造制やミヤケを概観することを主目的としてはいない。筆者は、これまで古代の文献史料はもちろん、考古資料や文学作品など、広範な資料を用いて古代史を研究してきたが、それらを総合して、七世紀以前の地域史を描く具体的方法を提示することに主眼を置いたつもりである。

古代史研究、とくに文献を用いた古代の地域史研究は行き詰まっているとしばしば指摘されるが、筆者の立場からすれば、まだまだ研究の余地は残されている。のみならず、新たな資史料の発見や既存の研究成果の見直しと連動させることによって、今後ますます発展する可能性を秘めていると考える。

ただ、そのためには、古代のみならず中世・近世の史料はもとより、隣接分野の資料も見ておく必要があり、その点ではいささか手順を踏まなければならない。しかし、史料が少ない分、良好な史料に巡り合えれば、まったく新たな見解を導くことも可能である。本稿が古代地域史

に関する興味や研究を生み出す一助になれば幸いである。

参考文献

甘粕　健　一九七〇年「武蔵国造の反乱」『古代の日本七　関東』角川書店
鎌田元一　二〇〇一年a「評の成立と国造」『律令公民制の研究』塙書房
鎌田元一　二〇〇一年b「日本古代の「クニ」」前掲『律令公民制の研究』
岸　俊男　一九六六年「防人考」『日本古代政治史研究』塙書房
小沢　洋　二〇〇八年『房総古墳文化の研究』六一書房
葛飾区郷土と天文の博物館　一九九九年『葛西城―中世の暮らしと戦を知る―』
狩野　久　一九九〇年「額田部連と飽波評―七世紀史研究の一視角―」『日本古代の国家と都城』東京大学出版会
川尻秋生　二〇〇三年a「大生部直と印波国造」『古代東国史の基礎的研究』塙書房
川尻秋生　二〇〇三年b「古代安房国の特質―安房大神と膳神―」前掲『古代東国史の基礎的研究』
川尻秋生　二〇一四年「飛鳥・白鳳文化」『岩波講座　日本歴史二・古代二』岩波書店
国士舘大学考古学研究室編　二〇一四年『金沢窯跡』国士舘大学
国立歴史民俗博物館・上野祥史　二〇一三年『祇園大塚山古墳と五世紀という時代―歴博フォーラム』六一書房
佐伯有清　一九八二年「丈部」『新撰姓氏録の研究　考証篇二』吉川弘文館
篠川賢ほか　二〇一三年『国造制の研究　史料編・論考編』八木書店古書出版部
篠川賢ほか　二〇一七年『国造制・部民制の研究』八木書店古書出版部
城倉正祥　二〇一一年「武蔵国造争乱―研究の現状と課題―」『史観』一六五
白井久美子　二〇一六年『最後の前方後円墳　龍角寺浅間山古墳』新泉社
白石太一郎　二〇〇七年「古墳時代から古代国家へ」『千葉県の歴史　通史編　原始・古代1』千葉県
高田大輔　二〇一〇年『東日本最大級の埴輪工房　生出塚埴輪窯』新泉社

高山知明　一九九二年「日本語における連接母音の長母音化」『言語研究』一〇一
舘野和己　一九七八年「屯倉制の成立」『日本史研究』一九〇
奈良文化財研究所　二〇〇七年『法隆寺若草伽藍跡発掘調査報告』
仁藤敦史　二〇一二年「古代王権と「後期ミヤケ」」『古代王権と支配構造』吉川弘文館
萩原恭一　二〇〇七年「激増する集落と人口」『千葉県の歴史　通史編　原始・古代1』千葉県
早川庄八　二〇〇〇年「律令制の形成」『天皇と古代国家』講談社
平川　南　二〇〇八年「海の道・川の道を見つめ直す」『日本の原像』小学館
松原弘宣　一九八五年「難波津と瀬戸内支配」『日本古代水上交通史の研究』吉川弘文館
黛　弘道　一九八二年「犬養氏および犬飼部の研究」『律令国家成立史の研究』吉川弘文館
桃崎祐輔　二〇一〇年「九州の屯倉研究入門」『武末純一先生還暦記念献呈文集・研究集』武末純一先生還暦記念事業会
森　公章　二〇〇一年「額田部氏の研究―畿内中小豪族の歴史―」『国立歴史民俗博物館研究報告』八八
森　公章　二〇一四年「国造制と屯倉制」前掲『岩波講座　日本歴史二・古代二』岩波書店
若狭　徹　二〇一七年「朝鮮半島とつながりをもつ上総の首長」『前方後円墳と東国社会』吉川弘文館
若狭　徹　二〇二一年「遺跡動態からみる屯倉の経営」『古墳時代東国の地域経営』吉川弘文館

2章　東国と渡来系移住民

田中史生

はじめに

地域社会は今も昔も、外部の異なる社会や文化と様々なつながりを持つことで大きく動く。またその展開の在り方に、地域の特性もあらわれる。東アジアの政治的・文化的影響を強く受けた古代の列島社会において、中国大陸や朝鮮半島から移住し、地域社会と継続的なかかわりを持った人々は、まさにそうした役割を果たした歴史的存在であった。

ところでこうした移住者を、現在の歴史教科書などは渡来人*と呼んでいる。この語は、それまで使われていた「帰化人*」の語の問題点が強く認識された一九七〇年代以降、学界や教育現場で急速に広まった歴史用語である。しかし実は渡来人の語のもととなった古代史料の「渡来」は、「渡り来る」という移動行為を指していて、渡来人も移住者ではなく移動者とするのが史料にも古代の実態にも即している〔田中、二〇一九〕。けれども本稿で取り上げたいのは、外交使節や移住者、交易者など様々な様態を持つ渡来人（移動者）のうち、特に東国に移住した人々である。そこでここでは、古代の「倭《わ》」「日本」に移住した渡来人を特に渡来系移住民と呼び、彼らが東国社会とどのようにかかわったかをみることで、古代東国の地域性について

も考えてみたいと思う。

1　律令体制下の「帰化人」と東国

日本律令と「帰化人」

これまで文献史学では、東国の渡来系移住民に、西日本とは少し異なる存在意義を見出《みいだ》してきた。それは特に、彼らが国家的政策によって積極的に東国に移配された律令《りつりょう》国家の時代の問題として提起されている。しかもそこには、古代の東国をどう捉えるかという議論が結びついている。そこでこの問題について考えるために、まず律令国家における渡来系移住民の制度的位置づけについて確認しておきたいと思う。

律令国家において、渡来系移住民は「帰化」した者、すなわち「帰化人」として把握された。この「帰化」の語は、古代中国で形成された華夷《かい》思想・中華思想と密接な関係がある。中国では、自国の王や民族・文化に優越性を見出す中華思想のもと、皇帝の統治・教化が直接及ぶ自国の範囲を「化内《けない》」と呼び、文明世界と位置づけて、その外側には野蛮な「化外《けがい》」が広がると考えた。また、皇帝のもとに「化外」から外交使節がやってくると、これを「蕃客《ばんきゃく》」と呼び、「化外」の民が皇帝の民となることを願うと、これを「帰化」と呼んだ。「蕃客」も「帰化」も、儒教的精神のもとに哀れみをもって受け入れ保護することで、中華の皇帝としての威徳を示し

たのである。この考え方は中国の法制度にも反映された。

したがって、唐律令をモデルとする日本律令も、この中華的な考えに基づき移住民の渡来を「帰化」と位置づけ、その対応を整えている。天平宝字元年（七五七）に施行された養老令によれば、「帰化人」の渡来があると、来着地の国や郡などの地方役所は彼らに衣食を保証するとともに、その事実を急ぎ中央へ報告しなければならない。その後、彼らは「寛国《かんこく》」（余裕のある国）に移されて戸籍に附されることになっていた（戸令没落外蕃条《こりょうもつらくげばん》）。この段階で「帰化人」は正式に「化内人」となり、日本天皇の一元的支配体制に組み込まれる。

新たな移住地で戸籍に附された「帰化人」には、他の公民と同様に口分田が班給された。また「化内」での不慣れな新生活に配慮し、一〇年間は調・庸・雑徭《ぞうよう》などの賦役を特別に免除する復除《ふくじょ》が行われた（賦役令没落外蕃条《ぶやくりょう》）。こうした手続きは、基本的に唐も同様であった。

ただし養老令より前の、大宝元年（七〇一）制定の大宝令では、上記に加えて、来着した「帰化人」が特殊技術を持つ場合、特別に天皇の指示を仰ぐことが定められていた（『令集解《りょうのしゅうげ》』戸令没落外蕃条「古記」）。これは唐令には見られないもので、彼らの進んだ技術・文化に期待する倭国以来の伝統を引き継いだ、日本独自の規定である。けれども文明世界の頂点にある中華の天皇が、「化外」からの「帰化人」に優れた技能を期待するのは矛盾であろう。このため、次の養老令でこの条文は削除されている［田中、二〇〇五］。

では、日本律令がどこを「帰化人」の来着地に想定していたかというと、それは西海道諸国、現在の九州であった。すなわち養老令の職員令《しきいんりょう》では、来着する「蕃客・帰化」への対応を職務

とした地方の行政組織は、大宰府《だざいふ》をはじめとする西海道諸国に限られている。九州は、倭国以来朝鮮半島や中国大陸と直接つながる地で、令が特に西海道諸国に「蕃客・帰化」への対応を求めたのは、そうした歴史的背景を踏まえている。

一方、「帰化人」の移住地について、令は単に「寛国」とだけ記し、具体的な地を想定しているように見えない。ところが、史料から奈良時代の「帰化人」の移住地を探ると、実際は畿内か東国に大きく偏っている。このうち畿内の移住者は、弘仁《こうにん》六年（八一五）成立の『新撰姓《しんせんしよう》氏録《じろく》』などを見ても官人層を多く含み、王宮周辺に渡来の技能者を安置し用いた倭国時代の在り方を継承したものだろう。大宝令に「帰化」の技術者に対する留意規定があったのも、おそらくこのことと関係する。けれどもその他の移配地が東国に偏るのは、律令国家成立期の七世紀後半以後のことで、それより前には見られないものである。ここに、律令国家における「帰化人」の東国移配が、古代東国史の論点の一つとなる理由がある。

東国移配をめぐって

律令国家の成立期、日本に移住した渡来人は主に百済人・高句麗《こうくり》人・新羅《しらぎ》人である。百済人・高句麗人のほとんどは、故国が七世紀後半に唐・新羅に滅ぼされたことによるもので、新羅人の大半も、この国際的な動乱に巻き込まれてのものであろう。こうした人々の多くが「帰化人」として東国に移配された。

さて、「帰化人」の東国移配に関し、これまでの研究で説明されてきた背景は主に二つある。

表2-1　天智朝以降の畿内を除く渡来人の移住地（『日本書紀』『続日本紀』より）

西暦	年／月	記事
665	天智4／2	百済の男女400人余りを**近江国の神前郡**に居《お》く。
665	天智4／3	**神前郡**の百済人に田を給う。
666	天智5／是冬	百済の男女2000人余りを**東国**に居く。
669	天智8／是歳	佐《さ》平《へい》余自信・佐平鬼室集斯等男女700人余りを**近江国の蒲生郡**に遷居す。
675	天武4／10	筑紫が貢上した唐人30口を**遠江国**に安置す。
684	天武13／5	化来の百済の僧俗の男女23人を**武蔵国**に安置す。
687	持統元／3	投化の高麗56人を**常陸国**に居き、田と食料を賜う。
687	持統元／3	投化の新羅14人を**下野国**に居き、田と食料を賜う。
687	持統元／4	筑紫大宰が献上の投化の新羅僧俗男女22人を**武蔵国**に居き、田と食料を賜う。
688	持統2／5	百済の敬須徳那利を**甲斐国**に移す。
690	持統4／2	帰化の新羅の韓奈末許満等12人を**武蔵国**に居く。
690	持統4／8	帰化の新羅人等を以て**下野国**に居く。
715	霊亀元／7	**尾張国**の外従八位上席田君迩近と新羅人74家を美濃国に貫附し、**席田郡**を建つ。
716	霊亀2／5	**駿河・甲斐・相摸・上総・下総・常陸・下野**の7国の高麗人1799人を**武蔵国**に遷し、**高麗郡**を置く。
733	天平5／6	**武蔵国埼玉郡**の新羅人徳師ら男女53人の請求によって、金の姓を賜う。
758	天平宝字2／8	帰化の新羅僧32人、尼2人、男19人、女21人を**武蔵国**に移し、**新羅郡**を置く。
760	天平宝字4／4	帰化の新羅の131人を**武蔵国**に置く。
761	天平宝字5／正	**美濃国・武蔵国**のそれぞれ20人の少年に新羅語を習はせる。
766	天平神護2／5	**上野国**の新羅人子午足ら193人に姓を吉井連と賜う。

一つは、未墾の原野が広がる辺地東国の開拓のため、そしてもう一つが、西国に「帰化人」を住まわせると故国と通謀の懸念があるため、である。

このうち、未開地東国開拓説は根拠があまりはっきりとしない。ただし、人口移動、移住にともなう生産地の拡大、開発は確かにあった。例えば『続日本紀』（以下『続紀』と記す）によると、霊亀《れいき》二年（七一六）五月、駿河・甲斐《かい》・相模・上総・下総・常陸・下野《しもつけ》の七国に移配していた高句麗人一七九九人を再移配し、高麗《こま》郡が建郡された。その範囲は現在の埼玉県日高市・飯能市を中心とする一帯が想定されている。この地域は八世紀前半から遺跡が増加し、飯能市の堂ノ根《どうね》遺跡からは常陸産の須恵器《すえき》・土師器《はじき》がセットで出土するなど、考古学からも東国各地から人が集まり人口が増加していく様子が捉えられている。けれども律令に基づけば、移住に際し「帰化人」に与えられる口分田の準備や開発は、「帰化人」自身ではなく国家が予め《あらかじめ》行うべきものである。また戸口を増やし田農を開発・推進することは、全国の国司・郡司の行うべき重要任務で（養老考課令国郡司条など）、未墾の原野が東国にのみ広がっていたわけでもない。「帰化人」の移配地が東国に偏る背景を、東国＝未開という前提のもとに、彼らをその開発のための労働力と位置づける東国開拓説は、再検討が必要だと考える。

一方、通謀懸念説については、養老令の雑令蕃使往還条が、「蕃使」（「蕃客」）の往還がある「大路」近傍に同国出身の「蕃人」や「奴婢《ぬひ》」を置いてはならないと規定していることが根拠となっている。「大路」とは畿内と大宰府をつなぐ山陽道と西海道の一部を指し、西海道来着の「蕃使」もこの道を使い入京することを建前とした。したがってこの条文は、「蕃使」と同

じ地域の出身者を西国に置き、トラブルや通謀が発生することを懸念したものだと理解されている。実際、『日本書紀』（以下『書紀』と略す）推古九年（六〇一）九月戊子《ぼし》条には、対馬《つしま》で捕らえた新羅の「間諜《かんちょう》」（スパイ）を上野《かみつけのくに》に配流したとあり、倭国時代も、通謀の恐れがある渡来者が東国へ移されている。ただし蕃使往還条の「蕃人」が、「帰化人」を含む概念としてあったのかどうかが条文からははっきりとしない。

ところが、近年中国で発見された北宋《ほくそう》の「天聖令《てんせいれい》」において、日本の雑令蕃使往還条に対応する条文は、「蕃客」が「帰朝人」と面会することも禁じていたことが判明した。「帰朝」は唐令において「帰化」の意味で用いられる。したがって、この規定自体が唐代に遡《さかのぼ》る可能性は高い。けれども日本では、倭国の時代以来、「蕃客」の迎接に渡来系の人々があたることがよくあった。このため唐令の雑令を継受するにあたり、「蕃客」と「帰化人」の面会禁止規定を削って、安置の問題に限定した内容に改めたものと考えられる。つまり雑令の蕃使往還条は、「帰化人」への対応を含んだ規定として読むべきなのである〔田中、二〇二一〕。

したがって、この蕃使往還条の趣旨に基づけば、「蕃客」の往還がある地域に「帰化人」を移住させることは避けられたはずである。「帰化人」が「大路」地域だけでなく、日本海側諸国にも移配されていないのは、このことによるだろう。そうなると、「帰化人」の移配地が東海道・東山道諸国に偏るのは当然ということにもなってくる。

東国の地域性と「帰化人」の活躍

しかし一方で東国は、政策的に、防人《さきもり》や対蝦夷《えみし》政策の負担が集中し、「夷狄《いてき》・諸蕃」と直接対峙《たいじ》した地域でもある。「帰化人」の東国移配の目的は、対蝦夷政策の負担を強いられた東国の生産性向上にあったとの見方もあるが〔酒井、二〇〇二など〕、同じく対蝦夷負担を抱えた北陸に史料上は「帰化人」の移配が見えない。したがって「帰化人」の東国偏重をここから説明することはできないが、渡来系移住民がもたらす生産力が、東国特有のこれら重い負担をある程度補いうる性格を持ったことは十分に考えられるだろう。

また「帰化人」は、東国に渡来文化と混じり合う新たな地域の特色ももたらした。例えば、日本に自生しない丹参《たんじん》という薬草は美濃と相模・武蔵だけが、また大豆を発酵させた豉《くき》という食品は相模・武蔵だけが中央に貢納した特産品である。これらはいずれも中国に起源し、移配された「帰化人」が伝えたものとみられている〔荒井、二〇一七〕。また、東国は栃木県の那須《なす》国造碑《こくぞうひ》や群馬県の上野三碑《こうずけさんぴ》（金井沢碑《かないざわひ》・多胡碑《たごひ》・山上碑《やまのうえひ》）など、全国でも七世紀後半から八世紀前半の石碑が特に目立つ地域である。これらは、その内容・機能・形状などから、東国に移配された新羅人の関与が想定されている〔三上、二〇一八〕。

さらに「帰化人」の移住は、東国に政治的な国際性も創り出す。霊亀二年（七一六）、東国七国に移住させていた高句麗人を武蔵国に再移配し、高麗郡が建てられたことはすでに述べた。その翌年の一一月、朝廷は故国滅亡で日本に「帰化」した百済人・高句麗人に対し終身の復除を打ち出す（『続紀』など）。その目的は、すでに一〇年の復除期間を終えて制度上は一般公民と全く同等となっていた彼らに、復除を再開し終身に及ぼすことで、滅亡した百済・高句麗の

諸民族が中華天皇のもとに「帰化」していることをあらためて明示することにあったとみられる。背景には、平城宮において中華国の中心的儀礼空間となる大極殿《だいごくでん》域の整備が終了し、朝廷内に中華意識が盛り上がっていたことがあった［田中、一九九七］。この復除再開の直前、対象となる高句麗人が集住する郡も開いて、その郡名に国名「高麗」を採用し、諸民族を支配する中華国日本を象徴する郡としたのである［田中、二〇一九・二〇二二］。

その後、天平宝字二年（七五八）八月、武蔵国の閑地に「帰化」の新羅の僧三二人、尼二人、男一九人、女二一人を移し、新羅郡も設置された（『続紀』）。この頃、新羅では飢饉《ききん》・疫病が蔓延《まんえん》し、大量の流民が九州北部に押し寄せていた。こうした人々が「帰化人」として武蔵国に移されたとみられる。

新羅郡新設当時の日本は中国志向の強い藤原仲麻呂《なかまろ》の政権下で、皇太子の大炊《おおい》王《おう》が即位したばかりであった（淳仁《じゅんにん》天皇）。そこで留意されるのは、移配者の半数近くを僧尼が占めていることである。多くの新羅流民から特に僧尼を中心に選び出し、新羅郡に移したとみてまず間違いない。仏教は東アジアの文明の象徴であったから、新羅僧の「帰化」を前面に出した新羅郡の設置にも、新天皇の即位に照準をあわせ、新羅に対する日本の文明的優位性を示して、中華国としての体面を誇示する意図があったと考えられる［田中、二〇二二］。仲麻呂政権はこのすぐ後、関係の悪化した新羅を攻撃する計画を打ち出すこととなる。

一方、高麗郡からは、中央で活躍する有力氏族も登場する。肖奈《しょうな》氏である。「肖奈」のウヂ名は高句麗の五つの支配部族（五部）のうち、旧王宗とされる消奴部に由来する。彼らは高句

麗滅亡を契機に渡来後、高麗郡建郡以前の武蔵国に移配されて、高麗郡設置の際も中心的な役割を果たしていた［田中、二〇二二］。なかでも最も出世を果たしたのは福信《ふくしん》で、高麗朝臣《あそん》、次いで高倉朝臣の姓を与えられ、天平神護元年（七六五）には従三位《じゆさんみ》の高位に上りつめて、延暦《えんりやく》八年（七八九）に八一歳で亡くなった（『続紀』）。彼の経歴で特に注目されるのは、三度、武蔵《むさしの》守《かみ》に就任していることである。いずれも中央の要職との兼務で、赴任したわけではないが、三度も同国の守を経験するのは異例で、彼の武蔵国への影響力をうかがわせる。それは、武蔵国の経営において高麗郡が重要な役割を果たしていたことを示すものでもあろう。

また、福信に中央進出のきっかけをつくった叔父《おじ》の行文《こうぶん》は、養老五年（七二一）に「明経《みようぎよう》の「第二の博士」、つまり儒教の経書に精通した第二位の博士と讃《たた》えられて褒賞を受け（『続紀』）、中央の官人養成機関である大学寮で博士や助《すけ》なども歴任した（『万葉集』『懐風藻』）。渡来後まもない氏族の出身で、かつ武蔵国から上京した行文が、こうした漢籍の知識を持ち大学寮で活躍したこと自体、肖奈氏が本国でかなり高度な学識を持ちうる環境・階層にあったことを示している。なお、諸国でも官人養成のための国学が置かれたが、こちらは律令国家成立当初、教官の確保にかなり苦労する。行文のような高度な学識を持つ渡来系移住民が東国に移されているのは、こうした状況を踏まえたものだろう［田中、二〇二二］。

渡来の知識で東国の律令体制を支えたのは、「帰化」系官人ばかりではない。東国に移配された「帰化人」には前述のように僧尼も多く、彼らは東国の仏寺・仏教拡大に重要な役割を果たしたことが指摘されている［有富、一九八九］。地方の初期仏教は、王権への統合の論理とし

ての側面を持ったから〔古市、二〇〇九／三舟、二〇一三〕、「帰化」の僧尼らは、仏教を介した王権と東国の結合に重要な役割を果たしていたことになる。

以上から浮かび上がるのは、「帰化人」のもたらす文化と積極的に交わり、律令体制に対応する新たな社会・文化を築いた東国の姿である。こうしたことからも、東国移配の「帰化人」を、未墾の辺地の開拓者と評価することが一面的に過ぎることは明らかだろう。しかも近年、考古学の進展とともに、東国が律令国家成立以前から、渡来系移住民を積極的に受け入れ、地域の社会や文化を築いていたことが具体的にわかるようになってきた。そこで以下では東国と渡来系移住民の関係を、さらに倭国の時代に遡ってみていくことにしたい。

2　東方へ移動する人びと

渡来系移住民の痕跡を追う

古代史料が伝える五世紀以前の渡来系移住民の居住地は、概《おおむ》ね近畿圏に集中している。そのほとんどは、「帰化」した渡来人をヤマト王権が安置したとする渡来系氏族の祖先伝承のなかで語られる。史料に「帰化」とあるのは、律令体制に基づく『書紀』編者の潤色だが〔田中、二〇一九〕、五世紀の王権が、渡来系移住民を積極的に後の「畿内」につながる地域に住まわせていたことは、考古学からも裏付けられる。渡来人の王権に対する仕奉《しぶ》の場が、王宮やその

周辺の王権管轄の工房を中心とするのは当然である。

けれども一方で近年は、考古資料の分析によって、文献史料では知り得なかった倭国時代の渡来系移住民の痕跡が、東国を含む近畿以外の列島各地にも広がっている実態が浮き彫りとなってきた。最近では、こうした考古学の成果を亀田修一や土生田純之が整理し論じており、その概要も把握しやすくなっている［亀田、二〇一六・二〇一八／土生田、二〇一六・二〇一八など］。それらによると、三、四世紀の渡来系の遺構・遺物が確認される博多湾岸地域などの一部を除くと、列島各地で広く渡来系移住民の痕跡が確認されるのは五世紀になってからである。ただしその様相は一様ではない。渡来系移住民とかかわる考古資料が五世紀全期を通じて豊富に確認される西日本と比べ、東国の場合は五世紀後半の波が大きい。東国では、古墳時代の中期前半から朝鮮系文物が出土するようになり、中期後半までには渡来系移住民が広く定着したと評価しうる状況にある［若狭、二〇一七］。

例えば、渡来系移住民の広がりを示唆する考古資料に積石塚《つみいしづか》がある。朝鮮半島との関係が想定される、石を積み上げて墳丘とした墳墓である。五世紀後半、これが東日本では遠江や上毛野（上野）などで築造されるようになり、四世紀末から積石塚を築造してきた信濃でも築造数が増加する。その傾向は甲斐や三河でも看取されるという。また周辺の出土遺物等から、これらの被葬者の多くは、渡来文化である馬の生産や、馬生産に不可欠な鉄器の生産などにかかわった、渡来系移住民とみられている［土生田、二〇一二・二〇一六・二〇一八］。

ところで近年、群馬県渋川市の金井東裏《かないひがしうら》遺跡で発見された、六世紀初頭の榛名山《はるなさん》の火砕流で

図2-1　金井東裏遺跡で出土した「甲を着た古墳人」(写真提供：群馬県)

犠牲となった甲冑《かっちゅう》をまとう男性の人骨が、渡来人の形質を持ち、かつ同位体比分析から金井以外の列島のどこかで生まれ育ったものであることが明らかとなり、話題となった。この男性骨は、両腕と両脚を折り曲げたうつ伏せの状態で発見され、朝鮮半島との密接な関係性を示す、装飾性の高い甲冑や鉄鉾《てつほこ》などの武具を身につけていた〔大木、二〇一九〕。要するにこの男性は、列島のある地域（長野県伊那谷《いなだに》地域か）から金井東裏遺跡の地域に移動してきた比較的高位の渡来系の首長ということになろう。そして発掘調査によって、この地域でも、五世紀後半から馬の生産が行われていたことが明らかとなっている〔杉山、二〇一九〕。

渡来系移住民増加の背景

こうした五世紀の列島における渡来系移住

民の広がりは、当時の倭国を取り巻く国際環境と連動している。それは、中国を震源地とする国際紛争の拡大と、東方への人と文化の移動の連鎖であった。

二八〇年、呉を滅ぼし中華王朝を統一した西晋《せいしん》は、匈奴《きょうど》ら諸族の蜂起を受け、三一一年に事実上崩壊した。その後、江南で東晋として復活するものの、華北一帯は非漢族が次々と興亡を繰り広げるいわゆる五胡十六国《ごこじゅうろっこく》の乱世へと突入する。このため、華北からは流民が相次ぎ、その混乱と人の移動の波が朝鮮半島にも及んだ。半島北方では、三一三年に高句麗が、晋の弱体化で孤立した楽浪郡を滅ぼし、その南の帯方郡も崩壊して、四〇〇年以上続いた当地の中国郡県支配が終焉《しゅうえん》を迎える。高句麗は、それまで両郡の経営を担っていた漢人や、華北の争乱を逃れて流入する中国系の官人層・知識人たち（中国系人士層）を次々と取り込み力をつけると、さらなる勢力拡大をはかり朝鮮半島を南進し始めたのである。

この緊迫した事態に、高句麗南方の諸勢力のなかで百済と新羅が台頭してくる。百済は、高句麗同様、中国系人士層らを積極的に受け入れて支配体制を強化し、高句麗に激しく抵抗した。一方新羅は、高句麗に従属し成長する選択をする。このため、南進する高句麗の圧力は、新羅を介して、朝鮮半島南端の加耶《かや》地域にも達したのである。

当時の加耶には多くの小国があったが、なかでも金官や安羅などの加耶南部は、鉄の供給などで、以前から倭人社会との結びつきが強かった。このため高句麗・新羅の圧力が加耶へ及ぶと、その緊張が加耶南部を通して倭人社会へも伝わる。百済が加耶南部諸国と友好関係を結ぶと、倭国も百済と同盟関係を結び、高句麗に対抗する陣営に加わるようになった。その一端は、

多くの潤色・誇張をともなうものの、四世紀末から五世紀初頭の朝鮮半島を舞台とした国際紛争への倭の関与という形で、「高句麗広開土王碑文《こうかいどおうひ》」にも記されている。

一方『書紀』は、こうして倭王権のもとで対外交渉にかかわるようになった首長層が、その過程で、朝鮮半島から技術者などを呼び込んでいたことを伝えている。

例えば『書紀』神功《じんぐう》皇后摂政紀五年条には、新羅が、倭国に「質《むかはり》」(人質)として送っていた王子を計略によって奪還し、これに怒ったヤマトの大首長の葛城襲津彦《かつらぎのそつひこ》が、新羅を攻めて「俘人《とりこ》」を連れ帰ったとある。この伝承は、類話が高麗時代の一二世紀に編纂《へんさん》された『三国史記《さんごくしき》』に四一八年のこととして見えるなど、王権と王権を結ぶ「質」外交の史実の一端を反映したものとみられる。一方、考古学からは、奈良県御所《ごせ》市の南郷《なんごう》遺跡群の調査により、五世紀前半の葛城勢力が渡来の技術者を自らの拠点に住まわせていた様相が捉えられている。つまり「俘人」伝承は、葛城勢力が王権外交にかかわるなかで、朝鮮半島から技術者を呼び込むきっかけを得ていた実態をベースとしていると考えられる［田中、二〇〇五］。

また『書紀』の雄略紀には、葛城とともに五世紀の王権の外交を支えた吉備《きび》勢力が、百済から連れ帰った技術者を天皇(大王)に献上し(雄略七年是歳《ことし》条)、本拠地の吉備にも「韓奴《からのやつこ》」を保有していたことが記されている(雄略九年五月条)。五世紀前半に渡来系移住民の考古学的な痕跡が増加する吉備でも、当地の首長層が、王権外交にかかわるなかで、独自に技術者を招請していた姿が浮かび上がる［田中、二〇〇五］。

東国の国際環境と渡来系移住民

一方、東国においても、上野国（上毛野国）、つまり現在の群馬県を本拠とし、東国屈指の勢力を誇った上毛野氏に関して、王権外交とかかわり朝鮮半島から技術者を連れ帰ったとする伝承がある。

すなわち『書紀』応神一五年八月丁卯《ていぼう》条には、上毛野君《かみつけののきみ》の祖の荒田別《あらたわけ》と巫別《かんなきわけ》が、天皇の命を受けて、諸典籍に通じた王仁《わに》を百済から連れ帰ったとある。また『書紀』仁徳五三年五月条にも、朝貢を拒否する新羅に対し、天皇が上毛野君の祖の竹葉瀬《たかはせ》とその弟の田道《たじ》を派遣し、新羅軍と戦った田道が四邑の人民を虜《とら》えて帰還したとある。これらはいずれも、上毛野氏の家記に基づく伝承とみられている。

図2-2　剣崎長瀞西遺跡10号墳出土の大加耶系の垂飾付耳飾（写真提供：高崎市教育委員会）

右の所伝について、かつては五世紀の毛野を大和の王権と対立する独立国と評価し、これが事実の反映のはずがないとする見方も有力であった。しかし現在は、巨大前方後円墳を築造した古墳時代中期の上毛野が、王権祭祀《さいし》をいち早く導入するなど王権と深い結びつきを有していたことが、考古学から明らかとなっている［若狭、二〇一七］。しかも、積石塚や韓式土器、大加耶系の垂飾《すいし》

飾付耳飾《よくつきみみかざり》や馬具が出土した高崎市剣崎長瀞西《けんざきながとろにし》遺跡に代表されるように、五世紀中葉以降の上毛野が、対外交渉や渡来系移住民と深くかかわっていたことも確実である［若狭、二〇一五］。

こうしたことも踏まえて、近年では文献史学からも、『書紀』の上毛野祖先伝承に一定の史実を見出す研究が提示されるようになっている。なかでも、新出の木簡や古写経関連史料などから上毛野氏の紀伊国《きいのくに》進出を明らかにし、記紀が上毛野氏らの始祖（豊城入彦《とよきいりひこ》）の母を紀氏系氏族出身者と伝えることなどにも着目して、前述の応神紀や仁徳紀の伝承は、五世紀の上毛野勢力が王権の対外交渉の一翼を担う紀氏集団との関係を深めて外交に関与した史実がベースとなっているとする説は注目されよう［笹川、二〇〇五／中林、二〇〇六］。これに従えば、東国の首長層もまた、王権外交とかかわりながら、独自に渡来人を呼び込む環境を持っていたことになる。

3　東国の馬と渡来系馬飼

東国の馬の広がり

ただし、五世紀の東国の渡来系移住民には、以上だけでは説明できない面がある。土生田は、積石塚が東国で五世紀後半の同時期に広範囲にあらわれる現象を、各首長層独自の招聘《しょうへい》や渡来人の自由意思だけでは説明できず、近畿の王権主導による斉一的配置・移住を想定せざるを得

ないとし、これを東国での馬の生産の広がりと関連するものと理解する［土生田、二〇一二・二〇一六］。右島和夫も、五世紀後半、王権が政策的意図をもって東日本に渡来系技能集団などを配して馬の生産を展開し、令制の東山道に近い内陸ルート（古東山道）が成立したと想定する［右島、二〇一九など］。

日本列島への本格的な馬文化の流入は、前述の華北の争乱を契機とする人の移動が大きく関係している。中国系の人々の東方移動は、朝鮮半島に漢字文化と馬文化の新たな画期を生み出し、それらの文化が、同盟関係にある百済などから日本列島にもたらされた［田中、二〇〇五・二〇一九］。こうして生産技術者とともに五世紀前半に渡来した馬文化は、諫早直人によれば、馬具生産などで倭の在来工人も巻き込みながら、五世紀末までには九州南部から東北南部にまで広がる［諫早、二〇一六・二〇一九］。この短期の広がりと分布範囲自体に、王権の一定の関与を認めざるを得ないが、諫早は、特に東日本への伝播《でんぱ》に王権の主導的役割があったとみる。牧周辺は、皮革の生産、飼料となる畑作、鉄製・木製馬具の生産をともなうなど、最先端技術による生産活動の拠点となるが、東日本では西日本でも見られない大規模な馬の生産が、長野県の伊那谷や群馬県の榛名山麓などで行われているからである。そして、この東日本の馬生産の広がりは、陸上交通網の再編と軌を一にして起こったとし、そこに朝鮮半島情勢とかかわり、多くの馬や各地の資源を必要とするようになった王権の政策的意図が作用していたと想定する［諫早、二〇一二］。

ところで史料上、馬文化が全国的に広がる五世紀後半は、これまでとは逆に、倭王権が朝鮮

半島に馬を送り始める時代である。すなわち『書紀』雄略二三年是歳条は、「筑紫の安致臣《あちのおみ》・馬飼臣等《うまかいのおみ》」が船師《ふないくさ》を率いて朝鮮半島へ渡ったとある。ここで馬飼臣が登場するのは、船で運ばれる馬の管理のためと考えられるが、安致臣・馬飼臣はともに筑紫の首長とみられるから、朝鮮半島に渡った馬も筑紫で生産された馬だろう。『書紀』継体六年（五一二）四月丙寅《へいいん》条にも、穂積押山《ほづみのおしやま》が筑紫国の馬四〇匹を与えられて百済に派遣されたとあり、やはり筑紫の馬が王権の対外活動に利用されている。以上からは、五世紀半ば以降、筑紫でも馬の生産が王権の対外活動とも結びついていたことが知られる。そして、馬文化の受容に関する九州の考古資料も、五世紀半ば以降の類例が目立つ［桃崎、二〇一四参照］。

そうなると、王権の政策的意図を背景とした五世紀半ば以降の馬生産の拡大は、東国だけでなく九州でも起こっていたとみるべきではなかろうか。そのなかで、東国でその動きがより顕著に見えるのは、よく指摘されるように東国に馬の生産適地が多いことに加え、五世紀前半までは渡来人の移住が西日本ほど濃厚でないことも関係しているように思われる。

以上と関連して興味深いのは、近年、出土馬歯の分析などから、五世紀中葉以降の東国馬が奈良盆地に運ばれていたことが判明したことである。この時期、河内では馬の飼育が他の手工業生産とともに集約的に行われるようになり、奈良盆地でも馬の飼育が広がる。こうしたことから五世紀半ば以降、河内では手工業生産や馬の飼育を集約的に行い、それらを大和に供給する体制が整えられていて、ここに東国の馬も投入されたと想定されている［青柳、二〇一九／千賀、二〇一九など］。ただし、文献上は王権の中核的馬飼集団として河内馬飼《かわちのうまかい》だけでなく大和

盆地に倭馬飼《やまとのうまかい》もあったから［鷺森、二〇一八］、東国馬の大和への供給が大和を飛び越えた河内での再飼養体制で支えられていたかどうかは、なお検討の余地があろう。けれども五世紀中葉以降、大和・河内の連携を軸に構築された王権の新たな生産・物流体制に、馬を産する東国が組み込まれたことは間違いない。

近畿の東国馬は大和盆地以外でも確認されている。和歌山市西庄《にしのしょう》遺跡で発見された五世紀後半の馬の遺存体の一部に、甲信越から東北の間の地域で生産された馬が含まれることが判明したのである。この東国馬の紀ノ川下流域への供給も、王権を核とする生産・物流体制とかかわり、王権の関与が想定されている［田中元浩、二〇一九］。ただし、前述のように、五世紀の上毛野勢力は外交で活躍する紀氏集団との関係を深めていたから、紀氏集団自体、馬を産する東国の有力首長との関係を有していた。したがってこの場合、地域の首長どうしの関係のなかで東国馬が紀伊に供給された可能性も考えうる。

内外の交流関係の変動

しかし紀伊の東国馬が、王権からの直接的な供給であっても、地域首長間の連携による入手であっても、それを生み出す社会背景は同じものであったろう。国際環境の変化と連動した倭人社会の変化である。

倭人社会と結びつきの強い加耶地域の五世紀は、南部諸国が衰退し新羅の影響が増大する一方、北部で高霊《コリョン》地域を拠点とする大加耶が台頭していた。そのなかで倭国では、加耶南部を介

し新羅へ接近する首長と、新興の大加耶との関係を深める首長が入り乱れ、この異なるベクトルの綱引きが、倭国中枢部を引き裂いていく。四四二年、新羅に荷担した葛城勢力が大加耶を攻撃し、大加耶が百済に救いを求めると、中国南朝宋からの冊封《さくほう》を内外政治に利用する倭王は、対宋交流の協力国でもある百済を支持。葛城勢力と対立したのである。この時の倭王が、『宋書』に登場する倭五王の一人、済《せい》王であった。国際環境の変化を背景とした王と有力首長の衝突は、その後もしばらく続く。その一端は、『書紀』の葛城・吉備反乱伝承のなかにも描かれている〔田中、二〇〇五・二〇一九〕。

こうして、王権外交に依拠した首長層独自の国際交流は混乱し、これまで王権を支えてきた葛城や吉備などの大首長もその力を弱めていった。渡来工人を招いて生産を開始した各地の須恵器窯の多くがこの頃から消滅に向かうのも、内外の混乱で朝鮮半島から独力で技術者や文化を継続的に得ることが困難となったからだろう。一方、王権は、外交を主導する立場も利用し、河内に渡来系技術者を投入して手工業生産や馬の飼育を集約的に行うなど、生産・物流体制を強化する〔田中、二〇〇五〕。

そしてこの時期から、列島各地の首長層は、配下を従えて王宮や王権の工房に仕え、中央の有力首長層との政治的・系譜的な結びつきを強めていく。その実態を伝える熊本県江田船山古墳出土大刀や埼玉県稲荷山古墳出土鉄剣の銘文によると、記紀の雄略天皇、『宋書』の倭王武に比定されるワカタケル大王の時代、王宮や王権の工房では、渡来系技能者や各地から首長に率いられて上番した人々が、一定の職掌を持って仕える体制が整えられていた。彼らは、「奉

事典曹人」「杖刀人首《じょうとうじんのおびと》」「作刀者」「書者」など、「△△人」「△△者」としてその職掌が示される。古代史研究ではこうした体制を人制《ひとせい》と呼んでいる。この人制の登場も、おそらくは済王の時代に遡る。人制は、各地の人々が王権の抱える最新の技術・文化・情報を学ぶ機会ともなった［田中、二〇一三］。

実は北武蔵の稲荷山古墳の被葬者も、五世紀半ばに王権との結びつきを強めて急速に成長した東国の首長であった。その子弟が大王宮に出仕し、中央の有力首長層や渡来系の文字技術者との関係を深めて、大王との密接な関係を誇る銘文入り鉄剣をつくったのである。五世紀半ば以降、こうした新興勢力は各地で登場する［田中、二〇一九］。

以上のようにみると、東国において渡来系移住民の痕跡が濃厚に認められる上毛野地域においても、その在り方が五世紀半ば以降の地域首長層の新たな動きと結びついていることが注目される。上毛野では、五世紀半ば頃、大型古墳の築造地域が東部（太田市周辺）から高崎市の保渡田《ほどだ》古墳群に代表される西部へと移動することが知られており、この頃から高崎市で考古学的に確認される渡来系移住民も、これら上毛野西部の首長層の影響下に置かれて馬の生産にかかわっていたことが推定されている［若狭、二〇一五・二〇一七］。しかも高崎市の剣崎長瀞西遺跡では、積石塚から前述の大加耶系の耳飾や馬具が出土している他、剣崎長瀞西古墳からは百済・大加耶系の鉄矛、高崎市下芝谷《しもしばや》ツ古墳からは百済もしくは加耶系の金銅製飾履《しょくり》、三環鈴《さんかんれい》などが出土しており［亀田、二〇二〇］、これらは、済王以降の百済―大加耶寄りの倭国の外交路線と重なる。上毛野西部の首長層が、五世紀半ば頃から王権外交に近い立場で対外関係にか

かわり、渡来文物や渡来系の人々も呼び込んで、新たに成長していたことを物語るものだろう。

首長と渡来系馬飼

一方、その上毛野との関係が想定される紀伊の首長に関し、『書紀』雄略九年三月条、同五月条に興味深い話がある。新羅攻撃に派遣されていた紀小弓《きのおゆみ》が任地で死去すると、子の紀大磐《きのおおいわ》が新羅へ渡り、小鹿火宿禰《おかひのすくね》の管轄していた兵馬・船官《ふねのつかさ》や諸々《もろもろ》の小官を指揮下に置いたので、小鹿火宿禰がこれを恨んだという話である。同条によれば小鹿火宿禰は、小弓らとともに大王から新羅を伐《う》てと命じられた首長の一人だが、小弓の喪に従って帰国しているから、もともと小弓に仕えた人物でもあったとみられる。

また、朝鮮半島で亡くなった小弓は、新羅派遣の直前、妻を亡くして雄略天皇より「視養」のための女官を与えられていた。これは、小弓の率いる軍組織が、首長である小弓自身の家産経営を基盤に展開する組織であったためと考えられる［田中、二〇一六］。つまり前段落の話は、小弓の没後、その家産の管理権を一旦は配下の小鹿火宿禰が引き継いだが、小弓の子の大磐は、兵馬・船官・小官の指揮権を小鹿火宿禰から奪うことで、父の家産と首長権を自身が継承したことを誇示したという内容の伝承だろう。このうち船官は、紀伊の豊富な木材・船材資源を背景とした、紀氏集団の水軍組織を想起させる。一方、西庄遺跡を踏まえるなら、馬には、王権から、もしくは上毛野勢力との首長間関係を背景に得られた東国馬が含まれていた可能性がある。

このように、王権活動とかかわる馬が、首長層の家産に組み込まれて管理されていたとすると、それらの馬の生産・維持に直接かかわる渡来系の馬飼らも、首長層に従属する形態をとった可能性が高い。

この点に関して注目されるのが、『書紀』継体二三年（五二九）四月是月条に、加耶へ派遣された近江毛野臣《おうみのけなのおみ》の「傔人《けんじん》」として登場する、河内馬飼首《かわちのうまかいのおびと》御狩《みかり》という人物である。河内馬飼は、河内を拠点に馬の飼育だけでなく馬具製作や交通・軍事とも結びついた渡来系集団だが［上田、一九六五／加藤、二〇〇二］、その首の御狩は、近江を拠点とした近江毛野臣に私的に駆使される「傔人」の立場にあった。『書紀』において河内馬飼は、天皇に「従駕《じゅうが》」（随行）し手綱を執る河内馬飼部や（履中五年九月壬寅《じんいん》条）、即位前の継体と密かに通じた河内馬飼首荒籠《あらこ》など（継体元年正月丙寅条）、王・王族との結びつきが強い。これは、河内馬飼のかかわる河内の牧が、前述のように王権の重要な牧だったからだと考えられる。したがって近江毛野臣のもとにある河内馬飼は、王権から分与されたものであろう。けれども、それが近江毛野臣と私的な従属関係を結んでいることは、王権から与えられた渡来系馬飼であっても、それを各地の首長層がそれぞれの人格的な支配関係に組み込んで駆使できたことを物語る。

東国で馬文化を担った渡来系移住民には、以上のような王権からの分与・配置によるものだけでなく、首長間連携や、対外交流によって移動した者もあったかもしれない。しかしいずれの場合でも、移住後の在り方は、その多くが各地の有力首長層のもとにあって、それぞれの地域的な展開に規定されていたと考えられる。

4　東国のミヤケと渡来系氏族

ミヤケの設置と渡来系氏族

『書紀』によると、継体二一年（五二七）、筑紫の大首長磐井《いわい》が反乱を起こした。新羅に破られた加耶南部の国を再興するために派遣された近江毛野臣の軍を、新羅の賄賂を受けた磐井が遮ったというのである。磐井勢力は、その拠点の一つ、博多湾東側の糟屋《かすや》海域を封鎖し、これにより倭王権と朝鮮諸国の交流も困難となった。このため磐井を破った王権は、糟屋に地域支配の拠点となるミヤケを置き、乱鎮圧を内外に印象づけるとともに、瀬戸内海から博多湾へとつながる対外交流ルートを確保した［田中、二〇一八］。

糟屋屯倉の設置後、ミヤケは列島各地に置かれるようになった。「屯倉」「官家」「三家」などと表記されるミヤケは、王権に貢納奉仕の義務を負うヤケ（経営組織体）で、多くの場合、地域の有力首長層が実質的な経営を担った。また、六世紀に新たに登場した王権の支配体制である国造制や部民制《べみんせい》の展開においても、中核的な役割を果たしたとみられている［舘野、一九九九］。こうしたミヤケが東国にも登場したのである。

王権はこのミヤケの経営でも、渡来系の人々の活躍を期待した。特に重要なミヤケには、生産能力、交通・流通機能、文字による管理機能を高めるために、手工業生産技術や文字技能を

持つ渡来人・渡来系氏族を移配したのである〔田中、二〇〇五・二〇一九〕。

ミヤケと渡来系の人々との関係は、東国でも確認できる。皇極二年（六四三）一一月、厩戸《うまやどの》王《おう》の子の山背大兄王《やましろのおおえのおう》が蘇我入鹿《そがのいるか》の兵に襲撃された際、そばに仕える三輪文屋《みわのふみや》は、山背の深草《ふかくさ》屯倉まで向かい、そこから馬で東国へ赴いて、乳部《みぶ》をもとに軍勢を整えることを進言したという（『書紀』）。乳部（壬生部《みぶべ》）とは七世紀初頭頃に設定された部民で、王位継承資格を有する有力王族が経営する宮に属し、その経済的・軍事的基盤となった〔遠山、一九九九〕。とりわけ厩戸・山背大兄ら「上宮王家」とのかかわりが深い。またこの深草屯倉のある地は、渡来系雄族秦氏《はたうじ》の根拠地の一つで、彼らは深草屯倉を管理し〔加藤、一九九八〕、「上宮王家」に属する東国の壬生部の管理も担っていたと考えられる〔仁藤、一九九八〕。つまり、「上宮王家」とつながる東国各地の壬生部にとって、秦氏の管理する山背の深草屯倉は共通の貢納・奉仕先となっていたと推定される。各地に分布する秦氏は、ミヤケの諸生産活動に深くかかわったことが知られており〔加藤、一九九八〕、東国では例えば相模で秦氏とミヤケとの関係が想定されている〔鈴木、二〇一四〕。

吉士《きし》集団も、東国のミヤケとの関係が推定される渡来系氏族である。吉士集団は百済・加耶・新羅などをルーツとし、難波吉士や草香部吉士のようにその多くが姓に「吉士」（吉志・吉師・企師）を含むが、この「キシ」は、朝鮮における首長層の称号に由来すると考えられている〔請田、一九八三〕。彼らは、ミヤケ経営においては保管運搬に従事し、対外交渉にもかかわった〔三浦、一九八一〕。その分布は大阪湾岸地域を中心とするが、東国でも武蔵国に橘樹《たちばな》郡

の飛鳥部吉志《あすかべのきし》五百国《いおくに》（『続紀』神護景雲二年六月癸巳《きし》条）、男衾《おぶすま》郡大領の壬生吉志《みぶのきし》福正《ふくまさ》（『類聚三代《るいじゅうさんだい》格《きゃく》』承和八年五月七日官符、『続日本後紀《しょくにほんこうき》』承和《じょうわ》一二年三月己巳《きし》条）、多麻郡出身の防人の吉志火麻呂《きしひまろ》（『日本霊異記《にほんりょういき》』中ノ三）などが確認できる。これら武蔵国の吉士集団については、吉士集団自体がミヤケの経営にかかわっていたことに加え、飛鳥部吉志のある橘樹郡に橘花《たちばな》屯倉が存在するなど、その居住地がミヤケの比定地とも重なることから、ミヤケ管掌のために武蔵に移住してきたとする説が有力である［加藤、二〇〇二］。

　また武蔵国の吉士集団のうち、壬生吉志については、前述の壬生部と関係していたことが明らかである。この他『書紀』では、麛坂《かごさか》王・忍熊《おしくま》王に仕えた吉師の祖の五十狭茅宿禰《いさちのすくね》（神功紀元年）、大草香《おおくさか》皇子に仕えた難波吉師《なにわのきし》日香蚊《ひかか》父子（安康紀元年）、大兄《おおえ》皇子に仕えた日鷹吉士《ひたかのきし》（継体紀六年）など、王子に仕える吉士集団の話が散見される。こうした伝承の形成には、「上宮王家」と秦氏の関係のように、吉士集団がミヤケの経営を担ったことで、王子の宮との関係を深めた実態が反映されているだろう。

　吉士集団と東国のミヤケとの関係は、緑野《みどの》屯倉があった上毛野地域でも想定されている。緑野屯倉が所在した上野国緑野郡に隣接する多胡郡にもミヤケの存在が推定されていて、多胡郡の「多胡」は、そのミヤケの管理にかかわった吉士集団の多胡（多呉・多吾）吉士に因《ちな》むものではないかとされているのである［原島、一九七七／加藤、二〇〇二］。多胡郡には、正倉院の調庸布墨書銘から「秦人」の存在も確認でき、渡来系の人々が当地のミヤケの経営にかかわっていたことが推測される。

図2-3　下芝谷ツ古墳（写真提供:かみつけの里博物館）。葺石を貼った方墳の上に積石塚を乗せている。

上野三碑とミヤケ

ところで『続紀』和銅四年（七一一）三月辛亥《しんがい》条によると、この多胡郡は、上野国の甘良《かんら》郡・緑野郡・片岡郡から六郷を割いて建郡された。先に触れた上野三碑の一つ、群馬県高崎市に伝存する多胡碑は、その建郡の申請者で初代郡司（大領）に任じられたと推定される「羊《よう》」を顕彰した古代の石碑である［平川、二〇一四］。なお、「羊」についても渡来系の人物とする説があるが、碑文からは確実なことは言えない。

また多胡碑の東北三キロの地点には、上野三碑の一つでミヤケとかかわる内容を持つ山上碑《やまのうえひ》がある。これは辛巳《しんし》年（六八一）、すなわち天武一〇年に、放光寺（前橋市の山王廃寺）の僧である長利《ちょうり》が母のために建てた碑で、碑文によれば、長利の母は佐野《さの》

三家《みやけ》を設定した健守命《たけもりのみこと》の子孫の黒売刀自《くろめとじ》である。佐野三家とは佐野にあるミヤケのことで、山上碑から烏川を挟んだ北方に今も上佐野・下佐野の地名が残る。健守命が在地の人物なのか王権によって派遣された人物なのかは判然としないが、いずれにしても当地で佐野三家の管掌を担ったのが健守命を祖に掲げる黒売刀自の一族で、建碑当時、佐野三家は佐野評家（のちの郡《ぐう》家《け》）に引き継がれて経営されていたと考えられている［篠川、二〇一九］。

上野三碑にはもう一つ、佐野三家とかかわる一族の後裔《こうえい》が建てたとみられるものがある。山上碑の北西一・五キロに位置する金井沢碑《かないざわひ》である。この碑は、神亀《じんき》三年（七二六）、上野国群馬郡下賛郷《しもさぬ》高田里の「三家□人」と妻の他田君目頰刀自《おさだのきみめづらとじ》、娘の三家加那刀自《かなとじ》とその子らによる祖先供養の誓願に、三家毛人《えみし》・三家知万呂《ちまろ》、鍛師《かぬち》の礒部君身麻呂《いそべのきみみまろ》ら三人の知識グループが加わり作製された［勝浦、一九九九］。このうち「三家」はミヤケの経営にかかわったことによる姓で、「下賛郷」の「賛」（さぬ）も佐野三家と関連する郷名とみられるから、「三家」氏も佐野三家の経営と関係があると考えられている。このため「三家」氏を、佐野三家を設けた健守命の後裔の黒売刀自一族と同族とする見方が有力である。

一方、こうした見方とは別に、吉士集団に「三宅」姓を名乗る三宅吉士があること、近傍の多胡郡のミヤケにも吉士集団（多胡吉士）の関与が想定されることから、これを渡来系の三宅吉士とみる説もある［原島、一九七七］。ただし、金井沢碑の「三家」氏が山上碑の黒売刀自一族と同族だとすれば、日本風の尊称を持つ「健守命」は両者共通の祖ということになる。この点が、「三家」氏を渡来系の三宅吉士とみる説にとってネックとなっている［加藤、一九九九］。

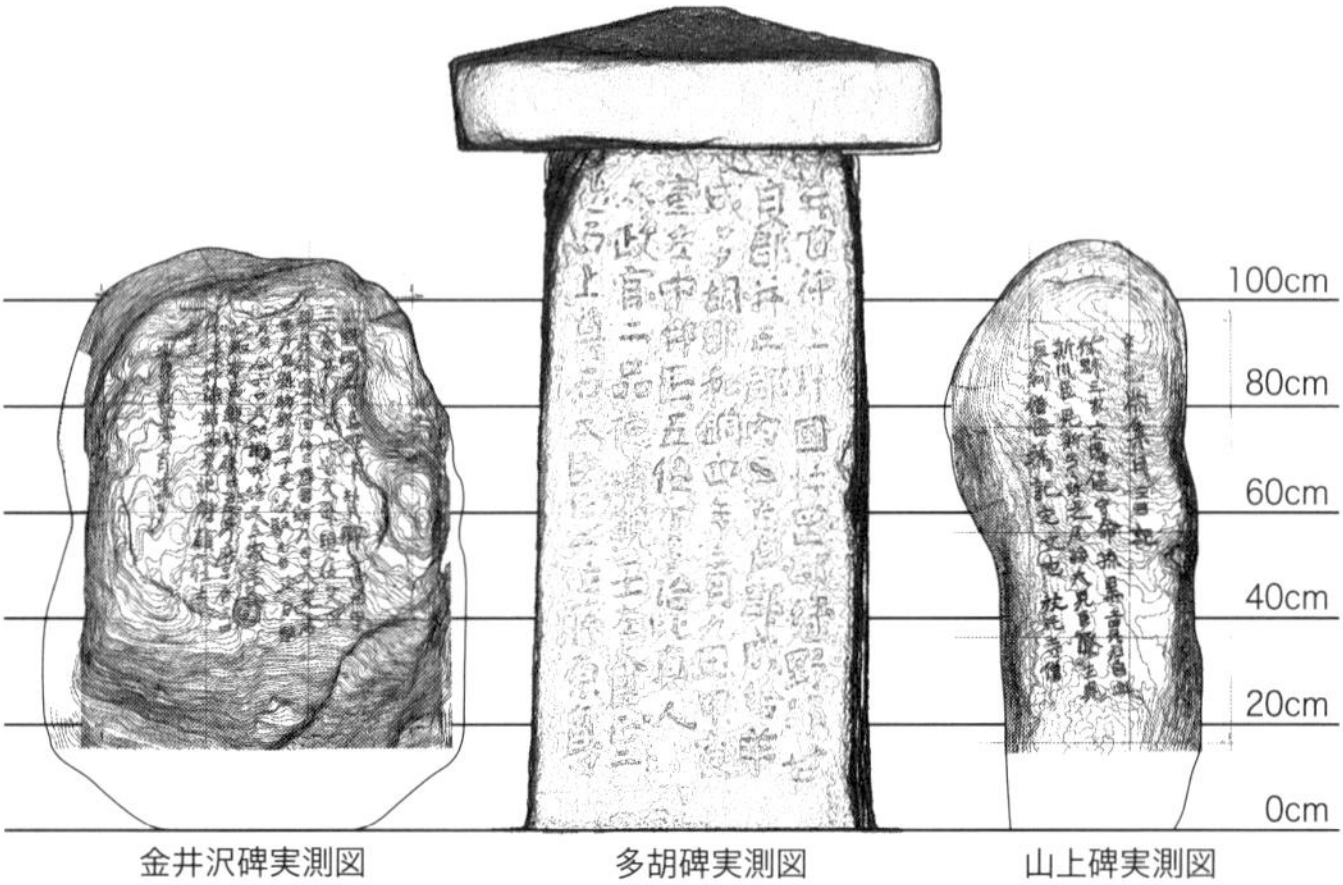

図2-4　上野三碑実測図（写真提供：高崎市教育委員会）

しかし「三家」氏と黒売刀自一族を同族とする見方は、両者がいずれも佐野三家とかかわりを持つと考えられることからの類推に過ぎない。したがって、ある程度の根拠を持つ三宅吉士説から逆に同族説を疑う余地もあるだろう。実際、ミヤケでは、これを主管する首長のもと、別の渡来系氏族が文字技術などを駆使してその管理にかかわることがあった〔田中、二〇一二〕。「三家」氏が三宅吉士であれば、黒売刀自一族と「三宅」氏の関係もこれと同様に考えることもできる。多胡吉士とミヤケとの関係や、武蔵国のミヤケに複数の吉士集団が関与していることを踏まえても、上野国の「三家」氏が三宅吉士である可能性は高いと考える。

ところで、東国の石碑文化を代表する上野三碑と那須国造碑（口絵p.2）には、同時代に東国に移住した新羅人との関係が想定されて

いることは先に述べた。那須国造碑のある下野国には、七世紀後半、「帰化」の新羅人が継続的に移配され（『書紀』）、これと対応する多くの新羅土器が出土している他、那須地域には新羅仏とされる同時期の小金銅仏もある〔眞保、二〇〇八〕。また上野三碑に関しては、『続紀』天平神護二年（七六六）五月壬戌《じんじゅつ》条に、上野国の新羅人子午足《しごそく》ら一九三人に吉井連《よしいのむらじ》の姓が与えられたとあることが注目されている。「吉井」は現在の高崎市（旧多野郡）吉井町の地名に通じ、子午足らは多胡郡に移配された新羅人の子孫と考えられるからである。

ただし上野三碑は、狭い範囲に次々と石碑が建てられた点が那須とは異なっている。こうした半世紀にわたる渡来の石碑文化の継承には、石碑文化を持つ新羅人の移住だけでなく、それ以前からミヤケの経営などで文字文化を持つ渡来系の人々と深くかかわってきた上野国南部の地域性が大きく影響しているように思われるのである。

おわりに

弘仁一一年（八二〇）二月、遠江と駿河に移配された新羅人七〇〇人が反乱を起こし、伊豆国《いずのくに》の穀物を奪い船で海に入り、相模・武蔵等七国の軍に鎮圧される事件が発生した（『日本紀略』）。班田制の行き詰まった当時の日本は、彼らに十分な土地を与えず、それが反乱の引き金になったとみられている〔佐伯、一九七〇〕。しかもこの二年ほど前、関東は巨大地震に見舞われ甚大な被害を出していた（『類聚国史』）。東国に多くの「帰化人」を受け入れる余裕はなおさ

らなかったろう。その後、新羅の政治・社会の混乱が持ち込まれることを恐れた日本は、承和九年（八四二）、新羅からの「帰化」の受け入れをやめてしまう〔田中、二〇一九〕。こうして東国は「帰化人」の移配地ではなくなった。

けれども「帰化人」が製法を伝えたであろう丹参や豉が東国の特産品として見えるのは、一〇世紀の『延喜式』という史料においてである。平安時代は朝廷直轄の勅旨牧（御牧《みまき》）も東国にのみ設定されるなど、有力な馬の産地ともなった。彼らが東国にもたらした渡来文化のいくつかは、地域に根付いていたのである。そして今も、埼玉県日高市の高麗神社が、高麗郡とそこで活躍した高句麗人の歴史と信仰を伝え、地域の人々がこれを大切に守っている。渡来系移住民の活躍は、確かに東国史の礎の一つをなしている。

参考文献

青柳泰介　二〇一九年「ヤマトの手工業生産と馬」右島和夫監修『馬の考古学』雄山閣
荒井秀規　二〇一七年『古代の東国3 覚醒する〈関東〉』吉川弘文館
有富由紀子　一九八九年「日本古代の初期地方寺院の研究」『史論』四二
諫早直人　二〇一二年「馬匹生産の開始と交通網の再編」一瀬和夫・福永伸哉・北條芳隆編『内外の交流と時代の潮流』〈古墳時代の考古学7〉同成社
諫早直人　二〇一六年「馬匹・馬具生産」『季刊考古学』一三七
諫早直人　二〇一九年「東アジアにおける馬文化の東方展開」右島和夫監修『馬の考古学』雄山閣
上田正昭　一九六五年『帰化人』中公新書
請田正幸　一九八三年「吉士集団の性格」『続日本紀研究』二二七

大木紳一郎　二〇一九年「「甲を着た古墳人」とムラ人たち」「甲冑と武器にみる古墳人の威容」公益財団法人群馬県埋蔵文化財調査事業団編『古墳人、現る―金井東裏遺跡の奇跡―』上毛新聞社事業局出版部
勝浦令子　一九九九年「金井沢碑を読む」平野邦雄監修・あたらしい古代史の会編『東国石文の古代史』吉川弘文館
加藤謙吉　一九九八年『秦氏とその民―渡来氏族の実像―』白水社
加藤謙吉　一九九九年「上野三碑と渡来人」平野邦雄監修・あたらしい古代史の会編『東国石文の古代史』吉川弘文館
加藤謙吉　二〇〇一年『吉士と西漢氏』白水社
加藤謙吉　二〇〇二年『大和政権とフミヒト制』吉川弘文館
亀田修一　二〇一六年「西日本の渡来人」『季刊考古学』一三七
亀田修一　二〇一八年「古墳時代の渡来人―西日本―」『古代東ユーラシア研究センター年報』四
亀田修一　二〇二〇年「列島各地の渡来系文化・渡来人」吉村武彦・吉川真司・川尻秋生編『渡来系移住民』岩波書店
佐伯有清　一九七〇年『日本古代の政治と社会』吉川弘文館
酒井清治　二〇〇二年『古代関東の須恵器と瓦』同成社
鷺森浩幸　二〇一八年「倭馬飼とその牧」『帝塚山大学文学部紀要』三九
笹川尚紀　二〇〇五年「上毛野氏の外交・外征をめぐって」『古代文化』五七
篠川　賢　二〇一九年『古代国造制と地域社会の研究』吉川弘文館
眞保昌弘　二〇〇八年『侍塚古墳と那須国造碑』同成社
杉山秀宏　二〇一九年「金井遺跡群の調査と馬文化」右島和夫監修『馬の考古学』雄山閣
鈴木靖民　二〇一四年『相模の古代史』高志書院
舘野和己　一九九九年「ミヤケと国造」吉村武彦編『古代を考える　継体・欽明朝と仏教伝来』吉川弘文館
田中史生　一九九七年『日本古代国家の民族支配と渡来人』校倉書房
田中史生　二〇〇五年『倭国と渡来人―交錯する「内」と「外」―』吉川弘文館

田中史生　二〇一二年「倭国史と韓国木簡―六・七世紀の文字と物流・労働管理―」鈴木靖民編『日本古代の王権と東アジア』吉川弘文館
田中史生　二〇一三年「倭の五王と列島支配」『岩波講座　日本の歴史』第一巻〈原始・古代1〉岩波書店
田中史生　二〇一六年『国際交易の古代列島』KADOKAWA
田中史生　二〇一八年「磐井の乱前後の北部九州と倭王権」新川登亀男編『日本古代史の方法と意義』勉誠出版
田中史生　二〇一九年『渡来人と帰化人』KADOKAWA
田中史生　二〇二一年「百済王氏と百済郡、高麗王氏・肖奈王氏と高麗郡」須田勉・荒井秀規編『古代日本と渡来系移民―百済郡と高麗郡の成立―』高志書院
田中元浩　二〇一九年「紀伊における馬文化―生産遺跡とのかかわりから―」右島和夫監修『馬の考古学』雄山閣
千賀　久　二〇一九年「日本に伝えられた馬文化」右島和夫監修『馬の考古学』雄山閣
遠山美都男　一九九九年『古代王権と大化改新―律令制国家成立前史―』雄山閣出版
中林隆之　二〇〇六年「古代和泉地域と上毛野系氏族」和泉市史編さん委員会編『古代和泉郡の歴史的展開』〈和泉市史紀要第一一集〉和泉市教育委員会
仁藤敦史　一九九八年『古代王権と都城』吉川弘文館
土生田純之　二〇一二年「東国における渡来人の位相と多胡郡建郡」土生田純之・高崎市編『多胡碑が語る古代日本と渡来人』吉川弘文館
土生田純之　二〇一六年「東日本の渡来人」『季刊考古学』一三七
土生田純之　二〇一八年「古墳時代の渡来人―東日本―」『古代東ユーラシア研究センター年報』四
原島礼二　一九七七年『日本古代王権の形成』校倉書房
平川　南　二〇一四年『律令国郡里制の実像』上、吉川弘文館
古市　晃　二〇〇九年『日本古代王権の支配論理』塙書房
三浦圭一　一九八一年『中世民衆生活史の研究』思文閣出版

三上喜孝　二〇一八年「古代日本における石碑文化の受容と展開」小倉慈司・三上喜孝編『国立歴史民俗博物館研究叢書4　古代日本と朝鮮の石碑文化』朝倉書店
右島和夫　二〇一九年「古墳時代における古東山道の成立と馬」右島和夫監修『馬の考古学』雄山閣
三舟隆之　二〇一三年『日本古代の王権と寺院』名著刊行会
桃崎祐輔　二〇一四年「九州地方の馬匹生産について」『月刊 考古学ジャーナル』六五八
若狭　徹　二〇一五年『東国から読み解く古墳時代』吉川弘文館
若狭　徹　二〇一七年『前方後円墳と東国社会』吉川弘文館

3章　古墳と埴輪祭祀

白井久美子

はじめに

古墳時代の東国のなかでも関東地方は、王権の中枢から遠く離れた辺境の地であるとともに、王権のフロンティア、すなわち東方進出の最前線であった。縄文的世界が脈々と続く東北地方との「境界」に関東地方は位置した。弥生祭祀《さいし》の受け入れ方も東国の東西では異なっている。西日本の弥生時代に代表的な青銅製武器型祭器の東限は、北信を中心とした中部高地にあり、大型化・特殊化した銅鐸《どうたく》の東限は、東海東部の浜名湖周辺にある。農耕祭祀に用いた朝鮮半島起源の小銅鐸こそ関東地方に波及するが、西日本で倭様化《わようか》した青銅器祭祀は東海地方東部にとどまり、さらに古鬼怒川以東には小銅鐸をも用いない弥生文化が展開した。

山河によって複雑に区切られた列島の地域色は実に多彩であり、王権が成立して急速に古代化が進んだ古墳時代にあっても、各地域の統治基盤や文化的特性が維持されている。日本独特の王陵の形態として、ヤマト王権の象徴でもあった前方後円墳が列島各地の首長墓に採用されていく時代に、東日本で一世を風靡《ふうび》した前方後方墳*もその一つである。

本稿では、東国の古墳と埴輪《はにわ》祭祀について、その特性が際立つ古墳時代前期の様相と埴輪群

像*が花開いた後期の関東地方の動向を中心に見ていくことにしたい。

1　前方後方墳の世界

前方後方墳の出現

方形の主丘部に前方部が付く古墳を「前方後方墳」と呼んでいる。前方後円墳が円形の主丘に付いた突出部が発展した墳形であるのと同様に、前方後方墳は方形の主丘正面の突出部が次第に発達して前方部になったものである。その原形は、弥生時代の方形周溝墓に求められ、次第に大型化した正面の陸橋部が墓道、あるいは祭壇の意味をもつようになり、前方部に発展する（図3-1）。

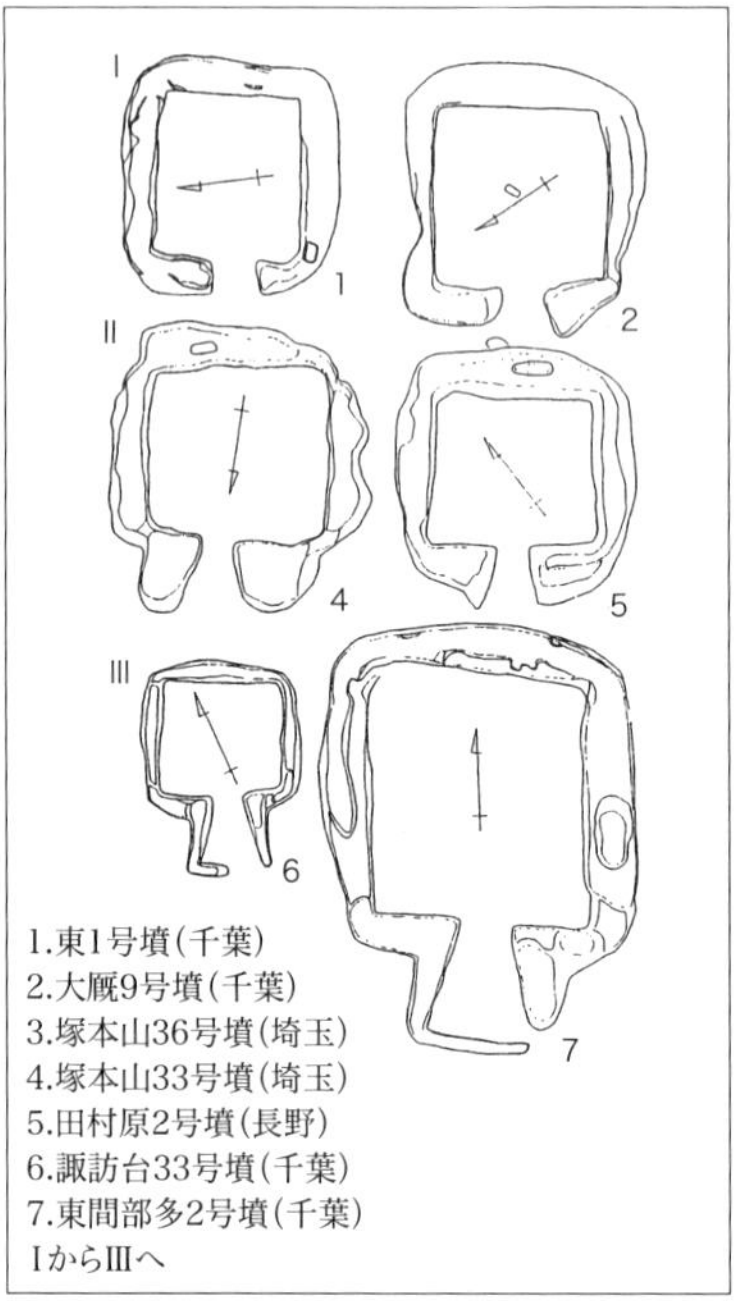

図3-1　特定通路から前方部へ（田中1977より）

弥生時代後期から古墳時代出現期に、円形の主丘を

■:前方後方墳、□:方墳または前方後方墳の可能性有、無印:前方後円墳、( )内は墳丘長(m)

東海道(西部) 美濃南部～相模	東海道(東部) 南武蔵・総・常陸	東山道 科野・甲斐・毛野・北武蔵
■尾張・西上免(40)	総・神門5号(42.6), 神門4号(48.8) 総・神門3号(49.1) □安房・萱野1号(34.2+)〈54+〉	
駿河・高尾山(62) 駿河・神明山1号(72.6) ■駿河・富士市浅間(90～103) 相模・秋葉山3号(45+)	■総・高部30号(34) ■総・高部32号(31) ■総・滝ノ口向台(55)	■科野・弘法山(63) ■毛野・駒形大塚(63) ■毛野・藤本観音山(118) ■毛野・元島名将軍塚(96)
 ■相模・秋葉山4号(40) 駿河・午王堂山3号(77.6) 遠江・松林山(107) ■相模・真土大塚山(43)	常陸・星神社(98) 常陸・梵天山(155) 常陸・葦間山(141)	■毛野・山王寺大桝塚(98) 甲斐・天神山(138) 甲斐・大丸山(116) ■毛野・前橋八幡山(135) 毛野・前橋天神山(129)
■尾張・東之宮(67), 駿河・三池平(67) 相模・秋葉山2号(51), 駿河・谷津山(110) 相模・ホウダイヤマ1号(65) 相模・長柄桜山2号(88～94)	総・ おけ塚(80) 総・釈迦山(95) 総・手古塚(60) 常陸・佐自塚(58)	甲斐・銚子塚(172) ■毛野・上侍塚(114) ■毛野・下侍塚(87) 毛野・下郷天神塚(102)
伊勢・向山(71) 相模・長柄桜山1号(92)	総・油殿1号(95) □総・新皇塚(40)〈80+〉 総・しゃくし塚(85), 南武蔵・亀甲山(107) 常陸・兜塚(99), 南武蔵・加瀬白山(87)	毛野・朝子塚(130) 甲斐・岡銚子塚(92)

*大和の埴輪編年は、坂靖2007「大和の円筒埴輪」『古代学研究』178 古代学研究会による

表3-1　王権中枢域と東国の主要古墳－出現期・前期の東海道を中心に－

時期	埴輪（大和）	集成	吉備	畿内 摂津・和泉・近江・山城	 大和（オオヤマト・馬見
出現期 古			楯築（45/80） □黒宮大塚（33） □鯉喰神社（40×32）		
出現期 新				■近江・神郷亀塚（37.9）	纒向石塚（96）
前期 I	1 -1		宮山（40）	■近江・小松（60） ■近江・山畑1号（大森）（63）	ホケノ山（90） 馬口山（114） 中山大塚（132） ■下池山（120）
II		1	■権現山51号（43） ■備前車塚（48） 浦間茶臼山（138） 網浜茶臼山（92） 丁瓢塚（約100）	■摂津・西求女塚（98） 近江・雪野山（70） ■山城・元稲荷（94） 山城・椿井大塚山（175）	箸墓（276），黒塚（130 西殿塚（220） ■東殿塚（175） 桜井茶臼山（207） ■西山（180）
III	1 -2	2	中山茶臼山（105） 龍子三ツ塚1号（38）	摂津・紫金山（100） 近江・安土瓢箪山（162）	メスリ山（230） 行燈山（242） 渋谷向山（300） ■新山（126～137）
IV	1 -3	3	花光寺山（96）	■山城・長法寺南原（62） 和泉・和泉黄金塚（94）	東大寺山（140） 宝来山（230） 佐紀陵山（207）

採用した瀬戸内海地域と近畿地方では、古墳時代前期になると前方後円墳が主流になるが、北部・南部九州、山陰～北陸の日本海側、東海～関東地方では、方形の主丘をもつ前方後方墳が展開する。東日本では同時期の前方後円墳より規模が大きく、地域を代表する首長墓の墳丘形式として用いられているのである。特に前期前半では、東日本を代表する大型古墳はことごとく前方後方墳で占められ、前方後円墳を擁する西日本とはきわめて対照的な現象が展開していたといえる。

その様子を四期に分けて整理したのが表3-1である。なお、古墳時代出現期の理解には弥生時代終末期に区分する見解があり、前期の区分についても諸説あるため、『前方後円墳集成』（山川出版社刊）の区分と大和の埴輪による時期区分を併記した（表3-1）。

前方後方墳の展開

東日本の前方後方墳について、その動向を概観してみよう。前期古段階Ⅰ期の主な例には、長野県松本市弘法山《こうぼうやま》古墳、静岡県沼津市高尾山古墳、千葉県木更津市高部《たかべ》30号墳・32号墳、栃木県那須郡那珂川町《なかがわまち》駒形大塚古墳がある。高部古墳群以外は、墳丘長六〇メートル級の規模で、上方作系浮彫式獣帯鏡・画文帯《がもんたい》四獣鏡などの中国鏡、鉄製の剣・槍先《やりさき》・大刀・鏃《やじり》、銅鏃《どうぞく》、鉄製の斧《おの》・鉇《やりがんな》などの最新の金属製品が副葬されている。また、墳丘や埋葬施設に供えられた土器には、東海地方以西の影響が色濃く、北陸・近江系統の土器も見られる。弥生時代後期から急速に拡大した広範な地域間交流を反映した内容といえる（図3-2）。

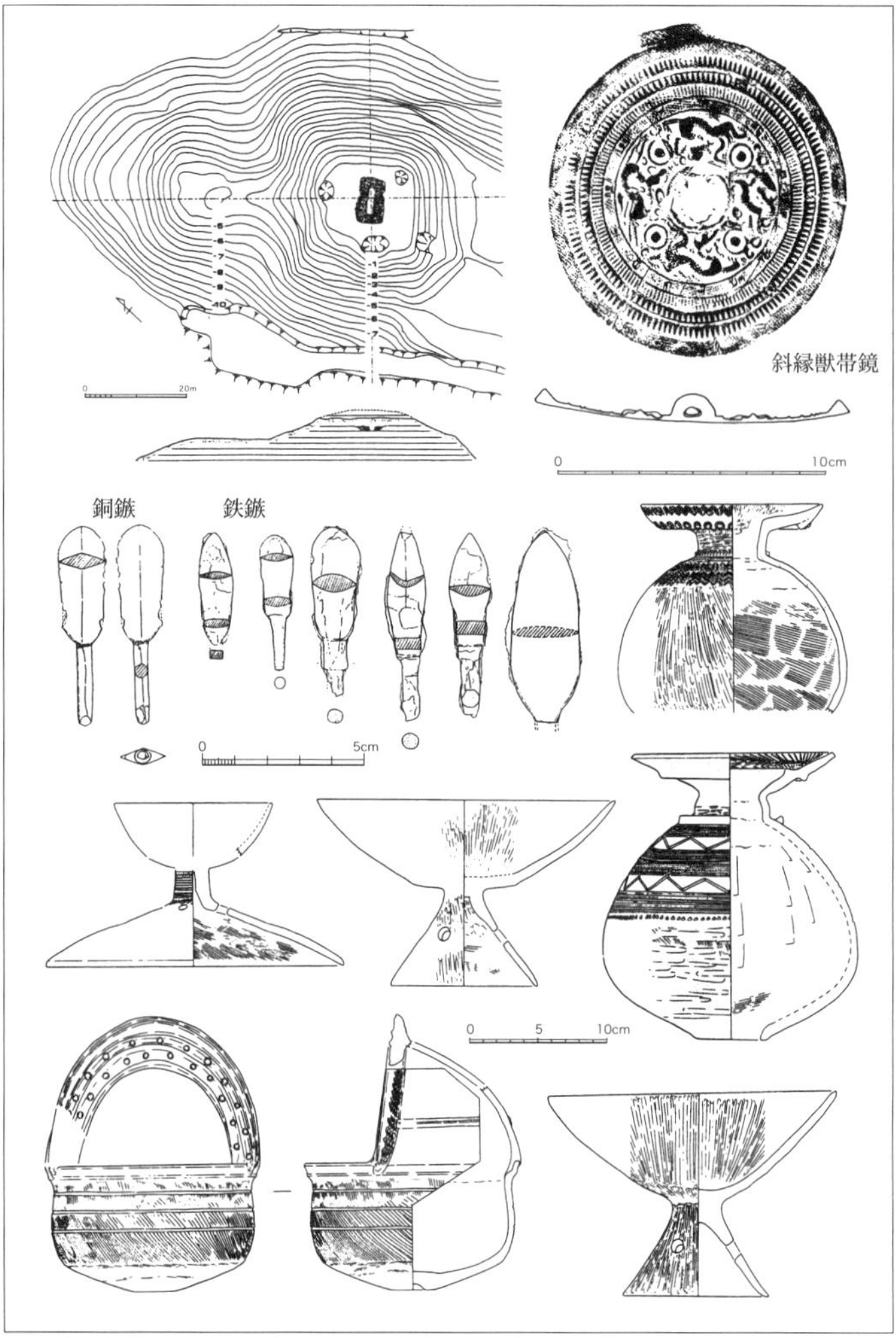

図3-2　弘法山古墳の墳丘と出土品

まもなく、東海地方以東の前方後方墳は規模を拡大し、富士市浅間《せんげん》古墳、足利市藤本観音山古墳、高崎市元島名《もとしまな》将軍塚古墳など、墳丘長は九〇～一一八メートルに達している。大型前方後方墳の成立した段階になると鏡の副葬が広く波及する。滋賀県小松古墳で方格規矩《きく》鏡・内行花文鏡、石川県七尾市国分《こくぶ》尼塚《あまづか》1号墳・栃木県那珂川町那須《なす》八幡塚《はちまんづか》古墳では夔鳳《きほう》鏡、奈良県下《しも》池山《いけやま》古墳では内行花文鏡が副葬されていた。しかし、この段階では前方後円墳を含めて、三角《さんかく》縁《ぶち》神獣鏡の副葬は見られない（図3－3）。

Ⅱ期になると、前橋市前橋八幡山古墳のように墳丘長一三〇メートルを超える大型の例が現われ、大型前方後方墳は後の東山道にあたる毛野《けの》領域（古代の上野・下野）に集中している。副葬品の明らかな栃木市藤岡町山王寺《さんのうじ》大桝塚《おおますづか》古墳では、多種多様な鉄製品と銅鏃・靫《ゆき》・変形神獣鏡の副葬を確認できる。大桝塚古墳は、畿内に箸墓《はしはか》古墳が登場した大型前方後円墳成立期の代表的な前方後方墳で、同時期の西日本の類例には兵庫県神戸市西求女《にしもとめ》塚《づか》古墳がある。西求女塚古墳は定型化しつつあった竪穴式《たてあなしき》石室を埋葬施設とし、画文帯神獣鏡・浮彫式獣帯鏡と共に七面の三角縁神獣鏡が副葬されていた。また、中規模の前方後方墳には静岡市午王堂山《ごおうどうやま》3号墳・平塚市真土《しんど》大塚山《おおつかやま》古墳があり、いずれも三角縁神獣鏡を副葬していることは注目できる。王権の影響の強弱を示す指標の一つといえよう。

一方、古代甲斐の領域には、甲府市天神山古墳・大丸山《おおまるやま》古墳という一〇〇メートルを優に超える大型前方後円墳が唐突に出現している。大丸山古墳では、竪矧板革綴短甲《たてはぎいたかわとじたんこう》・鉄製柄付手斧《えつきちょうな》をはじめ大桝塚古墳を遥《はる》かに凌《しの》ぐ鉄製品に加えて、画文帯神獣鏡・三角縁神獣鏡が出土し、副

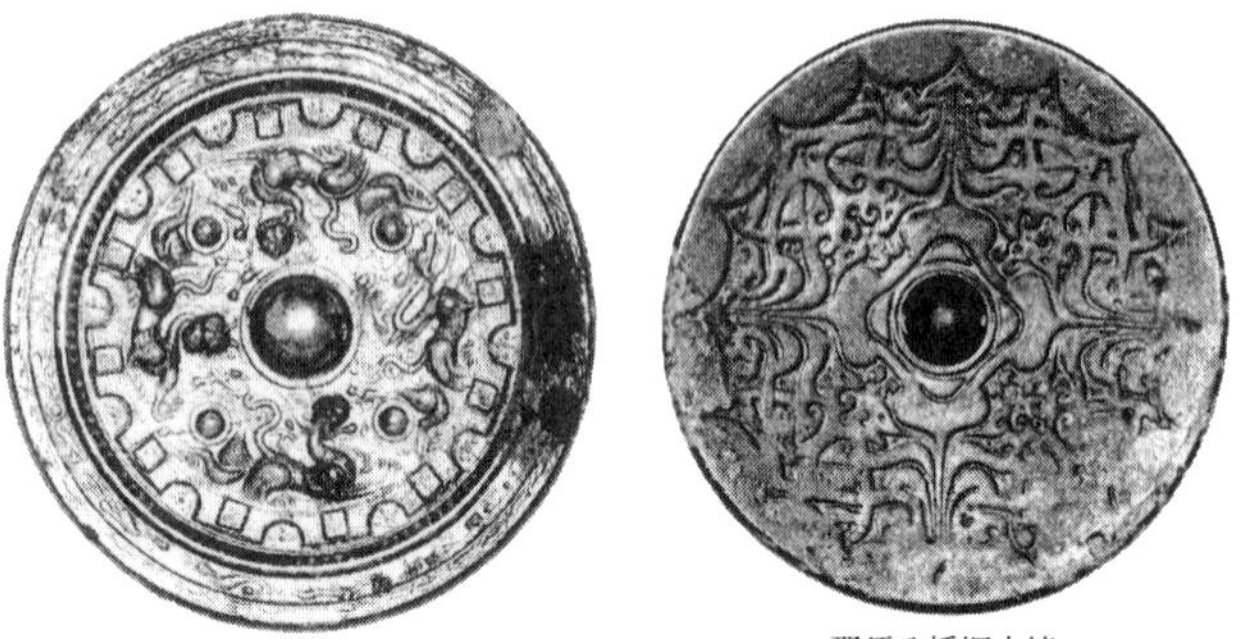

駒形大塚古墳　　那須八幡塚古墳

図3-3　関東の前方後方墳に副葬された鏡（提供：那珂川町なす風土記の丘資料館）

葬品の内容からみても在地勢力の優勢だけでは説明できないヤマト王権との特殊な関係がうかがえる。この地が東海道と東山道の結節点として、関東へ入る交通路の要衝に浮上したことを示しているのであろう。

また、この時期に、後の美濃・尾《お》張《わり》に相次いで大型前方後方墳が出現している点は注目される。岐阜県養老町象鼻《ぞうび》山《ざん》古墳、愛知県犬山市東之宮《ひがしのみや》古墳は、共に両地域を代表する大型古墳である。特に、東之宮古墳には四面の三角縁神獣鏡を含む一一面の鏡が副葬されており、東海地方西部では傑出した存在といえる。東国へ向かう道の要衝を押さえた被葬者はヤマト王権による特別の扱いを受けたことがうかがえる。

Ⅲ期も引き続き、毛野地域に大型前方後方墳が築かれる。代表的な例に大田原市湯《ゆ》津《づ》上《かみ》の上侍《かみさむらい》塚《づか》・下侍塚古墳がある。しかし、この段階になると、東海道沿いの遠江～常陸に大型前方後円墳が定着し、前方後方墳の領域にも陰りが見え始める。また、甲斐の優位性は頂点に達し、墳丘長一七二メートルという前期の東

国では最大の前方後円墳、甲斐銚子塚《かいちょうしづか》古墳の出現を見る。

Ⅳ期になると、東山道沿いの大型前方後方墳は見当たらなくなり、東国の大型古墳も前方後円墳に変換したといえる。全国的に見ても、伊勢湾西岸の松阪市向山《むかいやま》古墳、山城の長岡京市長法寺南原《ちょうほうじみなみはら》古墳を最後に前期の大型前方後方墳は姿を消すことになる。

もうひとりの主役

前方後円墳は、全国に約四八〇〇〜五二〇〇基存在すると言われているが、前方後方墳は約五〇〇基で、およそ一〇倍の差がある。墳丘規模を比較すると全国の上位四六位までを前方後円墳が占め、ようやく四八位に奈良県天理市西山古墳（墳丘長一八〇メートル）が入るほか、一〇〇位までに入る例は三基にすぎない。巨大古墳が集中する近畿地方の例が少ないことも加えて、前方後方墳は前方後円墳より下位の墳丘形式と考えられてきた。

しかし、同時期の同じ規模の例では副葬品の内容に遜色がなく、むしろ前方後円墳を上回る例も見られる。前期の東日本はもとより、ヤマト王権の周辺に目を向けると、大阪府茨木《いばらき》市の紫金山《しきんざん》古墳（前方後円墳）と奈良県広陵町新山《しんやま》古墳（前方後方墳）の例を挙げることができる。銅鏡と腕輪形石製品を含む副葬品の構成によっていずれも前期後半を代表する大型古墳であるが、銅鏡の出土数と内容を見ると、新山古墳が三四面、紫金山古墳が一二面で、新山古墳に舶載の画文帯神獣鏡や国産の直弧文鏡《ちょっこもんきょう》などの特注品が多いのに対し、紫金山古墳は新型の三角縁神獣鏡が主体で、前方後方墳の新山古墳の優位性がうかがえる。

また、新山古墳には、中国西晋代（二六五〜三一五）に製作され、列島にもたらされた金銅《こんどう》製帯金具《せいおびかなぐ》があり、龍文や三葉文を透《すか》し彫りした精巧な製品で、国内では中期前葉の加古川市行者塚《ぎょうじやづか》古墳を除いて例を見ない。新山古墳は大和と河内を結ぶ交通路の要衝に位置する馬見古墳群最古の大型古墳であり、大和南東部の前期王墓群とは一線を画した重要人物の奥《おく》つ城《き》であろう。

後述のように、東国の古墳と埴輪には前期の大和の前方後方墳との関わりが大きく影響しており、前期前半の王権の中枢部では、大和古墳群のうち大和《おおやまと》神社周辺の萱生《かよう》支群に大型前方後方墳が集中することも注目されてきた。

前方後方墳をめぐる動向は、単に墳形の問題にとどまらず、王権成立期の日本列島の情勢を解く重要な手がかりをはらんでいる。特に古墳時代前期前半に見られる東日本の前方後方墳のあり方は、王権と東日本の豪族たちの動きを象徴的に表していると考えられ、王権を知る地方の豪族たちが横のつながりをもってその存在を示した可能性がある。ヤマト王権にとって、東国に相次いで築かれる大型前方後方墳の存在は脅威であったと思われ、大和の前方後方墳は、東国対策を職掌とした主要人物の墓であったのではないだろうか。

2　古墳と壺の祭祀

古墳の墳丘で壺を用いた祭祀の起源は、弥生時代後期の方形周溝墓や墳丘墓に遡《さかのぼ》る。やがて、弥生時代後期の古代吉備を中心に発展した装飾壺と装飾器台を用いた墳丘上の祭祀は、山陰地方から近畿地方に波及し、古墳の墳丘祭祀に引き継がれる。

古墳の墳丘や周溝から出土する壺の解釈をめぐっては、様々な見解が示されている。その最も中心となるのは、弥生時代以来の穀霊信仰と結びついた古墳祭祀の性格である。壺は農耕と共に発達した貯蔵用の器で、水田稲作の普及によって種籾《たねもみ》を保存したことが想定される。実際に、炭化した玄米が入った壺も出土している。穀霊信仰の象徴として、弥生時代中期から収穫祭に欠かせない器であったことは、集落を囲む環濠から大量に出土することからもうかがえる。環濠から出土する土器群の多くは、飾られた壺類で、環濠の廃絶に伴って一括投棄された例が多い。使用痕が希薄であることから、マツリに用いられて廃棄されたと解釈されている。これらのマツリ用に特殊化した壺は、大型化・加飾化し、やがて墳墓で用いられるようになると、底部を意図的に穿孔《せんこう》した、器としての機能をもたない仮器に変化している。

有段口縁の壺

祭祀用に特別に作られた壺は、口縁部に段を形成し、口縁部を折り返して装飾を施すなど特

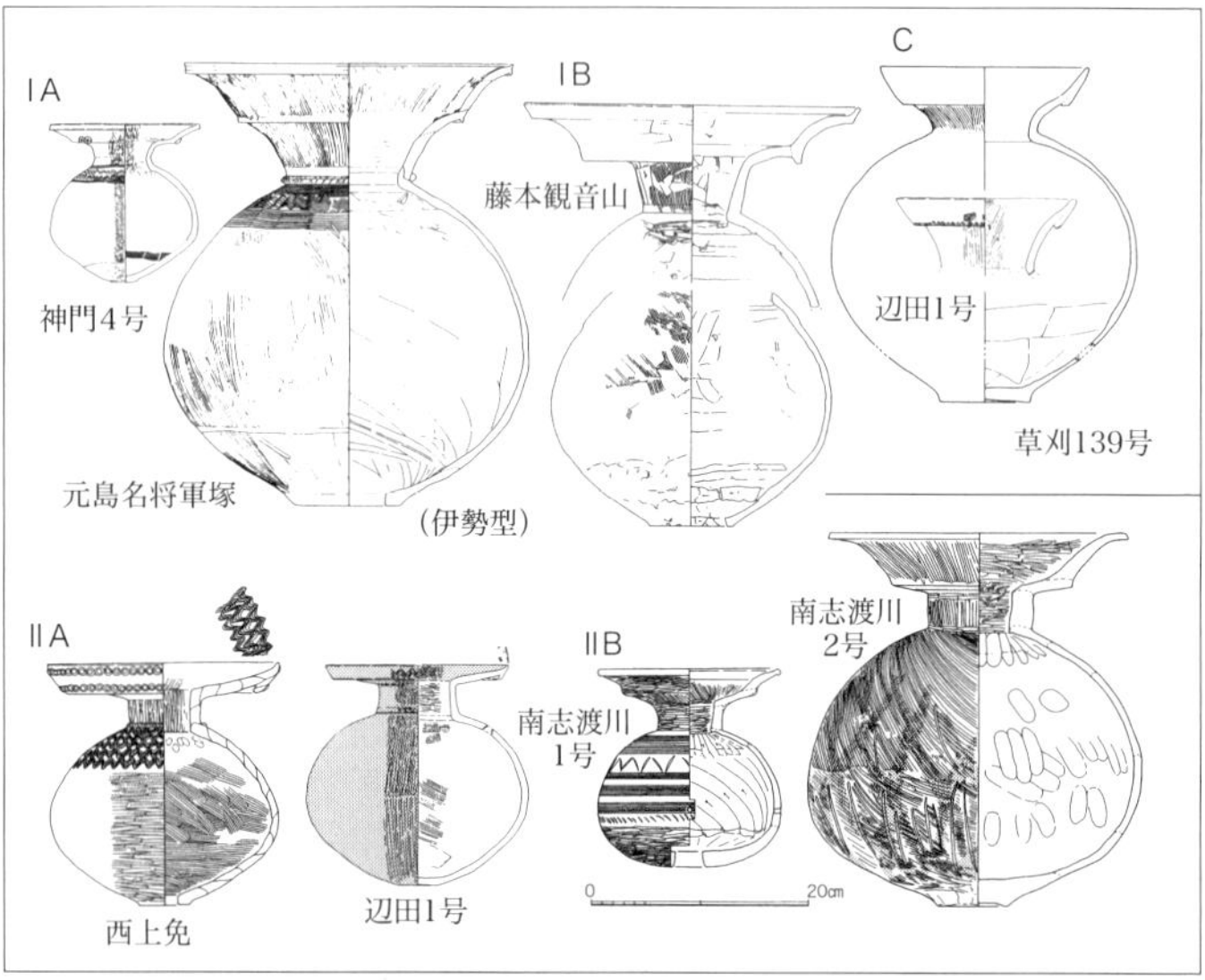

図3-4　古墳から出土した有段口縁壺

殊化したものが現れる。この有段口縁の壺は、頸部《けいぶ》の形態によって大きく二つに分けられる。一つは、頸部が開いて立ち上がる型式（Ⅰ類）、もう一つは頸部が直立する型式である（Ⅱ類）。段部の形態には、A．二段構成、B．三段構成、C．口縁部を折り返すものがある。実際にはこれらが複数組み合わさって墳丘祭祀に用いられるが、ここでは前期古墳で広く用いられたⅠAとⅡA・ⅡBの有段口縁の壺に注目してみたい（図3-4）。

それでは、いつから底部を穿孔した壺が墳墓で用いられるのであろうか。初期の例には、吉備（以下、古代国名を使用）の楯築《たてつき》遺跡や黒宮大塚古墳に底部を焼成後に穿孔した装飾壺がある。いずれも直立した頸部から大きく開い

た幅の広い口縁部が加飾されるのが特徴で、同様の口縁部をもつ装飾器台と組み合う。この系統の装飾壺が前方後方墳に用いられ、焼成後に底部を大きく穿孔した最古の例が尾張・西上免《にしじようめん》1号墳で出土している。これは、きわめて丁寧な穿孔が行われた古墳時代出現期の例といえる。

頸部が直立した有段口縁の装飾壺には、西上免1号墳のように段部が大きく開いて口縁部が装飾された二段構成のもの（ⅡA）と段部が屈曲して開く三段構成の装飾壺（ⅡB）があり、古墳時代出現期から前期前半の墳丘祭祀に広く用いられた。装飾壺ⅡA型式の底部穿孔壺は、前期初頭の科野《しなの》を代表する前方後方墳の弘法山古墳にあり、大和では大型前方後円墳のホケノ山古墳で出土している。ホケノ山古墳では、埋葬施設の上にⅡA・ⅡB両型式の装飾壺が一個体供えられ、いずれにも底部側面を焼成後に穿孔した例がある。

二段構成の装飾壺（ⅡA）は、瀬戸内海中部域～関東地方南部で華やかに展開して前期前葉には姿を消すが、三段構成の壺（ⅡB）は無文《むもん》化して発展し、箸墓古墳、桜井茶臼山古墳などヤマト王権の王陵に用いられる。桜井茶臼山古墳で最初に発見されたことから「茶臼山型の壺」とも呼ばれている。この段階の底部穿孔は、予《あらかじ》め焼成する前に行うようになり、底面全体を大きく穿孔する例が目立つ。桜井茶臼山古墳では、埋葬施設の上に築かれた方形壇を囲むように多量の壺が配列されていた。

有段口縁壺のうち、東国の前期古墳で汎用《はんよう》形として発展したのが、頸部が開いて立ち上がるⅠ型式で二段構成の有段口縁壺（ⅠA）である。出現期には貼付文《はりつけもん》などで加飾された壺が用いられている。この時期の例には、上総・神門《ごうど》4号墳の棺上で出土した小型壺を挙げることがで

きる。壺胴部の下部に小孔を開けた装飾壺で、棺を納めた後、墳丘上で行われた儀礼に用いられた土器の一つである。神門4号墳では、墳丘整地面―整地面の竪穴建物内―棺を埋置した墳丘面の三段階で土器を用いた祭祀、あるいは儀礼が行われている。孔を開けた装飾壺は、その最終段階に用いた壺であった。埋葬に際して、木棺を安置した直上では、鈍を中心に置き、縦割りに破砕した管玉《くだたま》・ガラス玉・硬玉製勾玉《まがたま》をその周辺に散布している。そして、最後に土壙《どこう》を完全に埋め戻した段階で、土器を置いて葬送の儀礼を行っているのである。上記の装飾壺のほか、壺四・高坏《たかつき》五・器台七個体が棺内に落ち込んだ状態で出土した。棺の腐食による陥没によって棺内に転落したものであろう（図3-5）。

前期前葉には、元島名将軍塚古墳で一二個体の出土例があり、後方部墳頂に方形に配置されていたと推定されている。この二段構成の有段口縁壺（ⅠA）は、前期前半に伊勢湾西岸中部で定型化して無文化し、やがて東海道圏を中心に広く東国に波及することから「伊勢型」あるいは「中勢型」の有段口縁壺と呼ばれている。ここでは「伊勢型」と呼称しておこう。伊勢湾沿岸で最も大和に近い西岸中部は、前期を通じて前方後方墳が築かれ、墳丘には有段口縁壺を主体的に配列した。このことがより東の地域に大きな影響をもたらしたと考えられる。

この伊勢型底部穿孔壺が大和・東殿塚古墳の墳裾《ふんきょ》特別区から出土している。有段口縁壺の底部側面と底面に焼成後の穿孔が見られ、少なくとも三個体が高坏・鉢・器台・甕《かめ》などの土器群と共に出土している。これらの土器群が朝顔形や鰭付《ひれつき》円筒埴輪群と混在しているのが特徴で、出土配列を見ると、特異な小型の円筒埴輪に底部穿孔壺が組み合っていた可能性も考えられる。

「祭祀の場」配置図

1.墳丘予定地の広場に土器を持ちよる

2.仮設の建物Bで土器を用いた祭祀を行う

3.「祭祀」に使った建物Aを焼きはらう

4.「大柱」を建て、盛土して墳丘を築く

5.棺を納めた後、玉を破砕して撒く

6.墓坑を埋め戻し、土器を用いて献げものを行う

図3-5　神門4号墳の祭祀（イラスト：竹井眞知子『房総考古学ライブラリー』5より）

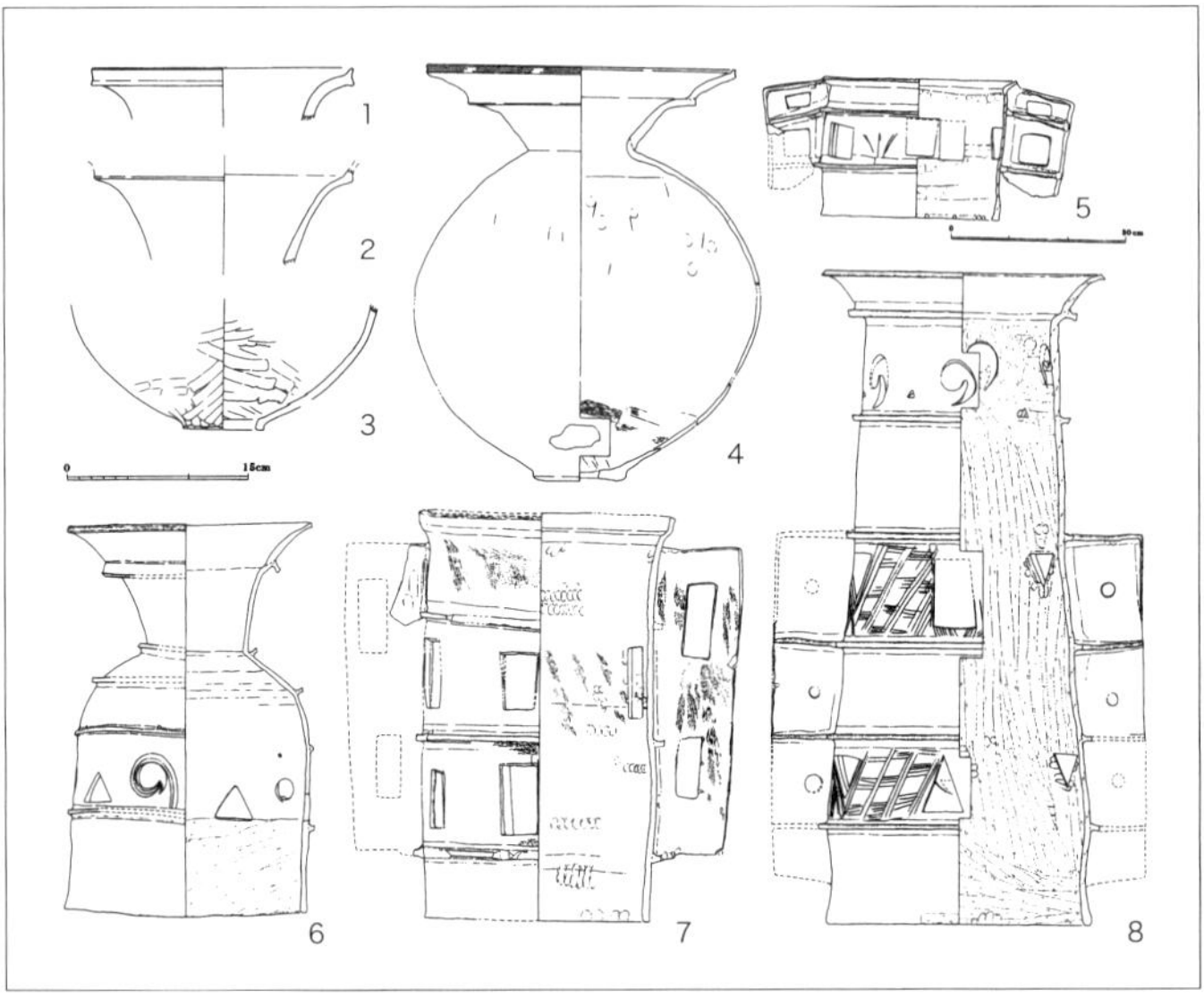

図3-6　甲斐天神山古墳(1~3)、東殿塚古墳(4~8)の壺と埴輪

ここで注目されるのは、同じ頃の王陵群の底部穿孔壺が「茶臼山型」(ⅡB)の三段構成主体であるのに対し、東殿塚古墳では東国汎用型式の二段構成壺(ⅠA)を採用している点である。これは東国最古の大型前方後円墳の甲斐天神山古墳で用いられた。

東殿塚古墳と甲斐天神山古墳の伊勢型壺は、口縁部のつくりや調整は甲斐天神山の方がやや古相を示し、焼成前に穿孔されているなどの相違はあるが、この時期には焼成前と焼成後の穿孔壺が併存しており、両者はほぼ同時期の穿孔壺とみてよいであろう。天神山古墳の出現を契機に、前期後半には甲斐の優位性がピークに達し、前期の東国で最大規模(墳

丘長一七二メートル）の甲斐銚子塚古墳が出現する。東殿塚古墳に代表されるヤマトの前方後方墳と東国の前期古墳に少なからぬ関係を見出《みいだ》すことができるゆえんである（図3-6）。

長胴壺の系譜

二段構成の有段口縁壺（ＩＡ）は、前期後半になると頸部と胴部が伸びた形態が目立つようになり、前期の終わりには長胴化して胴部の膨らみの少ない形態が現れている。相模・長柄桜山1号墳、下総・しゃくし塚《づか》古墳（柏熊《かしわくま》1号墳）、常陸・上出島2号墳、常陸・佐自塚古墳、武蔵・三変稲荷《さんぺんいなり》神社古墳などに出土例があり、底部は粘土紐《ひも》の輪台のみで成形され、胴部の成形にも埴輪の影響がみられるが、器面の調整には土師器《はじき》壺の技法が残る。中期初頭にはさらに長胴化して、肩部の膨らみのない朝顔形埴輪のような形状のものが現れる。下総・鶴塚《つるつか》古墳、常陸・日下ケ塚《ひさげつか》（鏡塚）古墳、駿河・掛川市瓢塚《ひさごづか》古墳、常陸・三ツ塚12号墳に例があり、日下ヶ塚（鏡塚）古墳で墳丘への囲繞《いじょう》配置が確認されている。この段階の長胴壺は、有段口縁壺に円筒埴輪の要素を加えた、有段口縁壺の最終形態と考えられる（図3-7）。

これらの長胴壺の分布は、下総北部～常陸の水域（古香取海《かとりのうみ》）を中心として、太平洋側は相模川～三浦半島、涸沼川《ひぬまがわ》・那珂川下流域、内陸部は荒川・利根川《とねがわ》の中流域に及んでおり、水上交通によって結ばれていることがわかる。このうち、極端に胴部の長い型式が、下総北部～常陸に集中して分布し、前方後円墳や主要な円墳に採用されて中期前葉まで続いている。

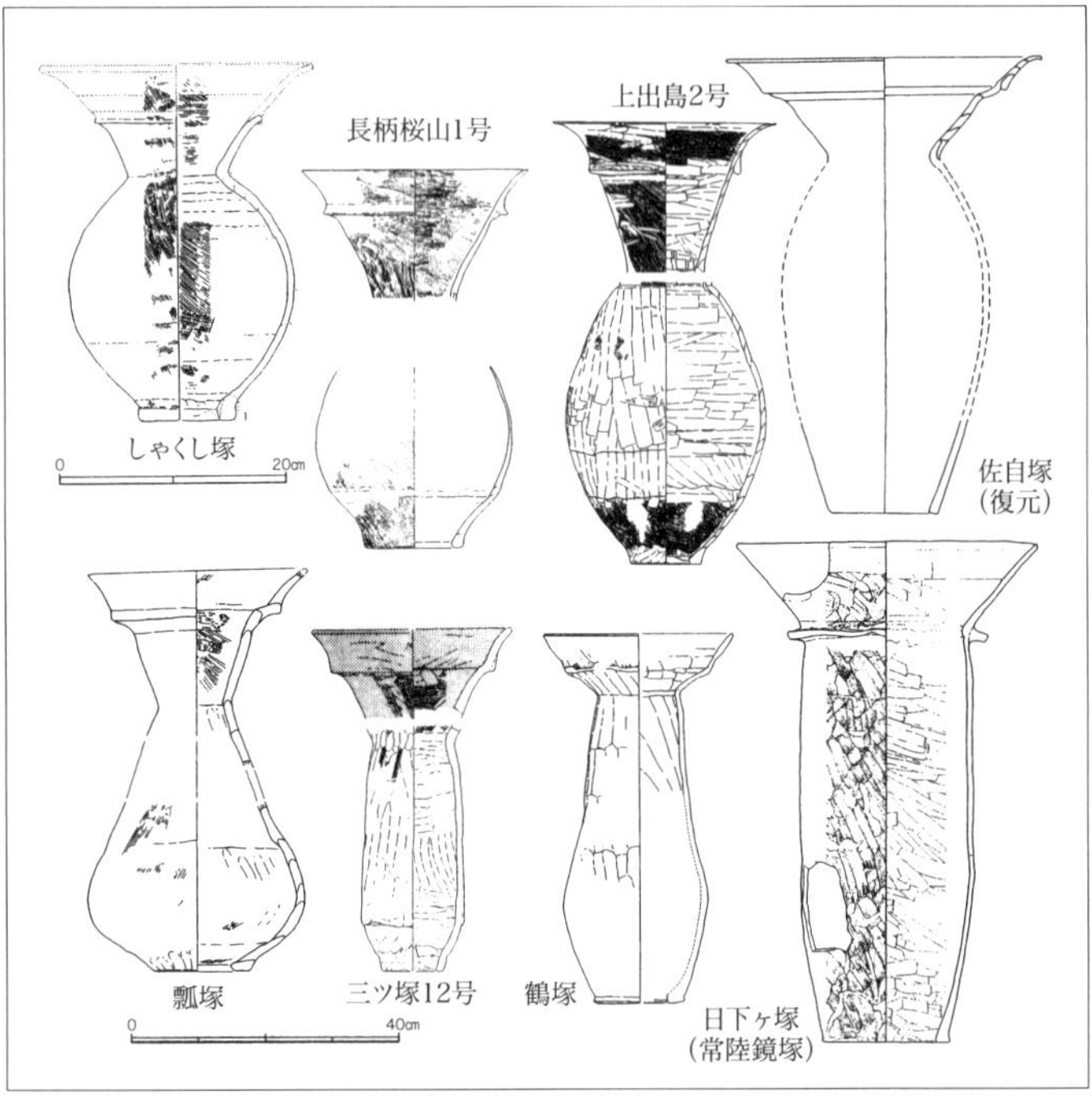

図3-7　長胴壺の系譜

関東の器台形埴輪

前方後方墳に埴輪を伴う例は、大和の最大級の四基（東殿塚・波多子塚・西山・新山古墳）を中心に王権中枢域の例にほぼ限られる。関東地方は、埴輪の本格的な導入は遅く、墳丘祭祀に壺を用いる伝統が根強い。装飾壺に組み合う大型の装飾器台が波及しなかったことが大きく影響しているといえる。瀬戸内海中部で加飾・大型化した「特殊器台」は、東漸して大和の王陵に採用され、器台形埴輪を経て円筒埴

輪として定型化する。その変化の途中でわずかに東国に入った例を辿《たど》ると、埴輪の伝播《でんぱ》した道筋が見えてくる。

東国で確認できる初期の器台形埴輪は、常陸北部の久慈川流域で大型前方後円墳から出土している。常陸太田市星神社古墳例は、大型の茶臼山型有段口縁壺（ⅡB）と器台形埴輪が組み合った唯一の例である。壺は口縁部・段部・頸部突帯に刻み文があり、器台形には直弧文由来の線刻文と多様な透しがある。周辺には器台形埴輪や初期の円筒埴輪を出土した後続例が複数あり、分布域は極端に長胴化した壺の分布域と重なる。石岡市佐自塚古墳では、長胴壺と三日月形の透し孔をもつ器台形埴輪が組み合う。口縁部が短く外反する特徴は、大和の初期円筒埴輪と共通するが、透し孔の形状などに器台形の古い要素を残しており、過渡的な要素が波及したものであろう。

内陸道の上野でも前方後円墳に器台形埴輪が出土している。玉村町川井稲荷山古墳（芝根7号墳）には多様な透し孔のある器台形埴輪があり、同町の下郷《しもごう》天神塚古墳にやや変容した例がみられるが、周辺に波及した様子はない。常総地域との接点は見出せないが、長胴壺が武蔵北部の荒川流域にあることから、分布域がつながる可能性はある。長胴壺と器台形の最も新しい組み合わせは、下総の印西市鶴塚古墳にある。鉄製武器類と滑石製小玉を副葬した中期初頭の例で、常総地域の南縁に位置する。壺と器台形の組み合わせは、上総を経由する海路にはなく、内陸道から水運を介して常総の水域に波及した可能性が高い（図3－8）。

3　前方後円墳と埴輪路

前期の前方後円墳と埴輪路

甲斐銚子塚古墳はその規模が傑出しているだけではなく、丘麓に立地して周濠をめぐらし、墳丘は三段築成で葺石・竪穴式石室を備え、濃尾平野以東ではきわめて希《まれ》な木製樹物をもつなど、東国の大首長墓墳の中にあって特異な存在である。こうした様相は、むしろ奈良盆地の大王陵などの前期中頃の主要古墳との間に多くの類似点を見出せる。

甲斐銚子塚の埴輪には、壺形・器台形・円筒形・朝顔形に加え、形象埴輪片がある。壺形は二段構成の有段口縁壺（ⅠA）の最終形態の一つで、壺と器台形円筒埴輪が合体した朝顔形埴輪と共存しているが、三巴《みつどもえ》や巴形という装飾器台由来の古い要素を併せもつ。これは、大きな方形透しのある円筒埴輪や器台形埴輪にも共通している。先行する天神山古墳・大丸山古墳には埴輪が確認されていないことから、様々な要素が一度に波及した甲斐の埴輪導入期の様相を示しているのであろう（口絵p.1）。

関東地方で最も前期の埴輪が多い群馬県（上野）では、その分布が太田市周辺と高崎市・玉村町周辺の東西に分かれている。太田市朝子塚《ちょうしづか》古墳、前掲の川井稲荷山古墳・下郷天神塚古墳を代表例に挙げることができる。朝子塚古墳には、後円部墳頂に大和の王陵のような方形埴輪列が推定されており、円筒埴輪のほか家・盾・蓋などの形象《けいしょう》埴輪も確認されていることから、

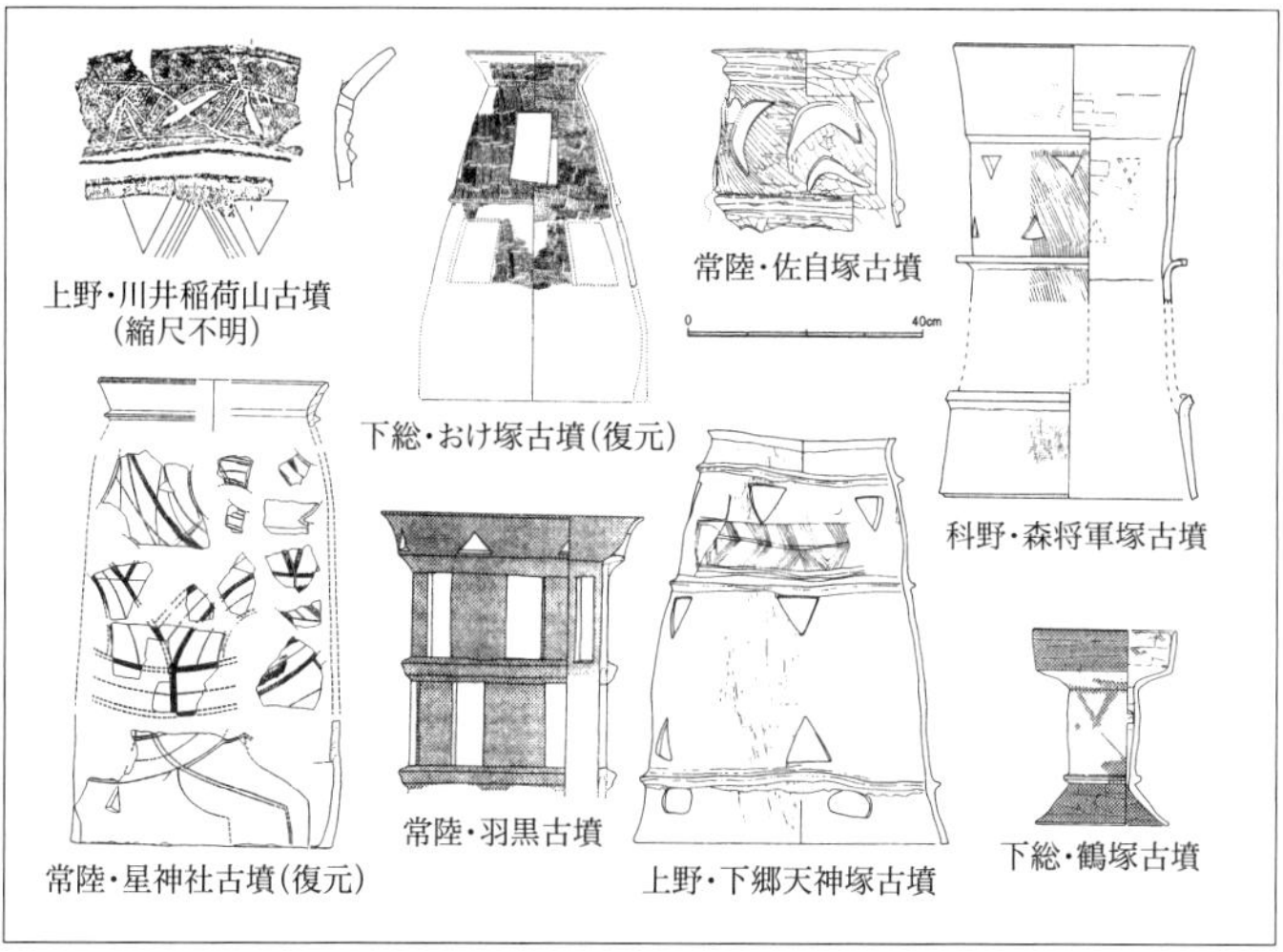

図3-8　各地の器台形埴輪・器台系埴輪

大和北部で鰭付円筒埴輪を中心とした斉一性の高い埴輪群が出現した新しい段階の例といえる。円筒埴輪には巴形・方形・三角形の透し孔など古い要素もあり、形態や透し孔に甲斐の首長墓との共通性が認められる。常陸の類例との関連はどうであろうか。星神社古墳をはじめ、該当する常陸の大型前方後円墳はいずれも埋葬施設が未調査のため副葬品の内容が明らかではないが、畿内・西日本では三角縁神獣鏡の副葬が始まった段階にある。上野最古の埴輪を出土した川井稲荷山古墳で三角縁神獣鏡が出土していることを考えると、この時期に前方後円墳・埴輪の導入、三角縁神獣鏡の副葬という前期ヤマト王権の強い影響力が一気に関東へ及んだことが想定できる。甲斐・上野・常陸を一筋の路で辿れるのか、点と点で結ばれるのか、いずれにしても、上野の

前期埴輪分布域が中期以降、関東の埴輪の展開に中心的な役割を果たすことになる。

一方、東海道東部の前期の埴輪は、相模川流域と三浦半島にほぼ限られる。特に、三浦半島の付け根に立地して逗子市・葉山町にまたがる長柄桜山1・2号墳は、相模湾と東京湾を結ぶ最短経路に築かれた大型前方後円墳として意味深い。いずれも底部穿孔の有段口縁壺と円筒埴輪をもつ。1号墳の壺は口縁部に突帯を貼付して段部を作り、頸部が長く長胴化した常陸・坂東市上出島《かみいずしま》2号墳の壺に類似する。2号墳の壺も同様の特色をもつが、口縁部と段部に刻みを施した例があり、東京湾対岸の上総・市原市釈迦山《しゃかやま》古墳に類例がある点で注目される。

また、長柄桜山1号墳の円筒埴輪を見ると、これに類する例が相模にはなく、その手本は科野・千曲《ちくま》市森将軍塚古墳に求められる。三条四段構成で二段目と三段目に三角形の透し孔をもつ形式や突帯を一段ごとに接合して成形する技法も、森将軍塚古墳など善光寺平の埴輪に見られる「擬口縁」状の突帯を積み上げていく技法に通じるものがある。

同じ頃、東海道西部の遠江に巴形や三角形の透しのある円筒埴輪・朝顔形埴輪を樹立した磐《いわ》田《た》市松林山《しょうりんざん》古墳が築かれている。家形あるいは盾形の形象埴輪とみられる埴輪もあるが、円筒埴輪は口縁部が短く外反し、線刻文をもつ可能性もあり、薄手の底部穿孔壺をもつなど、やはり初期の大和の埴輪の特徴をとどめている。

森将軍塚古墳・松林山古墳ともに地域にあっては特異な存在で、これらの埴輪の系譜は在地ではほとんど継承されていない。甲斐銚子塚古墳も含めて、前期の中頃にヤマト王権の直接的な影響を受けた大型前方後円墳が各地に築かれ、埴輪を用いた墳丘祭祀が内陸道、あるいは海

道の要衝に伝えられたものと思われる。

中期の埴輪路

前項で見たように、東日本の前期の埴輪は地域ごとに多様な要素をもち、大和の埴輪工人が直接関与したのではなく、大和から発信されて伊勢中部や遠江などを経由して得た情報を基にそれぞれの地域で製作されたと考えられる。しかし、中期になると、明らかに王権中央部（畿内）の埴輪工人が関与した規格性のある埴輪が用いられるようになる。畿内では、朝鮮半島から受容した須恵器《すえき》生産の技法を応用して、回転台を使用した新たな埴輪製作技法が出現しており、東国でも墳丘規模が一〇〇メートルを超えるような前方後円墳では、畿内系の埴輪を再現した例が各地に現れている。

関東では、前期から継続して埴輪が盛行する上野が傑出している。前期に埴輪の波及した常陸・下総・相模は、中期前半以降になると極端に出土例が減少し、相模は埴輪そのものが見られなくなる。代わって、中期の埴輪は上野に加えて、上総の東京湾東岸と下野西部に分布の中心が現れ、前期の埴輪が波及しなかった南武蔵にも例を見ることができる。

中期埴輪祭祀の中心となる毛野地域は、中期前半と後半では様相が異なる。中期初頭は、大和北部の系統をひく斉一性の高い埴輪群と前期由来の古相の埴輪群が共存しており、畿内の埴輪製作者と在地の経験者が協業した状況を想定する見解がある［高橋、一九九八］。この時期の東日本で最大の高崎市倉賀野町浅間山《せんげんやま》古墳は、墳形が佐紀陵山《さきみささぎやま》古墳に類似し、周堤に葺石と

円筒埴輪列が確認されるなど、大和北部との強い結びつきがうかがえる。後続する藤岡市白石《しろいし》稲荷《いなり》山《やま》古墳になると、墳形・埴輪・多量の石製模造品の副葬に河内・古市《ふるいち》古墳群の影響が濃厚になる。家形埴輪群、短甲形埴輪からなる形象埴輪群に畿内的な様式を取り入れ、中期畿内系埴輪の代表的な技法として断続するヨコハケ（B種ヨコハケ）調整も受容している。しかし、タテハケ調整のみで半円形の透し孔をもつ在来の円筒埴輪も多く、畿内と同じつくりの埴輪と在地的な埴輪が共存する。これは中期中頃まで続き、東部の太田市太田天神山古墳―伊勢崎市お富士山古墳へ受け継がれる。下野でも宇都宮市笹塚古墳―塚山古墳に同様の現象が見られる。

後半になると、上野の埴輪の在地色が強まり、高崎市保渡田《ほとだ》古墳群の井出二子山古墳の築造を機に在地の埴輪生産が本格化し定着する。これによって、古墳の規模と埴輪の規格に明確な序列が形成されたことが指摘されている［山田、二〇一一］。このような「埴輪秩序」は北武蔵や下野でも形成される。北武蔵では行田市埼玉《さきたま》稲荷《いなり》山《やま》古墳、下野は小山市摩利支天塚古墳の築造を契機に大型で多条の円筒埴輪から二条三段の小型円筒埴輪まで様々な規格が生み出され、中小の古墳にも埴輪が広く普及するようになった。

一方、上総の東京湾東岸は、前期後半に三角縁神獣鏡と中国製四獣鏡を出土した木更津市手《て》古《こ》塚《づか》古墳などがあるにもかかわらず、前期に大和の埴輪祭祀が波及した形跡はなく、中期前半に至っても状況は変わらない。しかし、王陵が河内平野に中心を移した中期中頃になると、主要河川流域の大型前方後円墳に畿内から新技術の埴輪が一気に入ってくる。まず、木更津市高柳銚子塚古墳にB種・C種ヨコハケ（より回転力を活かした連続的なヨコハケ）と窖窯《あながま》焼成によ

って製作された埴輪が確認できる。中期前半の埴輪の空白地域に、畿内から新技術による埴輪製作指導の工人が直接導入された例といえよう。それは、次の地域首長墓である富津市内裏塚古墳に継承され、さらにタテハケ二次調整などに常陸の埴輪工人との交流も見られる。上総の首長がより広域にわたる在地の埴輪生産体制を確立しつつあったことがわかる。内裏塚古墳へ埴輪を供給した窯跡は、木更津市畑沢埴輪窯一基しか確認されていないが、後円部墳頂・中段・墳裾の三段に配列された円筒埴輪の量と多様な内容から見て複数の窯から供給されたことは明らかである。

　また、内裏塚古墳では家形・蓋形に加え、初期の人物埴輪が出土し、新たな段階の形象埴輪をいち早く受容したことがうかがえる。円筒埴輪供給元の畑沢窯には、鑣轡《ひょうくつわ》と心葉形杏葉《ぎょうよう》を装着した写実的なつくりの初期馬形埴輪のほか、顔面の表現のない盾持ち武人埴輪があり、人物埴輪への移行期の資料として注目される。墳丘の埴輪祭祀は、人物埴輪の出現を機に大きく変化することになる。

中期の帆立貝形古墳*

　関東各地に、河内平野の王陵の影響を受けた大型前方後円墳が作られた頃、南武蔵には墳丘長八二メートルの帆立貝形古墳が築かれている。東京都世田谷《せたがや》区野毛《のげ》大塚古墳である。鉄製甲《かっ》冑《ちゅう》や多量の石製模造品などの副葬品に畿内的要素が濃厚で、王権の強い規制を受けて帆立貝形の墳形を余儀なくされたと考えられている。埴輪群にも畿内の新しい様式が導入された。

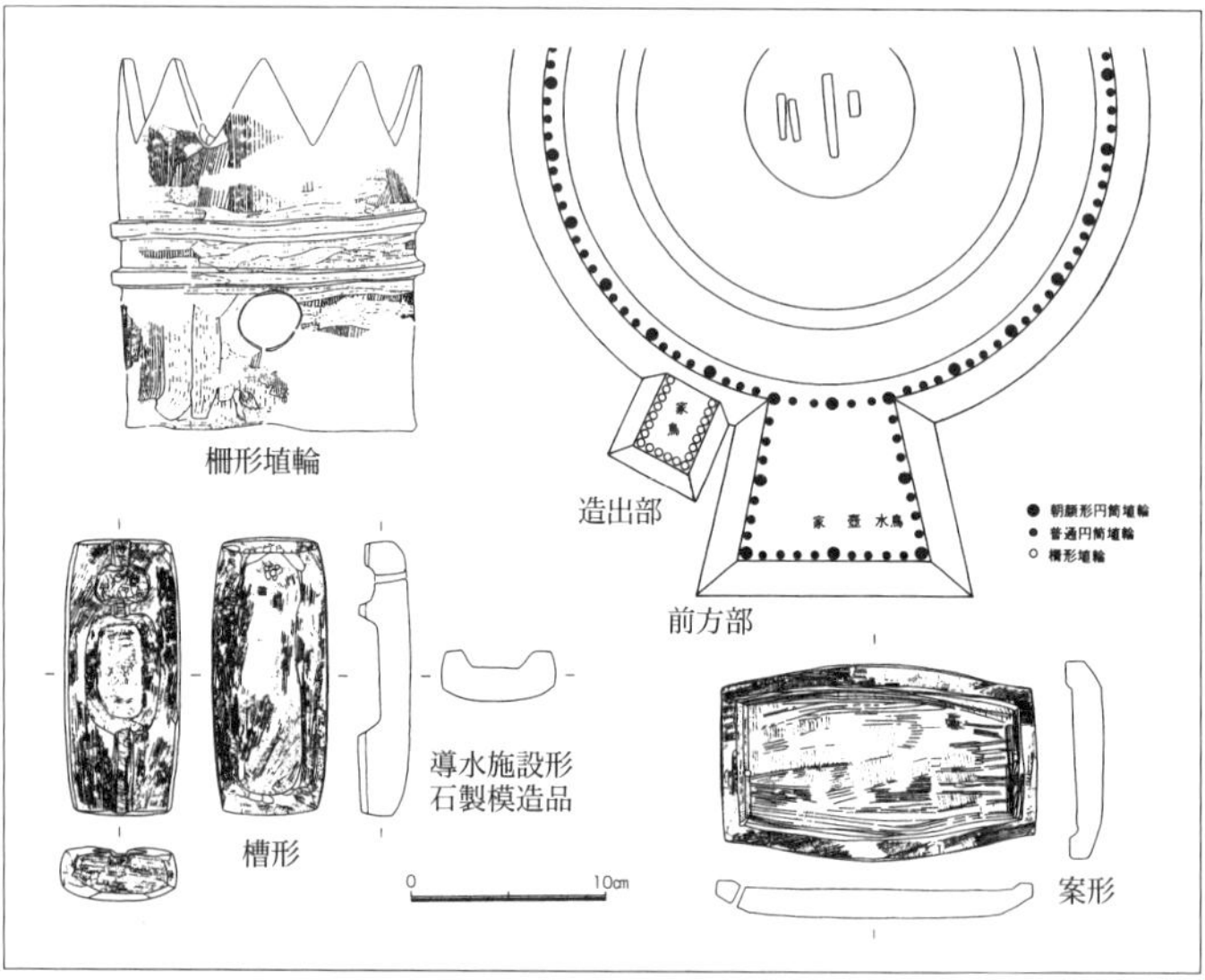

図3-9　野毛大塚古墳の埴輪配列と導水施設形石製模造品（『野毛大塚古墳』世田谷区教育委員会より）

野毛大塚古墳では、西側のくびれ部に付設された造出《つくりだ》し部に柵形埴輪が巡り、中に家形や鶏形埴輪が配置されている。また、円筒埴輪列で囲まれた前方部の内側には家形・壺形・水鳥形の形象埴輪が置かれた（図3-9）。中期初頭から前半の畿内では、柵形埴輪を連結したような囲形埴輪に水辺の施設を表現し、王や首長が執り行った「水の祭祀」を再現した埴輪が用いられている。野毛大塚古墳の埋葬施設（第二主体部）では、導水施設を象《かたど》った槽形の石製模造品が出土しており、造出し部の埴輪群はこうした畿内色の強い墳丘祭祀を表しているといえるであろう。

埴輪に再現された「水の祭祀」

前方後円墳のくびれ部に造出し部がつくられるようになるのは、前期末から中期初頭頃である。また、奈良県広陵町巣山古墳のような前方部と細い通路で結ばれた出島状施設や大阪府藤井寺市津堂城山《つどうしろやま》古墳のような周濠内の島状施設も出現している。これらの施設とその周辺で水鳥形埴輪や囲形埴輪を配置した水の祭祀が再現されている。

松阪市宝塚1号墳では、くびれ部に近い位置に通路で結ばれた方形の島状施設があり、通路をもつ造出しともいうべき施設になっている。その造出し部とくびれ部の間には、西側に井戸枠を伴う家形埴輪を内部に収めた囲形埴輪、東側に導水施設を内蔵した家形埴輪（導水施設形埴輪）を収めた囲形埴輪が置かれていた。造出し脇の谷部で水の祭祀が行われていたことを示している。同様の例は、加古川市行者塚古墳にもみられる。

導水施設形埴輪の具体的な構造は、大阪府八尾市心合寺山《しおんじやま》古墳の例によってさらに明らかになった。導水施設は囲形の前後に取水孔と排水孔を開け、床に樋《とい》を形作り、家形の壁にも孔を開けて貫通するように表現されている。また、家形の床中央を長方形に穿《うが》つことによって水をろ過する浄水装置を表現している。家形の入り口は一か所で窓はなく、妻側上部に採光用と思われる透しがあるのみで、密室状態となっている。三角形の突起を巡らした高い塀を表す囲形の入り口は、中央ではなく鉤《かぎ》の手に曲がった位置にあり、外から内部を容易にうかがえない構造が特徴である。

導水施設形埴輪は、中期中頃の古市古墳群でも複数見つかっており、王が執り行った「水の

図3-10　赤堀茶臼山古墳の家形埴輪群（出典：ColBase（https://colbase.nich.go.jp/））

祭祀」が王権周辺で古墳の埴輪祭祀として再現されていることがわかる。また、埴輪に表されたような「水の祭祀」跡が実際の遺跡でも確認できる。奈良県御所市名柄《ながら》・南郷遺跡群はその典型的な例として知られる。そして、この遺跡群で行われた一連の儀式を主宰した葛城地域の大首長の墓が室宮山《むろみややま》古墳であった。名柄遺跡はその居館の候補と考えられている。

関東地方では野毛大塚古墳のほか、白石稲荷山古墳に複数の切妻造りの家形埴輪と高床寄棟造りの祭殿のような家形埴輪、伊勢崎市赤堀茶臼山古墳に囲形埴輪を含む八棟の家形埴輪群（図3-10）、太田天神山古墳に水鳥形埴輪があり、上野でも水の祭祀が行われていた可能性は高い。それを解き明かすかのように眼前に現れたのが、濠と幾重もの柵に囲まれた高崎市三ツ寺Ｉ《いち》遺跡であった。中期後葉の三ツ寺Ｉ遺跡では区画が二つに分けられ、倉庫や施設を運営する建物の区域と導水施設や大型建物を備えた祭

祀空間に分けられる。南郷遺跡群に比べるとかなり限られた空間に施設が凝縮されているが、同じ水の祭祀の系譜をひくことは明らかであろう。そして、その管掌者の一人の墓と目される保渡田八幡塚古墳には、大首長に関わる様々な儀礼や所作を表現した埴輪群像が配列されていたのである。

4　古墳と埴輪群像

埴輪群像の登場

墳丘上の埴輪は、中期中頃における人物埴輪群の出現を機に大きく変化する。前期では、すべての葬送儀礼が終了してから竪穴式石室などの埋葬施設の上に、埋葬施設を守護する威儀具（器材埴輪）、僻邪《へきじゃ》のための壺や埴輪を配列した。また、段築のテラス上には円筒埴輪を配列し、追善儀礼の際に被葬者の霊魂が依りつく家形や立柱《りっちゅう》などの樹物を置いた。前期末から中期前葉には、造出し・出島・島状施設に家形や水鳥形、導水施設形などの組み合わせが加わる。

やがて、中期中頃以降、人物と動物埴輪の群像を配列して様々な場面を表すようになる。埴輪群像の出現により、埴輪祭祀はより具体的で豊かな表現をもつことになった。埴輪群像の特徴は、人物を中心に一連の儀式やマツリを表現するところにあり、人物の衣装や装具、所作までも表現しようとする点にある。こうした埴輪祭祀の革新的な内容が、実際の儀式やマツリを

表現したものであるのか、死後の理想的な世界を描いたものであるのか、諸説はつきない。以下、代表的な埴輪群像として保渡田八幡塚古墳を取り上げ、王権中枢の大阪府高槻《たかつき》市今城塚《いましろづか》古墳の例と比べてみることにしたい。

埴輪群像を読み解く

埴輪群像が何を表しているのか、葬列説、殯《もがり》説などがあったが、水野正好は保渡田八幡塚古墳の埴輪配列を基に、王位を引き継ぐ儀式の様子を表す「埴輪芸能論」を唱えた［水野、一九七一］。ここでいう「芸能」とは、それぞれの職掌や儀式の役割に応じた所作を指しており、巫女《みこ》、力士、馬飼、鳥飼、鷹匠《たかじょう》、農民など、職掌に応じた動きが埴輪に表現されているとして、歌舞音曲《おんぎょく》に限らず、新しく立つ族長につかえることの表現を「芸能」と称している。この説は、王位継承を表す理想的な例として八幡塚古墳の埴輪配列を独自に解釈したため、様々な批判が巻き起こったが、それまで文化史的・美術史的研究の対象であった埴輪群像に新たな研究視点を提示する画期的な説であった。

その後、八幡塚古墳では史跡整備のための発掘調査が行われ、その成果をもとに若狭徹による埴輪配列の復元案が提示された［若狭、二〇〇〇・二〇〇九］。復元案では、埴輪群像が大きく三つの場面に分けられている。1．人物の群像、「王の行う儀礼」を表す。座位群像（シーン1）と立位群像（シーン2）から成る。2．狩・漁の場面、「王の行う遊び」を表す。鳥の列（シーン3）・猪狩り（シーン4）・鵜飼《うかい》い（シーン5）から成る。3．「王が保有する装身具や武

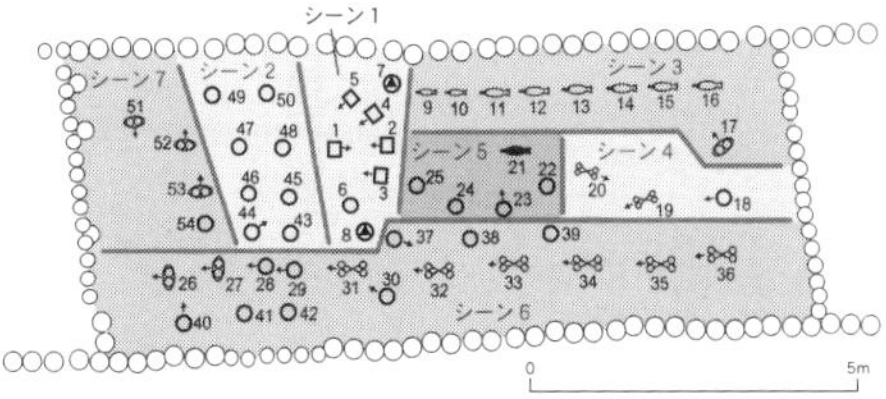

配列区A区のグルーピング

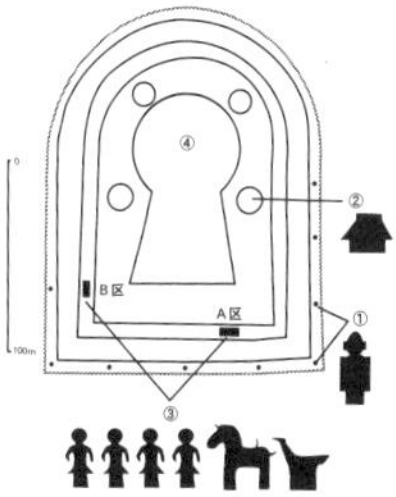

八幡塚古墳の形象埴輪配列

高い器台にのった
壺(7▲)

復元整備された埴輪群像

冠をかぶる男子
(1□)

椅子に座り坏を差し出す
高貴な女子(2□)

外堤出土の盾持ち人

図3-11　保渡田八幡塚古墳の埴輪群像（高崎市教育委員会蔵、写真提供:かみつけの里博物館、撮影:小川忠博）

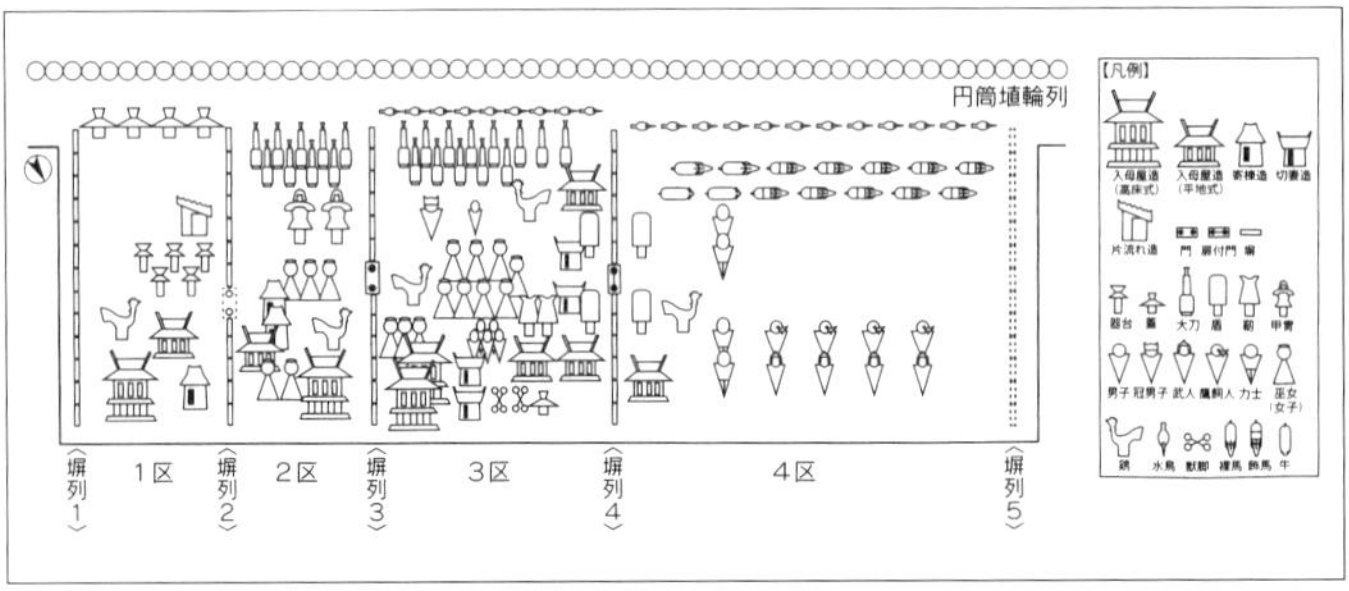

図3-12　今城塚古墳の埴輪祭場復元図（『大王の儀礼の場』高槻市立今城塚古代歴史館編より）

具、馬などの財物」を表す。財物の列（シーン6）・守護と威儀の列（シーン7）から成る。若狭はこれらが同時に行われたものではなく、様々な場面が並列的に表現されているとした（図3-11）。

八幡塚古墳の埴輪祭祀は、造出しから中堤（内堤）に場所を移した中期末葉の例であるが、内堤の張出しに埴輪群像を配列した例が今城塚古墳の埴輪群像である。今城塚古墳は、後期初頭の王陵であることはほぼ確実で、被葬者の最有力候補は継体大王である。整然とした埴輪配列はすでに定型化し、各地の形象埴輪列の規範になった例と考えられる。王陵と地方首長墓の違いも含めてほぼ同世代の両者の埴輪群像を比較してみよう（図3-12）。

まず、両者の区画を見ると、今城塚では柵形埴輪列によって方格を基本とする四つの区画（1区～4区）に整然と分けられているが、八幡塚には柵形埴輪による区画はない。また、今城塚には柵形埴輪列に伴う門形埴輪の有無によって閉鎖性の強い1区、3区側に出入り口のある2区、両側に出入り口のある3区、開放的な4区に分かれている。こ

の大規模（総長六五メートル）で整然と規格化された柵と門の配列が王宮や苑地《えんち》など公的な場を表示した点で重要である。祭祀場に展開する家形・人物・動物などの多種多様な形象埴輪が表現する祭祀の内容は、被葬者に関わる儀礼・儀式を映したものと考えてよいであろう。

調査・報告に携わった森田克行は、各区画の閉鎖性の強弱に拠《よ》って1区を奥《おく》つ城《き》、2・3区を宮門内の祭祀空間、4区を宮門外の祭祀空間と捉えている。この認識に基づいて、森田は殯《ひん》宮《きゅう》儀礼を今城塚古墳の埴輪群像が顕彰する埴輪祭祀にふさわしいとした［森田、二〇〇四］。その根拠として主に二点に注目している。一つは1区の埴輪構成である。ここで唯一出土した、一隅に入り口を設け、床近くに小さな窓しかない片流れ造りの家形埴輪を喪屋《もや》と想定した。大型の円柱高床式家形埴輪を祭殿、寄棟平屋の家形埴輪を副屋とみなす。また、1区に人物埴輪を配置していないのは、喪屋での籠りの情景を象徴し、かつ静寂な空間を演出してのことであったという。もう一つは、3区で出土した五指の獣脚埴輪と匍匐《ほふく》儀礼の関係である。獣脚は二体分あり、親指と人差し指の間隔が広く小指が小さいため、人が動物に仮託した行為を表現したものと捉えている。

これだけでは匍匐儀礼と結びつけるのは難しいと思われるが、類例に挙げた茨城県鉾田《ほこた》市不《ふ》二《に》内《うち》古墳の跪《き》礼《れい》男子像と鹿の頭部を模した帽子をかぶった伝茨城県青木の跪礼男子像を見ると、この儀礼が東国の埴輪祭祀に反映された可能性がある。実際に、群馬県太田市塚廻り4号墳では、「跪く人」像が発掘調査によって確認された。

このように、今城塚古墳の埴輪群像は、中期から後期への変革期の大王墓として様々な新機

軸を示している点は注目できると考えられる。近畿地方を中心として、中期の埴輪祭祀の主要なテーマの一つは水の祭祀の再現であったが、今城塚古墳にはその痕跡はない。古墳における埴輪祭祀の主題は被葬者に関わる儀礼・儀式であり、保渡田八幡塚古墳でも確認できた。その主題は後期の埴輪群像により鮮明に表れ、後期の関東に広く波及したことがわかる。

「もがり」と埴輪祭祀

古代の文献に見える「殯」と古墳の葬送に先立つ儀礼が同様の葬法を表しているのか、確たる証左を見出すことは難しい。しかし、古墳への埋葬に先立って遺体を一定期間安置したと考えられる遺構や遺物は各地で調査されている。

①石枕と立花

中期の常総地域では、葬送に際して「石枕」を用いる風習が特に盛んで、石枕と共に勾玉を背中合わせに結んだ形の石製「立花《りっか》」が用いられた。石枕の縁には、丁度立花の軸が入るような小さな孔がいくつかあり、孔の中に立花の軸が折れて挟まった例もあるため、この孔に立花を立てていたことは明らかである。ところが、発掘調査例を見ると、石枕に立花を立てて出土した例は一つもなく、埋葬時にはすべての立花が外されている。生前の枕として、立花を装着した石枕を用いたとは考えがたいため、埋葬前に行う葬送儀礼の間に立花を飾る風習があったと考えられる。

記紀や『隋書倭国伝《ずいしょわこくでん》』などの古代の文献には、天皇・皇族や貴人の葬送について、埋葬まで

の一定期間、喪屋などの施設に遺体を安置して行う「殯」の記事がしばしば見られる。和田萃によれば、殯とは、「わが国固有の葬法が、帰化人の大規模な渡来によって、礼の一つたる「殯《ひん》」の影響をうけ、儀礼化し、一般に行なわれたものである」という〔和田、一九七三〕。とすれば、石枕と立花による葬送儀礼は、わが国固有の葬法を具体的に物語る一例といえよう。立花という独特な葬具と石枕を用いた儀礼の痕跡は、埋葬される前の種々の儀礼に、古来の葬送の本質があったことを示しているのかも知れない。

②古墳と喪屋―入り口のない家形埴輪―

一方、殯の場と想定される喪屋跡が墳丘盛土下から発見された例も少なくない。第2節に示した神門4号墳では、墳丘構築前の整地面に二棟の仮設の竪穴建物があり、一つは一回限りの儀式に使用された土器群の埋納施設であった。もう一棟には全く遺物がなく、使用後に清掃して一気に焼き払った状況が確認された。この竪穴建物は墳丘の中軸線上に位置し、計画的に設置された「喪屋」であった可能性が高い。中期後半の西日本の例では、神戸市住吉東古墳に喪屋と見られる建物が検出された。住吉東古墳では、「殯」の終了後喪屋が撤去され、上部に盛土して埴輪群を樹立したことが確認された。

今城塚古墳の片流れ造りの家形埴輪は、妻側に入隅部《いりすみ》を作って入り口を設け、床近くに小さな窓しかない閉鎖的な構造で、喪屋を表したものと想定された。後期の家形埴輪には、祭殿を模した開放的な高床建物と、偏った位置に入り口部があって窓が小さい閉鎖的な建物の組み合わせが目立つ。その兆候は中期からあり、奈良県室宮山古墳の家形埴輪にも二種が見られる。

関東地方では、中期前半の白石稲荷山古墳に高床寄棟造りと窓の小さな切妻造りの家があり、赤堀茶臼山古墳の八棟の家形埴輪群にも一棟だけ偏った入り口のみをもつ小型の切妻造りの家がある（図3-10）。

後期になると、閉鎖的な構造の家形埴輪が主体的になるが、埼玉県行田市瓦塚古墳や栃木県壬生《みぶ》町《まち》富士山《ふじやま》古墳などの大型古墳では、円柱の高床式建物と小さな窓しかない建物が併存している。しかし、後期になって急速に数を増す中小規模の古墳では、入り口がなく小さな窓と一対の円形透しのある家形埴輪が主体的である。入母屋造りや寄棟造りの屋根に堅魚木《かつおぎ》を載せ、二段から七段の連続三角文《さんかくもん》を描いた例が多い。毛野地域では高崎市神保下條《じんぼしもじょう》2号墳・足利市菅《すげ》田《た》44号墳、総地域では香取市城山1号墳・山武市小川崎台《おがさきだい》3号墳・山武郡芝山町殿部田《とのべた》1号墳・松戸市栗山古墳群、常陸では小美玉《おみたま》市舟塚古墳、相模では厚木市登山《どうやま》1号墳を挙げることができる。後期後半になると、高崎市綿貫観音山古墳や山武郡横芝光町殿塚古墳のような大型前方後円墳でも小さな窓の家形埴輪のみが出土しており、この形式の家形埴輪が次第に定型化していく様子がうかがえる。

図3-13　殿部田1号墳の家形埴輪（芝山仁王尊・観音教寺蔵、保管：芝山町立芝山古墳・はにわ博物館、撮影：（独）奈良文化財研究所・中村一郎）

これらの閉鎖的な家形埴輪が日常の住まいではないことは、堅魚木を載せた屋根の構造や連続三角文の装飾から容易に想像できる。また、導水施設を伴わないため、水の祭祀の建物ではないことも明らかである。これらが喪屋を表しているとすれば、後期の埴輪群像に葬送儀礼を主題とした要素が強まったことを読み取れるのではないかと思われる（図3-13）。

5　後期・終末期の煌めき

前方後円墳の新天地

古墳時代後期前半（六世紀前半）の王権の中心部では、中期の大型古墳群やそれに連なる中小の古墳群が急速に衰退する。対照的に、新たな墓域に中小の前方後円墳を中心とした古墳群の築造が始まり、さらに小規模な古墳群が形成されて「群集墳」が展開する。この現象は、中期に権勢をふるった大首長の在地支配を王権が解体する一方で、新興の中小首長を抱き込みつつ、民衆の直接的な支配に乗り出した結果と考えられている。後期の中頃以降、群集墳の全国的な展開などに見られる社会的な変化に対して、王権は豪族層の再編成を図る。やがて六世紀終わりには、古墳時代の象徴であった前方後円墳が近畿地方の中心部で一斉に造られなくなり、まもなく西日本一帯で造営が停止される。

ところが、関東では後期になると前方後円墳が再び大型化し、古墳時代を通じて副葬品が最

も充実する。後期後半になって墳丘長一〇〇メートルを超える前方後円墳が初めて出現する地域もあり、王権の本拠地を中心とする西日本とはかなり異なる動向が見られるのである。また、石材産地が限られていることもあり、中期までは伝統的な木棺直葬系の埋葬施設が主流であったが、後期になると各地の石材を使った横穴式石室・箱式石棺が用いられ、特に後期後半以降に広く定着する。火山岩・河原石・磯石・片岩・砂岩など様々な石材を用いた石材加工・構築技術が普及したといえる。

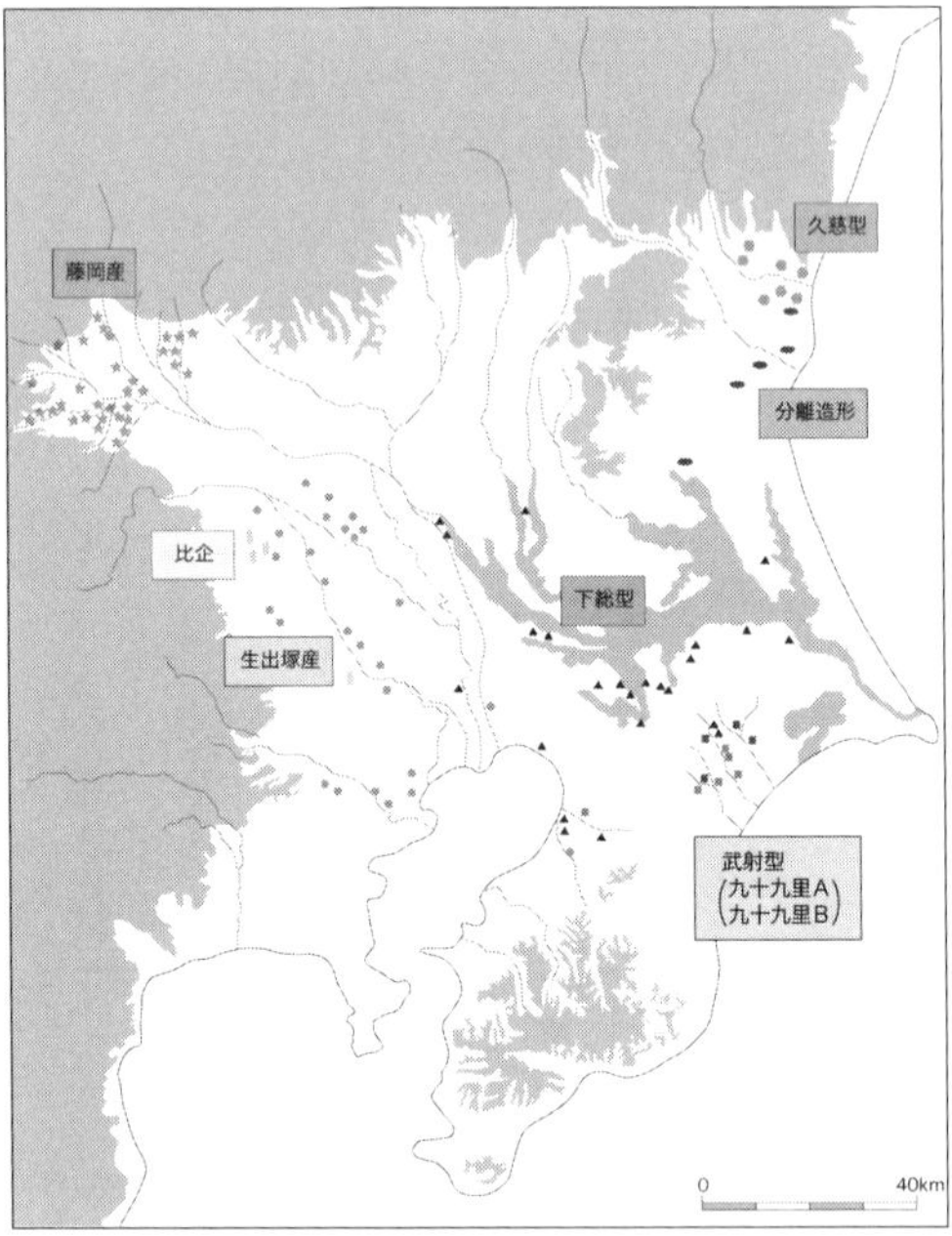

図3-14　古墳時代後期の関東における埴輪の地域性（城倉正祥『デジタル技術でせまる人物埴輪』吉川弘文館より改図）

さらに、北武蔵の片岩と房総の磯石のような広域間での石材交換や、筑波片岩の下総への波及のように地域を超えた石材供給が見られ、関東各地の首長間に独自の交流が展開したことを物語っている。

後期埴輪祭祀の展開

関東では、上野・下野を中心に、武蔵、常陸、上

総・下総で埴輪祭祀が隆盛し、地域独特の埴輪が創出されるとともに、広域間で移動・供給する例がみられる（図3-14）。上野を中心に分布する藤岡産、比企を中心に南武蔵まで分布する比企産、北武蔵から荒川・多摩川沿いに東京湾沿岸まで分布し上総まで運ばれた生出塚窯産、常陸北部の久慈型、常陸中部から北部に分布する分離造形型、香取海を中心に常総地域に分布する下総型、九十九里沿岸の古代武射郡域に分布する武射型があり、多様な地域性が相互の交流を通じて発展したことがうかがえる。

その代表的な埴輪群像として、九十九里沿岸の横芝光町姫塚古墳を取り上げることにしたい。姫塚古墳は、長方形の二重周溝を巡らす大型前方後円墳で、横穴式石室から出土した副葬品は後期後半に位置づけられる。姫塚古墳では、南側に開口する石室とは反対側の北側中段テラスに形象埴輪が配置され、ほぼ原位置で四〇個体以上が確認されている（口絵p.4）。前方部で馬子・馬（p.4-3・4）、くびれ部付近では胡坐《こざ》する人（p.4-26）や供物を捧げ持つ女子（p.4-29ほか）、琴を弾く男子（p.4-44）が検出され、これらに対面する中堤で「跪《ひざまず》く人」（p.4-45）が確認された。このくびれ部付近の人物群が中枢部と見られ、この左右に武人像が配置されてあたかも中枢部を守護するかのようにすべて墳丘の外側を向いている。

隣接する殿塚古墳でも、石室裏側の北側中段テラスに形象埴輪が配列されていた。詳細は明らかではないが、水鳥・牛・犬・猪などの動物、靫・翳《さしば》などの器財、家、人物が出土し、合計七〇個体以上の形象埴輪で構成される。注目されるのは、大きな耳をもつ人物（盾持ち武人）や「這《は》いつくばる人」などの異形の人物が中堤に配置されていることである。今城塚古墳で想

定されたような「動物に仮託した跪礼像」の獣脚は見られないが、むしろ「這いつくばる人」は匍匐儀礼を表した造形に近いのではないであろうか。

また、武射型には鍔《つば》が広く高い帽子状の被《かぶ》り物を身に着け、顎髭《あごひげ》をたくわえた武人像があり、首長墓系の古墳に限って配列されている。この顎髭の武人像を特徴とする埴輪群を九十九里B、作風の異なる非首長墓系の埴輪は九十九里Aと区別され、二つの埴輪生産集団が存在したことが明らかにされている［小林、一九七四／杉山、一九七六／城倉、二〇〇九］。また、首長墓系の武射型埴輪が唯一東京湾東岸で用いられた例に千葉市人形塚古墳がある。なお、顎髭の人物埴輪は武射郡域から河川沿いに下野南部（栃木県真岡《もおか》市）から陸奥南部（福島県いわき市）まで分布しており、工人集団の交流圏が北上したことを示して興味深いが、断片的な資料が多く今後の解明が望まれる。

究極の規格品—下総型埴輪—

前期に長胴壺、中期に石枕と立花で地域色を表した常総地域は、後期に再び強い地域色を発現する。埴輪需要層の拡大に伴って、規格性が高く合理的な製作技法によって量産を可能にした下総型埴輪が展開した。下総型埴輪は、轟俊二郎によって設定され、特定の地域で集中的に生産されたものか、工人が巡回して生産したのか問題を提起し、後者の可能性を示した［轟、一九七三］。この研究を継承した犬木努は製作技法と生産工具に着目して同工品を識別し、胎《たい》土《ど》分析の成果も含めて巡回型生産体制の分析を深めている［犬木、二〇〇五ほか］。これに対し

図3-15　龍角寺101号墳の埴輪（写真提供：千葉県立房総のむら）

て、城倉正祥は下総型が武射の二系統（九十九里A・B）とその導入期から最終段階まで共存することを確認し、別個に特化したかに見える双方の製作者が武射と下総地域を往来して発注に応じていることを示した［城倉、二〇〇六］。

　下総型埴輪は配列の全容がわかる例は少なく、香取市城山《じょうやま》1号墳例が最も良好な資料群である。形象埴輪は前方部からくびれ部の中段テラスに三〇個体以上あったといわれる。武装男子・馬・馬・男子・女子・女子・女子・男子・男子と続き、最後に入母屋造りの家形埴輪が位置する。横穴式石室は後円部中軸線上の南側に開口しており、埴輪群像が石室の開口部と離れている点と家形埴輪がテラスの群像と共に配置されている点が姫塚・殿塚古墳と共通する。下総型埴輪の例は中小規模の古墳が多いため形象埴輪の種類は限られており、必要不可欠な埴輪を配したともいえる。

下総型出現期の例として、印旛郡栄町龍角寺101号墳（径二五メートルの二重周溝の円墳）の例を見ると、中堤の張出し部に冠帽を被る男子・椀《わん》を捧げる女子などの中心人物群、飾り馬三、家形一が配されて、脇へ続く中堤上に盾持ち武人四、犬二・鹿一・猪一・水鳥二の動物群が配置されている。人物二〇体前後、動物九体、家一棟という凝縮された構成で、中枢群像・守護の武人像・馬などの器財と堅魚木を載せた建物という内容を満たしている。

埴輪祭祀の終焉

大型前方後円墳に代わって大型の方墳や円墳が築かれるようになると、埴輪の生産も終息に向かう。奈良県斑鳩町《いかるがちょう》藤ノ木古墳（六世紀後葉）には、埴輪が巡らされており、その頃までは畿内でも埴輪の生産が続いていたと考えられている。しかし、生産体制の縮小と工人集団の移動、製品の大規模移動が全国規模で進んでいたことも明らかにされており、後期に隆盛を極めた関東地方の埴輪生産も後期の終わり（六世紀末葉）には一斉に中止され、供給・古墳への配置も終わる。

埴輪祭祀最後の代表的な姿を高崎市綿貫観音山古墳に見ることができる。綿貫観音山古墳は、上野の最後の前方後円墳の一つで、未盗掘の石室からは、銅鏡・馬具・飾大刀をはじめ、国内最古の銅水瓶《どうすいびょう》など、中国・朝鮮半島との深いつながりをもつ多種多様な副葬品が出土したことで知られる。埴輪群は五つの場面に分かれており、（1）後円部墳頂に家と鶏、（2）前方部墳頂に家（堅魚木を載せた小さな窓の家）を配置する。墳丘のテラスには、（3）横穴式石室前の

祭儀に関わる九体の中心的な人物群、（４）武人・貴人など墳丘の外に向けて配された九体の人物群、（５）最後に馬子に曳《ひ》かれた馬の行列が並ぶ。中心人物は胡坐しており、背後に控える靫負《ゆげい》や祭具を捧げ持つ女子が半身立像であるのとは対照的である。武人・貴人などの人物は全身像で配列し、馬子と馬は七組も並ぶ。立ち位置はやや異なるが、基本的な構成は、①中心的な人物群、②守護・威儀を表す人物群、③財物の列、④祭場、あるいは喪屋から成り、殿塚・姫塚古墳と共通する。

関東地方の埴輪祭祀はこの段階でほぼ終了するが、大型前方後円墳への埋葬はまだ続いており、埴輪祭祀に王権の影響がより強く及んだといえよう。

おわりに

古墳の出現と共に始まった新たな墳丘祭祀は、弥生時代以来の穀霊信仰の象徴であった壺を穿孔して仮器化し、神聖な祭具として用いた。やがて、壺は加飾化と無文化を繰り返しながら洗練され、大型化して墳丘に配置される。一方、壺と共に墳丘祭祀に使われた装飾器台は、無文化・大型化して円筒埴輪に発展した。前期に前方後方墳を堅持した東国も、壺と埴輪を用いた墳丘祭祀に伴って伝えられる舶来の文物や王権の威力を受け入れていく。

しかし、壺の祭祀に対する想いは強く、前期前半に成立した円筒埴輪を主体とする畿内の埴輪祭祀はなかなか東国に浸透せず、常総地域には長胴壺という独特の形式が展開した。その片《へん》

鱗《りん》は、中期末の保渡田八幡塚古墳の埴輪群像にも垣間見《かいまみ》える。最も重要な座位群像の両脇に、高い器台に載った赤塗りの壺と大型の壺が鎮座しているのである。

埴輪群像が何を表しているのか、諸説が整理されている［若狭、二〇〇九］。①王位継承儀礼説、②殯説、③生前顕彰説、④神マツリ説、⑤供養・墓前祭説、⑥他界王宮説、⑦神仙世界説、⑧来世の近習説、⑨葬列説、⑩複数場面説がある。

本稿で取り上げた中期の水の祭祀施設・大型の祭殿を伴う埴輪群と、後期の生前顕彰あるいは葬送に関する儀式を表した埴輪群では、時代背景を異にした主題の変化が読み取れる。前者は被葬者である王や首長が神聖な儀礼の主宰者であることを表明し、後者には為政者としての権威を知らしめる意図が強くうかがえる。一方、古墳時代の殯の情景は、葬送とは別の閉鎖的な儀式から今城塚古墳の埴輪群のような盛大なものに発展したのであろうか。また、姫塚古墳や塚廻り4号墳の「跪く人」像が古代の葬送儀礼で重要な役割を担った「誄（しのびごと）」をする人物」を表しているとすれば、王都から遠く離れた東国の埴輪にこそ、その姿がより鮮明に映し出されているのかもしれない。

埴輪群像が、祭式を政《まつりごと》の根幹に据えた古墳時代の時代相を反映していることに異論はないであろう。生前の功業を記念し、最も精彩ある場面を表現して後世に伝えようとした記念物といえる。

引用・参考文献

青山博樹　二〇〇四年「底部穿孔壺の思想」『日本考古学』第18号、日本考古学協会
井　博幸　二〇二一年「常陸における前期・中期の埴輪」『古代文化』第72巻第4号、古代学協会
稲村　繁　一九九八年「関東地方・前期の様相」『埴輪が語る科野のクニ』森将軍塚古墳館
犬木　努　二〇〇五年「下総型埴輪再論」『埴輪研究会誌』第9号、埴輪研究会
今西康宏　二〇一四年『大王の儀礼の場』高槻市立今城塚古代歴史館
大橋信弥ほか　二〇一〇年『導水施設と埴輪群像から見えてくるもの』滋賀県立安土城考古博物館
小池香津江　二〇〇二年『大和と東国―初期ヤマト政権を支えた力―』橿原考古学研究所附属博物館
小林健二　二〇〇六年『甲府盆地から見たヤマト』山梨県立考古博物館
小林行雄　一九七四年『陶磁大系3　埴輪』平凡社
小南一郎　一九八九年「壺型の宇宙」『東方學報』第61冊、京都大学人文科学研究所
佐藤仁彦・山口正憲　二〇一二年『国指定史跡長柄桜山古墳群第1号墳発掘調査報告書』逗子市・葉山町教育委員会
静岡県教育委員会文化課　二〇〇一年『静岡県の前方後円墳』静岡県教育委員会
白井久美子　一九九〇年「古墳でのまつり」『房総考古学ライブラリー5』千葉県文化財センター
白井久美子　二〇一三年「東国古墳時代前期前半の鏃」『西相模考古』第22号、西相模考古学研究会
城倉正祥　二〇〇六年「埴輪の系統―朝日の岡古墳出土埴輪をめぐって―」『埴輪研究会誌』第10号、埴輪研究会
城倉正祥　二〇〇九年『埴輪生産と地域社会』学生社
城倉正祥　二〇一七年『デジタル技術でせまる人物埴輪―九十九里の古墳と出土遺物―』吉川弘文館
杉山晋作　一九七六年「房総の埴輪（一）」『古代』第59・60合併号、早稲田大学考古学会
世田谷区教育委員会編　二〇〇〇年『野毛大塚古墳の時代　畿内王権と古代の東国』世田谷区立郷土資料館
高橋克尋　一九九八年「畿内・東海の様相について」『埴輪が語る科野のクニ』森将軍塚古墳館
田中新史　一九七七年「市原市神門四号墳の出現とその系譜」『古代』第63号、早稲田大学考古学会

田中新史　二〇〇二年「有段口縁壺の成立と展開」『土筆』第6号、土筆舎
轟　俊次郎　一九七三年『埴輪研究』第1冊
松本市教育委員会編　一九九三年『弘法山古墳出土遺物の再整理』松本市教育委員会
野毛大塚古墳調査会　一九九九年『野毛大塚古墳』世田谷区教育委員会
萩原恭一ほか　一九九四年『千葉県文化財センター研究紀要』15―生産遺跡の研究4　埴輪―（財）千葉県文化財センター
坂　靖　二〇〇七年「大和の円筒埴輪」『古代学研究』178　古代學研究會
蓼沼香未由　二〇一九年「常陸鏡塚古墳の埴輪について」『常陸鏡塚』大洗町教育委員会
日高　慎　二〇一三年『東国古墳時代埴輪生産組織の研究』雄山閣
日高　慎　二〇二〇年「王権継承の場所を考古学から考える」『史境』第79・80号、歴史人類学会
広瀬和雄　二〇〇九年「古墳時代像再構築のための考察―前方後円墳時代は律令国家の前史か」『国立歴史民俗博物館研究報告』150　国立歴史民俗博物館
古屋紀之　二〇二一年「佐自塚古墳出土の土器・埴輪類の系譜と祭祀」『茨城県石岡市佐自塚古墳の研究』明治大学文学部考古学研究室
松本洋明ほか　二〇〇〇年『西殿塚古墳・東殿塚古墳』天理市教育委員会
水野正好　一九七一年「埴輪芸能論」『古代の日本2　風土と生活』角川書店
三浦茂三郎・杉山秀宏ほか　二〇〇九年『国宝武人ハニワ、群馬へ帰る！』群馬県立歴史博物館
森田克行　二〇〇四年「今城塚古墳の埴輪群像を読み解く」『発掘された埴輪群と今城塚古墳』高槻市立しろあと歴史館
山田俊輔　二〇一一年「毛野の埴輪」『古墳時代毛野の実像』雄山閣
若狭　徹　二〇〇〇年『埴輪群像を読み解く』かみつけの里博物館
若狭　徹　二〇〇九年『もっと知りたい　はにわの世界』東京美術
和田　萃　一九七三年「殯の基礎的考察」『論集　終末期古墳』塙書房

4章　役所と在地社会

大橋泰夫

はじめに

都と異なり、古代東国では文献史料は少ないが、国府*や郡衙《ぐんが》（郡家《ぐうけ》*）の発掘調査によって役所の実態が解明され、木簡や漆紙文書《うるしがみもんじょ》、墨書土器などの文字資料もみつかり、在地社会の様子の解明が進んでいる。考古学と文献史学と歴史地理学などとの学際的な共同研究も行われ、東国の古代史研究も新たな展開をみせている。

古代日本では、天皇を中心とする中央集権的な政治の仕組みをとっていた。全国を畿内と東海道、東山道*、北陸道、山陽道、山陰道、南海道、西海道の七道に分け、行政組織を国、郡、里（のちに郷と改称）の三段階とした。国には大国、上国、中国、下国の四等級があり、地方統治の拠点に国府が置かれた。九州には西海道諸国を統括する大宰府が設置され、東北には陸奥国府・鎮守府として多賀城が置かれ、政治、軍事および文化の中心をなしていた。

ここでは、古代の役所である国府、郡衙、駅家《うまや》、烽家《とぶひや》などの様子について、発掘調査の成果を中心にみていくことにする。

1　地方の役所――国府と郡衙

古代の地方行政制度としては、国には国司、郡には郡司、里には里長が置かれた。古墳時代から在地を伝統的に治めてきた国造《くにのみやつこ》などの地方豪族は、郡司に任じられ、都から国に派遣される国司の下位に地方官僚として位置づけられた。

郡に置かれた役所が郡衙（郡家）であり、在地の豪族が役人として郡司に任命され、郡内を統治する拠点とした。郡は管轄する里の数によって、大郡（二〇～一六里）、上郡（一五～一二里）、中郡（一一～八里）、下郡（七～四里）、小郡（三～二里）の五つの等級に分けられた。郡司は大領《かみ》、少領《すけ》、主政《じょう》、主帳《さかん》の四等官からなり、国司の監督のもとに郡内の地方行政全般を統括した。正規の郡司だけでは郡内の統括を行うことはできず、定員外の員外郡司や下級職員、各種の業務に関わる傜丁《ようてい》らが勤務していた。

地方における行政の円滑な推進にあたっては郡衙と郡司の役割が重要であり、もともと在地において国造となっていた豪族などが郡司に任命され、古墳時代以来の伝統的支配の上に新たな律令制《りつりょうせい》に基づく制度が加わったのである。地方の中心は国府であり、その国府に都から派遣された国司には任期があった。一方、郡司には任期はなく、国家はその郡司の伝統的な支配力を通して郡内の民衆を把握しようとした。

東国の国府や郡衙といった役所についても、これまでの発掘調査や研究によって実態の解明

が進み、地方支配の拠点となっていたことが明らかになっている［山中、一九九四／江口編、二〇一四］。

2　東国における郡衙の成立

『常陸国風土記』には七世紀中頃に郡《こおり》（評）を設置したと記され、孝徳天皇の治世下に全国で評が建てられ、在地の豪族が評の役人となった。律令に基づく国郡制は八世紀以降、大宝律令によって成立するが、それ以前の七世紀代は国の下は郡ではなく評という表記であり、国評制となっていた。評については七世紀中頃の孝徳朝に全国的に一斉に成立し、その後、評は段階的に再編されていったと理解する説が有力となっている。

ただし、七世紀中頃、全国的に一斉に成立したとみられる評の役所については、建物などの施設として把握できる例はほとんど知られていない。この時点では、評の官舎としては十分に整備されていなかったことを示すのであろう。発掘調査でも、各地で役所の建物が確認されるのは七世紀後半以降である。

東国の七世紀後半に遡《さかのぼ》る役所の成立と展開をみていくと、埼玉県熊野遺跡、栃木県西下谷田《にししもやた》遺跡、福島県根岸《ねぎし》遺跡などがあり、普通の集落では建てられることがない大型建物が確認されている。西下谷田《にししもやた》遺跡は大型建物、門から構成され、都かその周辺で作られたとみられる土師《はじ》

図4-1　福島県根岸官衙遺跡群の全景（写真提供：いわき市教育委員会）

器《き》や朝鮮半島からもたらされた新羅系土器、硯《すずり》などが出土し、集落のあり方とは大きく異なる。しかし、後の郡庁や大型の倉庫群から構成された定型化した郡衙と異なり、建物配置に規格性が乏しく、中心施設に竪穴《たてあな》住居や井戸を含むなど居宅と未分化な状況となっている。要するに、規格性は高くないが、集落ではみられない大型建物が建設され、高級な土器や硯などが出土する遺跡が地方でみつかるのである。これが七世紀後半の役所の姿である。

こうした状況について、福島県いわき市に所在する石城《いわき》郡衙の根岸遺跡と夏井廃寺跡からなる根岸官衙遺跡群の様子をみておく。根岸遺跡は東に太平洋を望む丘陵地に立地し、南北六〇〇メートル、東西三〇〇メートルの範囲

に郡庁、正倉《しょうそう》の倉庫群が広がり、七世紀後半から九世紀にかけて機能していた〔猪狩、二〇〇九〕。周辺からは、郡衙に関わり郡符《ぐんぷ》木簡や漆紙文書《うるしがみもんじょ》を出土した荒田目条里《あつためじょうり》遺跡もみつかっている。

石城評（郡）は、『常陸国風土記』多珂郡条によると、「白雉《はくち》四年（六五三）、多《た》珂国造《かのこくぞう》石城《いわきの》直《あたひ》美夜部《みやべ》と石城評造《いわきのこほりのみやつこ》部志許《べのしこ》赤《あか》という人が申し出て、助川《すけがわ》から苦麻《くま》村まであった多珂国造の国を多珂評と石城評に分けた」と記され、この時に石城評が成立した。発掘調査によれば、郡庁や正倉の建設は七世紀中頃までは遡らず、七世紀末頃であった。一方で、郡司クラスの豪族居宅が確認され、七世紀前半から八世紀前半頃にかけての変遷が認められる。この豪族居宅の存続時期の間に郡衙の諸施設が建設されており、『常陸国風土記』にみえる白雉四年（六五三）の石城評成立から七世紀後半代には、郡司の居宅が役所の機能を果たしていたとみられる。

地方の役所の成立過程をみると、七世紀後半に評衙が居宅と未分化な形で成立し、段階的に七世紀末から八世紀初頭頃に大規模な倉庫群と郡庁からなる官衙施設となっていったのである。

3　東国の国府

日本における古代都市の淵源《えんげん》である中国において、都市の都の文字は人が集まるという意味であり、都市は土塀などで囲まれた中に帝王、官僚、多数の人民が居住することを示した。中

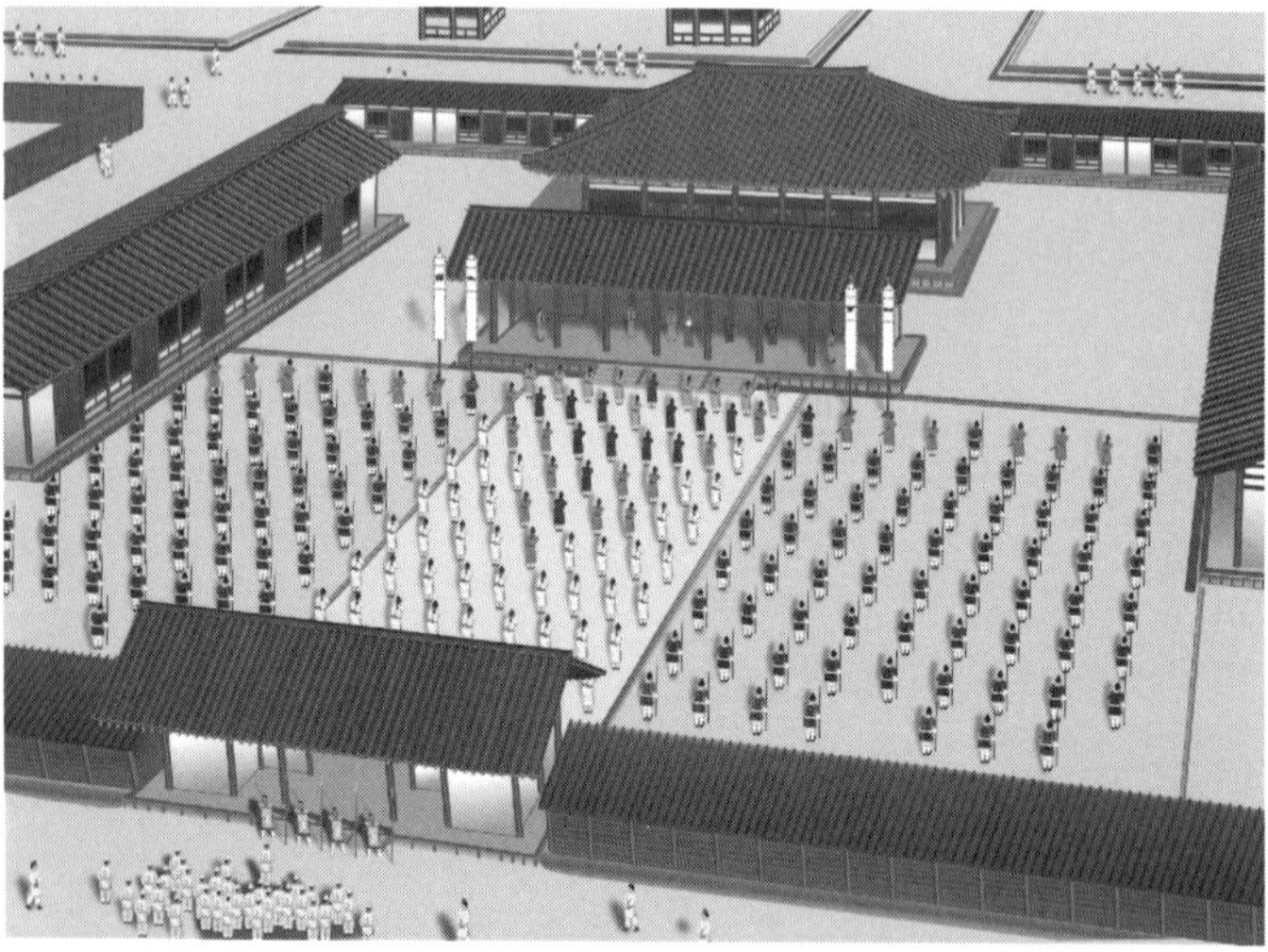

図4-2　下野国庁での元日朝賀（イラスト：篠原祐一氏作図）

国において、皇帝は都を造営して壮麗にし、その権威を内外に示すことが重んじられた。日本でも中国に倣って、藤原京、次いで平城京が造営された。平城京は万葉集に「青丹《あおに》よし 奈良の都は 咲く花の匂うが如く 今盛りなり」と歌われたように、役所や貴族の邸宅は瓦葺《かわらぶ》きになっていた。

　地方支配の拠点の国府も都に倣い、国庁を中心に国司の居宅である国司館やさまざまな施設が建設され、寺院や神社、工房や市、津などがまとまった空間であり、万葉集に「遠《とお》の朝廷《みかど》」と詠まれた。大陸風の丹塗り白壁造りの立派な建物が立ち並び、それまでの古墳時代から続く景観とは異なる、地方の古代都市であった。

政務・儀礼空間としての国庁と実務施設

国府の中心施設の国庁は、都の大極殿・朝堂院をモデルにした政務と儀礼の場である。都と同じく、建物は南向きで左右対称をとり、正殿の前は広い庭となり厳重に塀で囲まれた。規模は一辺一〇〇メートルが一般的で、東国の下野・常陸国庁も同様であり、正殿前が儀礼空間となっていた。国庁で行われた重要な儀式は、年の始めの元日朝賀の儀式である。平城宮で元日に天皇が大極殿で群臣の年頭の拝賀を受ける儀式に倣って地方の諸国でも行われた。この儀式によって、参列者に天皇の威信・権威を実感させ、天皇への服属を確認させた。

大伴家持《おおとものやかもち》は因幡国《いなばのくに》の長官として、天平宝字三年（七五九）の正月元旦に国庁に部下を集めて元日朝賀の儀式を行い、新年の宴席で「新しき　年の始めの　初春の　今日降る雪の　いやしけ吉事《よごと》」と詠んだ。この歌には、新しい年の始めにあたって、雪が降りつづいているように、今年ももっと良い年でありますようにという意味が込められていた。

国庁のもっとも重要な機能は儀礼の場であったが、日常的には文書行政を行っていた政務の場としても機能していた。それを示すのが陸奥国府の多賀城政庁や下野国府の国庁から出土した硯や木簡である。下野国庁付近では文房具である硯がまとまって出土していることに加えて、国庁のすぐ西外側でみつかったゴミ捨て穴から多数の木簡片が出土し、国庁建物で文書作成を含む政務が執行されていたことがわかる。

また、国庁とは別に、曹司《ぞうし》という文書・帳簿作成、租税の徴収・管理・貢進、国衙の運営・維持に関する諸物資・経費の調達やその出納事務などを行っていた実務施設も設けられていた。

下野国府でも国庁から南に伸びていく朱雀路《すざく》の両側に実務施設とみられる建物跡がみつかっている。

国府の実像

国府の創設は発掘調査の成果によれば七世紀末頃に遡り、天武・持統朝の飛鳥浄御原宮《あすかきよみはらのみや》から藤原京にかけてである。飛鳥の都は低い山々に囲まれた間を飛鳥川が流れる地域に、五九二年に推古天皇が豊浦宮を置いたことに始まり、藤原京への遷都（六九四年）までの約一〇〇年間にわたって宮殿が営まれた。その後、七一〇年に藤原京から平城京に遷都された。藤原京に都が置かれていた頃に、国府は全国的に設置されたのである［大橋、二〇一八］。

かつては国府の形状は平城京などの都城の縮小版であり、道路によって区画された条坊制をとり、街路が一町単位（約一〇九メートル）の碁盤目状に施工された地方都市と考えられてきた。こうした都城ミニチュア説を前提として、国府方八町説が通説化し、東国の国府についても復元されてきた。今も、各地の国府研究に大きな影響を与えている学説であり、各地で発掘調査による検証が進められてきた。その結果、陸奥国府の多賀城のように前面に方格地割《ほうかくちわり》が広がる例も判明しているが、これも都のように造営当初から一貫した計画によって施工されたものではなく、八世紀後半以降に徐々に整えられていったことがわかっている。実際には、古代の国府に八町という範囲を示す塀や溝などの施設はなく、一町ごとの方格地割も存在しなかったのである。国府の姿は、かつて推定されたような方形ではなく、国庁を中心としてその周囲

に関連の役所群が配置されたものである［条里制・古代都市研究会編、二〇一五］。

下野、武蔵国府の景観

東国の国府の中で、構造がよくわかっている下野国府、武蔵国府の姿をみておくことにする。かつて下野国府も歴史地理学的研究によって、国府域が方格地割を持ち方八町になっていたとする説が提案されていた。これまでの発掘調査によって、国庁からまっすぐ南大路の朱雀路が延び、国庁を中心にしておおよそ一町単位で溝や道路がみつかっているが、平城京とは違い、碁盤の目状にはなっていなかった。水田地帯と化した関東平野の一画に、国府の関連施設が一キロメートル以上の広範囲に展開していたが、方形に画する外郭施設は認められていない。国衙機構の充実に対応して、国庁を中心に諸施設が整備されていったと考えられている。

武蔵国府では国府域全体の調査が進む。東京都府中市の名前の由来は、古代に武蔵国府が置かれていたことによる。これまでの長年にわたる発掘調査によって、国府の諸施設は府中駅近くの大國魂《おおくにたま》神社を中心に広がることがわかっている。七世紀末頃には大型建物の他、国内各地から集められて国府の仕事に従事したとみられる人々の竪穴建物が多数、確認されており、「国府のマチ」が成立していた［江口、二〇一四］。国府域は東西約二・二キロメートル、南北約一・八キロメートルと広範囲におよび、国司館や実務的な施設、宗教施設（寺院・社）、工房、雑務にあたった人々の竪穴建物が展開している。国内各郡から労働力として、あるいは兵士として徴発された人々などが集住する場であった。すぐ西側には官道の東山道武蔵路《むさしみち》が北上

し、国分寺＊と尼寺の間を通過し、道路沿いには駅家も推定されている。国府域内にも諸施設をつなぐ複数の道路が設けられ武蔵路に接続していた。東側では、「多磨寺」と郡名を冠する寺名の文字瓦が出土し、近くに多磨郡衙も想定されている。武蔵国府の範囲は広く、官衙施設が道路網で結ばれ、多くの人々が集住する都市的な空間であった。府中市郷土の森博物館で武蔵国府の復元模型が作られ、現地では中枢施設や国司館が史跡公園として整備され、古代国府をイメージすることができる。下総国府や備後《びんご》国府などから「右京」・「京」の墨書土器が出土するように、国府は京に対応するような空間として意識されていた［吉村・山路編、二〇〇七］。

国府と郡衙の整備と荘厳化

古代における瓦葺き建物は律令支配の道具であった。古代の地方官衙においては火災の備えとするだけでなく、都に倣って律令国家の威信を示すために柱を丹塗りし白壁とした瓦葺きの礎石建物が造営された。地方では奈良時代になり、都が平城京の頃、国府・国分寺造営に際して屋根に瓦が葺かれるのが一般的である。降雪量が多い北陸道の国々を除くと、ほとんどの国府の国庁において瓦葺き建物を採用している。これは、国庁の正殿が都の大極殿に相当する建物で儀礼の場として用いられ、地方支配の最重要施設であったためである。国府における瓦葺き建物の採用の目的は、柱を丹塗りした瓦葺き建物の視覚効果によって、対外的に天皇を中心にした中央集権国家の威信を示すことによって、地方統治にも役立てるためであった。

国府の工房

国府では国内の技術者を集めて武器や高級織物などの生産も行われていた。常陸国府では、国府から離れた場所に、武器などの鉄器や瓦の製作を行っていた国衙工房がみつかっている。国府・国分寺で使用する瓦を焼いた瓦塚窯跡や松山瓦窯なども分散して置かれていた。鍛冶工房跡である鹿の子遺跡群では墨書土器から「大刀」「鞘作」「矢作家」といった武器生産を推定させるものが出土し、国府や国分寺用の鉄器製作に加えて、対東北政策に関わる武器生産も行っていたとみられている。

国府の変容

地方の役所として国府と郡衙は七世紀末頃までに全国に設置され、長い間、地方における国の政治・経済・文化の中心となっていた。郡衙の多くは平安時代前半の一〇世紀前半には郡庁、実務施設、正倉の多くが機能を大きく減じて廃絶していく。その一方で、国府の構造が大きく変わるのは一〇世紀後半から一一世紀にかけてである。郡衙が先に一〇世紀前半までに廃絶する要因として、文献史学の成果によれば国衙機構に郡の機能が集約されたためと理解されており、この時期の国府をみると、まだ国庁を中心として実務施設が展開する点からも矛盾はない。

東国の国府に関わる史料は少ないが、平安時代の一〇世紀代、国府の様子を知るものとして、平将門《たいらのまさかど》の乱を記した『将門記《しょうもんき》』が貴重である。平将門は、天慶《てんぎょう》二年（九三九）一一月に常陸国府を焼き払い、朝廷が国司に与えた「印綬」を略奪する。翌一二月、将門は下野国府・上野

図4-3　武蔵国府の国司館の復元模型（写真提供:府中市教育委員会）

国府を襲い坂東《ばんどう》*八ケ国を支配下に置き、新皇と称したが、天慶三年（九四〇）に平貞《さだ》盛《もり》・藤原秀郷《ふじわらのひでさと》らに討たれた。地方の反乱ではあったが、当時の都を揺るがし、東国の地方社会にも大きな影響を与えた出来事であった［川尻、二〇〇七］。

『将門記』によれば、平安時代中頃、国府に都から派遣された国司が常駐し政務をとっていたこと、下野国府を襲った際の記載から塀などの区画施設があったことがわかる。実際に、下野国府の国庁や国司館は築地塀《ついじべい》や掘立《ほったて》柱塀《ばしらべい》で囲われていたことが確認されている。下野国府の記載では焼き払ったとは記されてはいないが、発掘調査によれば、この頃に国庁に火災があった痕跡があり、平将門の乱による可能性が指摘されている。平将門が襲撃したことが示すように、国府は国家の地方統治の中心であった。

国府は一〇世紀以降、どのように変容していったのであろうか。まだ統一的な見解はないが、国府の構造が大きく変わる画期は一〇世紀後半から一一世紀代にかけてとみられる。この時期に、各地で国庁は廃絶し、それまでの定型的なコの字形配置をとらなくなるなど大きく変わる。そして、国庁に代わるように、国司館とみられる施設を核としてその周辺に実務的な施設がコンパクトに配置されていく。一〇世紀後半から一一世紀代まで国庁が存続する国もあるが、この頃に構造や機能も大きく変わっていくようである。国庁では九世紀代まで硯が多く出土し、日常的に実務施設としても機能しているとみられるが、一〇世紀以降、硯の出土が減少していく。これは実務的な機能が減り象徴的な機能が中心となっていくことを示している。この頃になると、国庁はコの字形配置の画一的な構造でなく、国ごとに独自なあり方をとるようになっていく。

武蔵国府と下野国府の発掘調査成果から、国府変容のあり方をみておきたい。武蔵国府では、一〇世紀後葉に中枢官衙施設の機能が失われ、区画施設を持つ実務施設も廃絶し、生産関連遺構は激減し、竪穴建物が国衙北側と国府東方に限られ、集約化が進む。その後、一一世紀代まで国府の機能は存続するものの、一〇世紀末〜一一世紀初頭には、国府域は大幅に規模を縮小し、国衙北方域と東山道武蔵路付近へと集約し、竪穴建物も一一世紀前葉に姿を消し、一二世紀には建物などの施設がほぼ認められなくなる。

下野国府も一〇世紀後半に国庁を中心とした官衙施設が廃絶し、新たに設置された国司館とみられる施設を中心にして、コンパクトな姿になっていく。武蔵国府と同じように、国府の業

務のために国内各所から集められた人々の竪穴建物は八世紀から九世紀代にかけては国府域の広範囲にわたって展開しているが、一〇世紀以降には減少し一一世紀には消えていく。

武蔵・下野国府でみるように一〇世紀後半が大きな画期の一つである。もう一つの画期は一一世紀代である。遺構や遺物が目立って少なくなり、武蔵国府では同じ場所で中世府中に移行し、下野国府では別の場所に移転が推定されている。文献史学の成果では、一一世紀以降、国司（受領）が都に留《とど》まり地方の国へは赴任せず、在地の有力者による在庁官人制が成立していくと理解されている［佐藤編、二〇一八］。この時期、国府の構造が大きく変わり、各地で国府の移転などが行われるようになるのは、国務の実権が在地有力者によるものに変わることと関わるのだろう。

4　『上野国交替実録帳』と郡衙の実像

古代の文献史料が乏しい東国にあって、古代の役所や寺院などの具体的な様子を知る上で貴重な史料が『上野国交替実録帳』（以下、実録帳）である。長元三年（一〇三〇）に作成されたもので、上野国の国司の交替時に交わされた引継書の下書きである。上野国内一四郡の官舎（郡衙の建物）について、すでに無くなっている建物などを記している。この史料によって郡衙は、正倉・郡庁・館・厨《くりや》から構成されていたことがわかる。各郡衙の主要な施設を正倉（租税

図4-4　佐位郡衙の八面甲倉の模型（写真提供:伊勢崎市教育委員会）

の稲穀を収納・保管する倉庫）、郡庁（政務・儀礼の中心施設）、館（宿泊用の施設）、厨家《くりや》（厨房と飲食のための施設）の順に並べ、それぞれに所属する建物の名前が記されている。

各施設の建物の配列や構造についても記されておりますが、古代の郡衙を知る上で欠かせない。

近年、実録帳に記された郡衙とみられる佐《さ》位《い》郡正倉跡、新田《にった》郡家《ぐうけ》跡、多胡郡正倉跡、片岡郡正倉跡が確認され、その記載との整合性がとれ、郡衙研究は大きく進展している［須田・阿久津編、二〇一三］。

伊勢崎市の佐位郡正倉跡では、大溝によって区画された中に倉庫跡が規則的に配置されており、掘立柱建物四〇棟以上、礎石建物一五棟が確認されている。実録帳には正倉・郡庁・館の記載があり、正倉には一八棟が記されている。正倉は北・中・中南・南の四グループに分けられ、次いで行、並び名、倉壁構

造の順に記載されている。この史料にあたる佐位郡正倉跡で、倉庫群は建物の方位により大きく三群に分かれていた。これが実録帳の北、中、中南、南に対応することが推定され、建物がほぼ特定されている。その中で象徴的な建物が「八面甲倉《はちめんこうそう》」と記された校倉《あぜくら》造りの八角形倉庫で、発掘調査でみつかっている（口絵p.3）。古代の郡衙には威容を放つ八角形の特別な倉庫も建っていた。上野国多胡郡正倉跡でも、高床倉庫群がみつかっている。北端で確認された倉は八世紀中頃に建てられた大型の瓦葺き建物で、法倉と考えられている。北には和銅四年（七一一）に多胡郡を建郡したことが記載されている特別史跡の多胡碑が建つ。多胡郡正倉跡は、多胡碑に記された多胡郡建郡を示している。

実録帳に記載されたように、佐位郡正倉跡では特別な八角形倉庫がみつかり、倉庫群の配列も復元され、新田郡の場合では正倉だけでなく郡庁もみつかり、史料と対応している。その一方、実録帳の記載内容は一〇三〇年頃にすでに無くなった建物などを記載したものであり、その内容が、どの時点における郡衙の実態を記載しているのかなど問題も残る。現在、どのような原則によって記載されたかについて、郡衙の発掘調査成果との検討作業が進められており、目を離せない。

5　役所の移転と地方支配

古代の郡衙や駅家も移転する場合があったことが、『常陸国風土記』からうかがえる。風土記には鹿島郡衙、茨城郡衙が移転したと記されている〔沖森・佐藤・矢嶋編、二〇〇七〕。鹿島郡衙は「其の社《そ》の南」にあるとの記載があり、鹿島神宮の南側の神野向《かのむかい》遺跡で郡庁と大規模な倉庫群が確認されている。それ以前は鹿島神宮北方の沼尾の地にあったとされている。沼尾の地にあった移転前の鹿島郡衙はまだみつかっていないが、神野向遺跡の設置年代が八世紀初め頃であり、その頃に移転している〔須田・阿久津編、二〇一三〕。

『常陸国風土記』には茨城郡衙の移転も記されており、もともと茨城郡衙は現在地ではなく、北側の那賀《なか》郡内（茨城里：笠間市小原）に設けられていた。後に信筑川《しづくがわ》（今の恋瀬川）の西南に移転したとあり、茨城郡と那賀郡の郡境が変わり、茨城郡衙も移転したと理解されている。旧の郡衙の位置はわかっていないが、移転後の郡衙とされる石岡市外城《とじょう》遺跡は常陸国府から一・二キロメートルと近い場所にあたる。ここは七世紀後半に創建された茨城廃寺に隣接しており、寺の創建と同じ頃に郡衙が移転したのであろう。

鹿島郡衙や茨城郡衙が移転した頃、常陸国府が設置された。発掘調査によれば、同じ頃に那賀郡衙（台渡里《だいわたり》官衙遺跡）、新治《にいはり》郡衙、河内郡衙（金田《こんだ》官衙遺跡群）、筑波郡衙（平沢官衙遺跡）もそれぞれ建設されている。こうした郡衙の設置・移転は国府設置と関わるものであろう。

『常陸国風土記』記事にみられる郡衙の移転は、単に郡衙が移転したというだけでなく、国府が設置され行政の新しい支配システムに対応するために、交通体系の整備とともに郡衙をはじめとする官衙施設が設置されたことを示している。

6　対東北政策と郡衙の特徴

坂東諸国（今の関東地方）は東北経営や蝦夷征討の役割が大きい地域であった。特に下野国や常陸国は陸奥国と境を接する地として重要視された。東国から東北地方に軍隊の食料として稲穀や糒《ほしいい》が運ばれたことは、蝦夷征討が活発となる八世紀後半から九世紀初頭にかけて史料に多くみられる。奈良時代から平安時代にかけて、蝦夷征討に対して兵士の徴発だけに限らず物資の調達・輸送、道路の整備がなされた。なかでも坂東が果たした役割は大きく、八世紀以降、一貫して物質的・人的な負担に大きな役割を担っていた。

下野国や常陸国でみつかっている郡衙正倉は、駅路沿いなどの交通の要衝地に複数の郡衙正倉を配置する点では他の地域と共通するが、倉庫の数がきわめて多いという点と超大型で丹塗りした瓦葺きの高床倉庫を建てるという地域的特徴がある。山陽道の駅家の場合、郡衙と同所に設置される例はそれほど多くないが、下野や常陸国でみると、駅家が推定される付近において郡衙が確認されることが多く、駅家と郡衙とは同所に設置された場合が多い点も特徴として

挙げられる［須田・阿久津編、二〇一三］。

下野国と常陸国の官衙施設

下野国河内郡では、西下谷田遺跡、上神主《かみこうぬし》・茂原《もばら》官衙遺跡、多功《たこう》遺跡の三箇所で官衙遺跡が近接し、七世紀末〜八世紀前半にかけて併存している。付近を通過する東山道ルートも明らかとなり、下野国府から下野薬師寺を経て北上し、多功遺跡付近から上神主・茂原官衙遺跡の前面を通り北に直進している。延喜式に記載された「田部駅」も周辺に想定されている。対東北政策との関係が考えられるのは、河内郡衙の正倉が、上神主・茂原官衙遺跡と多功遺跡は約三キロメートルとそれほど離れない位置に設置され、それぞれ大規模な倉庫群を形成していたこと、その中で上神主・茂原官衙遺跡が九世紀前葉までに倉庫としての機能を失うことである。これは国家による対東北政策が九世紀に入って収束していくことを反映した結果とみられている。

常陸国でも、駅家と同所に設置され、同じ郡内に大規模な正倉群を複数、置いている郡衙遺跡がみつかっている。北部の那賀郡では、陸奥国に向かう駅路沿いにあたる那珂川右岸の台渡里官衙遺跡群が展開する。那賀郡衙と寺院からなり、長者山地区と台渡里遺跡の二箇所で正倉が確認され、長者山地区では長さ二〇メートルを超える瓦葺きの高床倉庫も含まれ、特別な「法倉」とみられる。長者山地区から少し離れた台渡里遺跡では、遅れて八世紀後半になって倉が設けられる点が注目される。単なる郡内の稲穀を収納する機能だけでなく、この時期に活

発化する対東北政策にも関わっているのであろう。

常陸国では、茨城郡の郡衙にも対東北政策との関与が推定できる。茨城郡衙は常陸国府東方の外城遺跡が有力候補となっているが、それとは別に国府から駅路沿いに北に離れた地点の東《ひがし》平《だいら》遺跡において、郡衙正倉別院とみられる倉庫群が確認されている。東平遺跡は駅路沿いに位置し、すぐ北側を流れる涸沼川《ひぬまがわ》を通じて太平洋に接続できる水陸交通の拠点にあたる。この地の地名である安居が安侯《あご》郷の遺称地とされ、養老三年（七一九）に安侯駅が置かれた場所とされている。駅路から一〇〇メートルほど西に離れた地点で掘立柱建物と大型の礎石建物が確認され、周辺から炭化米が出土し、これらは稲穀を納めた倉であった。さらに、駅路を挟み約三五〇メートル離れた地点において、竪穴住居跡から「騎兵長」と記された墨書土器も出土し、東平遺跡周辺に軍事的な駐屯施設の存在が指摘され、八世紀後半に大型の倉が建てられた理由として軍事的な政策との関わりが推定されている。

威容を示す郡衙正倉

東国の郡衙の地域的特徴は、正倉の中に一棟ないし二棟ほど、柱を丹塗りし瓦葺きで立派な大型の倉が建つことである。「法倉」と呼ばれた特別な倉である。古代国家は地方支配を行う上で、稲穀を収納した正倉の建設と修理には、きわめて大きな関心を持ち、その正倉の管理と修理は国司の重要な職務となっていた。正倉は史料から、「凡倉」と「法倉」の二種があった。「凡倉」は、一般的な穀倉であり、各郡に設置された正倉院に数多くに建設された倉である。

図4-5　那須官衙遺跡の法倉（写真提供：那珂川町なす風土記の丘資料館）

その一方、「法倉」は各郡の正倉院の中で、一棟もしくは複数棟建設された倉で、飢饉などに備えた稲穀を収納していたことや、史料の記載から一般的な「凡倉」よりも大型であることがわかる。法倉に収められた稲穀は、高年者や貧民・難民を救済するために使われた。天皇制イデオロギーに関わる恩勅を示すものであり、法倉を丹塗りや瓦葺き化して立派に建てたことは国家支配の象徴的な意味に関わる。都の平城宮内の倉庫や寺院の倉を瓦葺きにすることはあっても倉を丹塗りした例は知られていないのに、「法倉」を丹塗りするのはそうした意味があった。

「法倉」とみられる倉は全国各地の郡衙で確認されているが、東国のよ

うに丹塗りし瓦葺きとする例はほとんどない。古代において役所の建物を瓦葺きとすることは、国家の威容を示す意図があった。こうした瓦葺きの法倉の多くは、正倉院の中でもっとも目立つ高所に建つ例が多く、道路側に向くなど景観を考慮していた。例えば、下野国那須郡は陸奥国に接する国界の郡であるが、那須郡衙である那須官衙遺跡では、正倉院正面の東側を通る東山道駅路に面して、長さ二七メートルもある丹塗り瓦葺きの高床倉庫（法倉）が建っていた。同じ下野国河内郡衙の上神主・茂原官衙遺跡においても、瓦葺きの大型倉庫の直前を東山道駅路が通過している。

地方官衙は郡内統治や生産・流通に関わるために交通の要所に設置されることが多いが、坂東諸国では加えて、東北経営・対蝦夷征討との関係も深かった。陸奥国に接した下野国や常陸国では、交通の要衝地に近接して複数の官衙施設を配置した例がみられ、郡内に複数の正倉が置かれただけでなく、その規模がいずれもきわめて大きいこと、丹塗りされた威容を示す大型の瓦葺きの倉も特徴の一つとして挙げられる。駅家に近接した地点に大規模な倉庫群が設けられる点も注目できる。また下野国や常陸国の郡衙正倉では、八世紀後半から九世紀前半にかけて官衙施設に大きな変化が認められた。こうした陸奥国に接する下野・常陸国における役所の配置や倉庫の数の多さ、瓦葺きの倉で威容を示すあり方は、それぞれの国や郡内統治を要因とするだけではなく、対東北政策の中で必要性があったためである。

7 東山道と駅家

都と地方を結ぶ交通路として全国に設けられた七道（東海道・東山道・北陸道・山陰道・山陽道・南海道・西海道）は、道幅が広く直線的であった［古代交通研究会編、二〇〇四］。平城京の朱雀大路は幅員七五メートルと実用性を超えた規模であり、これは天皇権威の象徴として国家統治の威信を示すためである。地方においても、駅路が幅九〜一五メートルと必要以上に広く直線路として設けられていることは、国家統治の威信表示の舞台装置である性格を持っていた。

東山道も大規模な直線道路で、実用性を超えた律令制支配の貫徹を可視的に地方に示すための装置の一つとしても整備された。東国諸国を貫く東山道の調査事例としては、東京都と埼玉県の各所で調査されている東山道武蔵路が挙げられる。この道路は上野国から南下して武蔵国府に至る駅路であり、東京都国分寺市では、幅一二メートルの道路跡が台地上から谷部にかけて確認され国史跡となっている。東山道をはじめとする駅路跡の調査では年代を示す土器が出土することが少なく、年代を特定することは難しい。現在も駅路の年代をめぐって議論が続いている［木本、二〇一八］。駅路の整備時期については、大きくは天智朝説（六六〇〜六七〇年代頃）と天武朝以降説（七世紀末頃）に分かれている。天智朝説は歴史地理学者に多い。白村江の敗戦（六六三年）以後に唐・新羅軍の日本侵攻に備え、役所である国府や郡衙よりも先に道路整備が行われたと考える。一方、天武朝以降説は古代史学や考古学の研究者に多く、駅路

の整備は天武朝の国境画定（六八三〜六八五年）などと関わり、道路の調査成果から七世紀末頃と考える［近江、二〇一四］。発掘調査によってみつかっている大規模な東山道整備の年代が、国府創設と同じ七世紀末頃である点から、国府設置を契機として東山道も整備されたのであろう。全国的な駅路建設と駅家の設置は天智朝の七世紀第3四半期から構想・施行され、畿内周辺や都と大宰府を結ぶ山陽道などの重要道路はいち早く敷設されたとみられる。これまでの調査によれば東山道を含めて大規模な直線的な駅路が七道すべて一斉に同時期に敷設された状況はうかがえない。大規模な直線道路が都を中心に七道として整備されたのは、発掘調査でみつかっている道路跡からみると、七世紀末頃まで下るようであり、天武朝の国境確定と常駐国司の派遣、それにともなう国府設置、評衙の整備などの地域支配強化と連動して達成されたと理解できる。道路研究の第一人者の木下良は、駅路を幹線とする官道網が基準線としての役割を果たし、国府はその分岐点の「十字街」

図4-6　東山道武蔵路跡の発掘調査（写真提供：国分寺市教育委員会）

を基準点に設置され、駅家も同所に置かれたと考えている〔木下、二〇〇九〕。

山陰の例になるが、出雲国府では、『出雲国風土記』の記載から、黒田駅が天平五年（七三三）までに山陰道と隠岐道の十字街付近に移転し、国庁・意宇《おう》郡衙・意宇軍団と近接し、十字街が官庁街となっていたことがわかる。黒田駅の移転理由は、国庁北側の十字街付近という隠岐国に向かう駅路に便が良い位置に移転した点から、駅路の再編・整備と密接に関わるもので、国府や駅路（山陰道・隠岐道）の設置・整備とも連動していた。備後国府の発掘調査では、山陽道と国府中枢部へ向かう進入路が接続することが明らかにされており、交差点が国府を構成する重要な要素であることがわかる。

東国の国府近くの十字街については、下野国府をみると南を東西に走る東山道（推定）は国庁から真南に伸びる朱雀路と十字街をなし、付近が官庁街になっていた可能性がある。陸奥国府の多賀城前面においては、東山道から分岐した東西大路と多賀城に向かう南北道路の交差点が発掘調査されている。この交差点付近には役所の施設とみられる長大な建物が計画的に複数配置され、東西大路沿いには国司クラスの邸宅が設けられていた〔武田、二〇一〇〕。

東国の駅家と烽家

古代では地方支配のために都と地方を結ぶ駅路沿いに、三〇里（約一六キロメートル）ごとに駅家を置いた。駅家は緊急情報伝達などにあたる駅使らに駅馬や食事を提供し、通信・宿泊施設として機能した。駅家は、制度上は国司の直轄下にあり、駅戸によって支えられ、駅長が

駅務を統括した。駅門を設け、築地塀などに囲まれた駅館院と、倉や厩舎《きゅうしゃ》などの雑舎《ざっしゃ》群からなる役所であった［高橋、一九九五］。山陽道沿いの駅家は蕃客に備えて立派に見せるように、瓦葺きで白壁造りとすることが求められており、山陽道の播磨国内の兵庫県小犬丸《こいぬまる》遺跡（布勢駅）、兵庫県落地《おろち》飯坂《いいざか》遺跡（野磨《やま》駅）の発掘調査によって、柱を丹塗りし屋根を瓦葺きにした立派な建物であったことが明らかになっている［木本、二〇〇八］。

一方で、役所として認定が難しいのが駅家である。平安時代（一〇世紀前半）の史料『延喜式』の時点で、郡の数は五九一に対して、駅家の数は四〇二で郡家の三分の二程度の数があり、それまでに駅家は廃絶したものがあって奈良時代にはもっと多かったとみられている。郡衙については、全国的に相当の数が発掘調査で明らかにされているが、駅家は山陽道以外ではほとんどわかっていない。そのため、郡衙遺跡と認定された中に駅家が含まれているが、駅家かどうか見分けがつかないと考える研究者もいる。東国における駅家の研究はこれからである。東国においても、役所跡の中に駅家の可能性を探る必要があり、駅家の可能性が高い遺跡が茨城県長者山《ちょうじゃやま》官衙遺跡である。日立市北部の台地に立地し、東側の低地に「目島《めしま》」の小字名があることから『常陸国風土記』に記され、弘仁三年（八一二）一〇月に廃止された「藻島《めしま》駅家」の候補となっている。発掘調査により、古代官道と考えられる幅六メートルほどの道路跡沿いに、溝で区画された施設の中から、八世紀中葉から一〇世紀代の掘立柱建物群と礎石建物群がみつかっている。八世紀中葉から九世紀中葉の施設は一二棟の掘立柱建物がコの字形に配置されている。一方、九世紀中葉以降の施設は、倉庫と考えられる八棟の礎石建物からなる。前者

の施設はその立地や藻島駅の存続時期と合致することから駅家跡の可能性があり、後者の施設は炭化穀稲も多量に出土し、多珂郡の正倉と考えられる。長者山官衙遺跡は交通と密接に関わる官衙遺跡であり、常陸国北部における駅路とその周辺施設の変遷を示すだけでなく、古代国家の交通政策を知る上でも重要であり、長者山官衙遺跡および常陸国海道跡として国史跡となっている。

山陽道で確認されている駅家のように、丹塗りで瓦を葺いた施設と異なるが、長者山官衙遺跡で確認されたような、一定の規格を持った駅路沿いの施設が東山道などの駅家の姿を示すものかもしれない。

烽家と飛山城跡

古代道路との関係も深い軍事施設として、緊急情報を伝達する烽家があり、緊急時にのろしを上げげた。栃木県宇都宮市飛山城跡《とびやまじょうあと》の長方形の竪穴建物から「烽家」と記された土器が出土し、烽に関わることが明らかになった。飛山城跡は鬼怒川に面した見通しの良い高台にあり、対岸では東山道もみつかっている。墨書土器「烽家」は、古代における東北地方との緊張関係を示すものである［平川・鈴木編、一九九七］。

地方の支配の拠点であった郡衙は、仏教や祭祀とも関わりが深かったことが各地の発掘調査で明らかになっている。日本に仏教が伝わるのは、宣化天皇三年（五三八）または、欽明天皇一三年（五五二）で、国交の深かった朝鮮半島の百済から伝えられた。その後、六世紀末に都の飛鳥に最初の本格的な寺院である、飛鳥寺が建立された。金銅仏を安置し、金堂の柱を丹塗りし屋根に瓦を葺き、それまでの建物にはみられない最新の建築・工芸技術が使われた。寺院の年代は瓦の文様や製作技法からわかり、飛鳥時代の瓦を出土する寺院跡は五〇箇所ほどが知られる。この頃の寺は有力豪族が建立した氏寺で、一族の病気平癒を祈り祖先の追善供養などの性格が強かった。加えて、それまで盛んに古墳造りがなされたが、丹塗りで瓦葺きの建物からなる寺院が古墳に代わって豪族の権威を示すものとなった。この時期には、まだ東国には寺院は建立されていなかった。

七世紀後半の天武・持統朝になると朝廷は仏教の普及を奨励し、都に川原寺《かわらでら》・大官大寺《だいかんだいじ》・薬師寺などの官大寺が建立され、仏教は国家の平安を祈る色彩が強いものとなっていく。『扶桑略記』持統六年（六九二）に「五百四十五寺」とあり、この時期の寺院跡が全国で約五〇〇あるという考古学的研究からも裏付けられる。この頃、東国各地へも仏教の波及がみられる。東国においても豪族層の権威の象徴＝シンボルが、古墳に代わり寺院になった。大型の前方後円墳は七世紀初め頃までに造営が終わり、円墳や方墳に変わり、そうした古墳築造もほぼ七世紀後半には終わる。そうした中で、丹塗りで大陸風の寺院が建設されていった。

図4-7　群馬県山王廃寺の塔心礎の根巻石、文字瓦「放光寺」（所蔵、写真提供：前橋市教育委員会）

豪族にとっては、仏教の導入はそれまでになかった新しい土木・建築技術や知識をはじめとする文化そのものの導入につながった。地域支配を行う上で、仏教の普遍性にも期待した。寺院を建立した豪族の多くは郡司で、国家が寺院建立をすすめたのは、仏教による力も期待してのことであった。仏教は、それまでの在地の神信仰や祖先信仰が限られた地域の中だったことに対し、より広い範囲や階層を対象とする普遍性があった。寺院の建立者の多くは郡司であった。特徴として寺院の近くに大型古墳があり、郡衙が駅路などの道沿いに設けられたことがある。これは仏教が郡司層に受容され、古墳に代わる権威の象徴として、本拠地に近い交通の要衝地に氏寺として建てられたことを示している［鈴木・荒木・川尻編、二〇一七］。

　奈良時代になると、律令国家は豪族が建てた特定の氏寺を定額寺《じょうがくじ》として、準官寺としての寺

格を与え、経済的な援助を行う代わりに、国家のための宗教行事を行わせた。諸国で定額寺になった氏寺は、その地域の有力寺院で、郡衙の近くの寺が多かったとみられる。七世紀後半に創建された後に、国府や国分寺と同じように奈良時代以降にも補修などが行われた有力寺院が定額寺の候補と考えられる。

調査が進んだ群馬県山王廃寺をみておく。山王廃寺は西に金堂、東に塔が並ぶ伽藍配置をとり、塔の心柱を飾る根巻石や石製鴟尾《しび》が残り、発掘調査によって粘土製の塑像群などがみつかっている。六世紀から七世紀代に築かれた総社《そうじゃ》古墳群が周辺に展開しており、古墳時代以来の豪族が寺院を建立したのである。上毛野地域の中心地で、のちに国府が置かれ、上野国分寺が建立されるなど、律令体制下における政治・社会・文化の中心となった地域にあたる。塔心礎の根巻石などの石造品の加工技術は、古墳の石室で使われた技術と関連が考えられ、古墳から寺院にシンボルが替わったことを示している。『上野国交替実録帳』に定額寺四ヶ寺の記載がある。山王廃寺については、瓦の検討によって国司の管轄下にある国分寺との深い関わりが認められ、実録帳にみえる定額寺の「放光寺」であることが明らかにされている。

他の東国諸国では定額寺に関わる史料が少なく、どの寺が定額寺だったか不明であるが、近年、国府・国分寺出土瓦との関係から、定額寺の可能性が把握されるようになっている。その一つが神奈川県川崎市の影向寺《ようごうじ》である。影向寺は橘樹《たちばな》郡衙跡に隣接して七世紀後半に創建された武蔵国南部の中核的寺院であり、現在まで法灯が続く。創建瓦の中に、「无射志国《むざしのくに》荏原評《えばらのこほり》」と記した文字が確認されており、武蔵国南部の隣接する評（郡）からの協力を得て造営され始

めたと考えられている。奈良時代の国分寺創建以降は、国府が瓦生産に関わった国衙系瓦窯から瓦供給が行われた。この時期には武蔵国内における国家の仏教政策を担う寺院の一つになり、「定額寺」という準官寺としての寺格が与えられたとみられる。影向寺は郡衙と密接な関係を持って成立し維持され、橘樹郡衙を拠点とする地方支配を円滑に進める上でも重要な役割を果たしていた。

国分寺と国府

奈良時代半ばの天平一三年（七四一）、聖武天皇は仏教の功徳によって国家を安定させようと祈念して、日本全国にそれぞれ国分僧寺・尼寺を造立する詔を発した。加えて、当時の都であった平城京に東大寺を創立し大仏を造ろうとしたことは、その規模、組織においても、まさに空前絶後の出来事であった。国分寺研究は仏教史だけでなく、地方史の立場からもきわめて重要である。特に政府の命令で同じ時期に始まった国分寺造営の究明は中央政府と諸国のあり方、地方の国力を知る上で大きな意味を持つ。

国分寺は、天然痘の流行、飢饉、藤原広嗣《ふじわらのひろつぐ》の乱などの危機に直面した中で、国府に近い場所に創建され、古代を通して国家の安寧を祈る場としての役割を果たした。一方、仏教の民衆への広がりは奈良時代の末になってであった。この頃になると、各地で集落遺跡において小規模な堂や仏教遺物が出土するようになることから、一般の人々にも仏教が広まったことがわかる。そこでは国府や郡衙と関わる国分寺や定額寺で行われた国家のための法会とは異なり、病気平

図4-8　埼玉県西別府官衙遺跡群出土の祭祀用石製模造品（写真提供：熊谷市教育委員会）

癒や五穀豊穣祈願が行われていた。東国各地の集落遺跡においても、発掘調査によって小さな堂などがみつかっている。

役所と祭祀

国府や郡衙は寺院と深い関わりがあるだけでなく、各地で祭祀に関わる場も周辺でみつかるようになっている。武蔵国幡羅《はら》官衙遺跡群（深谷市、熊谷市）では郡衙と寺院の西別府廃寺が東西に並び、その北側の湧水地点の西別府祭祀遺跡から馬形・櫛《くし》形・剣形などの滑石製の模造品が多数出土しており、郡衙近くで水辺の祭祀も行われていた。郡衙に隣接するような寺院は郡内の統治にも関わり、神祇祭祀とも密接に結びつい

ていたことが一般的であった。郡司となるような豪族は、郡内秩序の安定強化をはかる上で精神的な支柱としての役割も期待して寺院を建立し、近くで祭祀も行ったのである。

おわりに

調査が進んだ古代東国の役所の姿をみてきた。それによれば、国府や郡衙は交通の要衝地に設置され、茨城県東平遺跡でみたように郡衙機能の他に、駅家や軍事的な施設までが含まれる複合的な役所の実態が明らかになってきた。駅家が郡衙や軍団などと一箇所に設置され複合的に構成されることが多かったのである。

これまでも『出雲国風土記』の記述から、意宇郡衙は山陰道と隠岐道の十字街付近で黒田駅に接し国府や軍団と近い位置にあったこと、狭結《さよう》駅が神門郡衙と接した水陸交通の要所に設置されていたなど、郡衙と駅や軍団が交通の要所の一箇所にまとまっている例が知られていたが、その実態が東国各地でも明らかになってきている。

また、陸奥国に接する下野国や常陸国においては、郡内に複数の官衙施設が確認され、大規模な倉庫群から構成されていたこと、その中に丹塗りで瓦葺きの大型倉庫が建っていたことが明らかになっている。これは郡の分割統治や郡内の地理的要因だけでは割り切れず、律令国家の対東北政策に関わるとみられる。東国の役所の変遷や構造には、八世紀後半から九世紀前葉にかけて郡衙の正倉が新たに設置されたり廃絶するなど、大きな変化が認められる。この時期、

常陸国府近くの鹿の子遺跡群の調査で明らかになったように、武器生産も積極的に行われていた。こうした郡衙や国衙工房のあり方は、国家による東北政策の一端を反映したものとみられる。

地方の役所である国府や郡衙は生産・流通に関わるために交通の要衝地に設置されることが多いが、東国では、加えて東北経営・蝦夷征討との関係も深かったのである。

参考文献

猪狩みち子　二〇〇九年「根岸遺跡」条里制・古代都市研究会編『日本古代の郡衙遺跡』雄山閣
井上尚明・田中広明編　二〇二〇年『飛鳥時代の東国』高志書院
江口桂編　二〇一四年『古代官衙』ニューサイエンス社
江口　桂　二〇一四年『古代武蔵国府の成立と展開』同成社
近江俊秀　二〇一四年『日本の古代道路 道路は社会をどう変えたのか』角川学芸出版
大橋泰夫　二〇一八年『古代国府の成立と国郡制』吉川弘文館
沖森卓也・佐藤信・矢嶋泉編　二〇〇七年『常陸国風土記』山川出版社
川尻秋生　二〇〇七年『平将門の乱』吉川弘文館
木下　良　二〇〇九年『事典　日本古代の道と駅』吉川弘文館
木本雅康　二〇〇八年『遺跡からみた古代の駅家』山川出版社
木本雅康　二〇一八年『日本古代の駅路と伝路』同成社
古代交通研究会編　二〇〇四年『日本古代道路事典』八木書店
佐藤信編　二〇一八年『古代史講義―邪馬台国から平安時代まで―』筑摩書房
条里制・古代都市研究会編　二〇一五年『古代の都市と条里』吉川弘文館
鈴木靖民・荒木敏夫・川尻秋生編　二〇一七年『日本古代の道路と景観―駅家・官衙・寺―』八木書店

須田勉・阿久津久編　二〇一三年『東国の古代官衙』高志書院
高橋美久二　一九九五年『古代交通の考古地理』大明堂
武田健市　二〇二〇年「陸奥国府　東北支配の拠点」『季刊考古学』一五二、雄山閣
平川南・鈴木靖民編　一九九七年『烽《とぶひ》の道―古代国家の通信システム―』青木書店
山中敏史　一九九四年『古代地方官衙遺跡の研究』塙書房
吉村武彦・山路直充編　二〇〇七年『都城　古代日本のシンボリズム』青木書店

5章　地方寺院と村堂

藤本　誠

はじめに

本稿は、古代東国と信越の地方寺院と村堂について、近年までの研究の論点を整理しながら、今後の研究の方向性や新たな可能性について述べることが課題である。

本稿における地方寺院とは、古代日本の各地域の地方豪族層によって建立された、基本的に瓦葺きの堂塔伽藍を有する寺院のことである。

古代寺院の建立は、推古朝に飛鳥寺が建立されたことに始まる。『日本書紀』によれば推古三二年（六二四）には四六寺が建立されていたとされ、考古学の成果からもほぼ同数の寺院が確認されている。天武一四年（六八五）には、諸国で家ごとに仏舎を作り、仏像と経典を礼拝供養するようにとの詔が出されており、この詔が地方豪族層による寺院建立の契機の一つとなったと考えられる。

持統六年（六九二）には寺院数が五四五か寺あったとされており（『扶桑略記』）、この数字が考古学の発掘調査によって裏づけられることからも、七世紀末は地方寺院建立の一大画期であったといえる。その背景としては、対外戦争や評制施行による地域秩序の動揺が想定されてい

るが〔三舟、二〇〇二／竹内、二〇一六〕、地域社会においては、寺院が古墳に代わるシンボルになるとともに、高い技術力を伴う総合的な文明化を齎《もたら》すものであり、仏教教理のもつ普遍性が、より多くの階層の人々に受け入れられるものであったことも重要であった〔川尻、二〇一〇〕。

八世紀に入ると律令国家による寺院統制政策が出されるが、天平期には国分寺建立などの仏教興隆政策が出され、八世紀後半には古代村落に村堂が出現する。村堂とは、各時代の村落共同体の日常生活全般と密接に関わる役割を担った村の仏堂のことであり、呼称は村落名か本尊名＋「堂」（または「寺」）が多く、本尊を安置する一堂を中心として、小規模であることを特徴とする。

古代の村堂はその端緒であり、文献史料では、日本最古の仏教説話集である『日本霊異記』や〔直木、一九六八／佐々木、一九七二〕、地域の法会の説法と関わる『東大寺諷誦文稿《ふじゅもんこう》』〔鈴木、一九九四〕、また六国史の一つである『続日本後紀』など、ほぼ九世紀前半の史料に確認できる。研究史上これらの村堂は、古代の文献史料において基本的に「△△堂」という固有名称で記されており、より上位の階層の仏教施設に用いられる「〇〇寺」とは形態面も含めて明確に区別されてきた〔有富、一九九一など〕（なお、「堂」と「寺」の理解については近年議論があるが〔藤本、二〇一六・二〇一七／三舟、二〇一六〕、村堂の存在自体は発掘成果からも否定し難い。）。すなわち村堂の成立とは、八世紀後半以降になり、漸《ようや》く地域社会の村落や集落にまで仏教が受容されたことを示す指標であり、地域社会の仏教受容の段階差を示すものとして評価できる〔宮

瀧、二〇〇〇／藤本、二〇一六］。

一九八〇年代以降には、関東地方の発掘調査によって、八世紀後半から九世紀にかけての集落遺跡から、建物規模や遺物を比較して地方寺院とは明らかに異なる、庇《ひさし》付き掘立柱建物一棟を中心とする小規模の仏堂遺構が多く報告されるようになり［須田、一九八五など］、その後も各地域からの事例が蓄積されている［奈良文化財研究所、二〇〇六など］。関東甲信越の仏堂遺構は「村落内寺院」「村落寺院」と呼ばれているが［須田、一九八五・二〇〇六／堀沢、二〇〇九］、北陸の一部と東北は地理的状況や建立背景が異なるとして、それぞれ「里の寺」「山の寺」［出越、一九九八］、「掘立柱仏堂《ほつたてばしら》」［窪田、二〇一一］などの呼称も提起されている。本稿では主に「村堂」「仏堂遺構」を用い、必要に応じて他の呼称も用いることにしたい。

本稿では、「地方寺院の成立」「地方寺院の展開と地域社会」「村堂の世界」の三つの視点から、東国と信越の地域社会において、地方寺院や村堂がどのような役割を果たしていたのかという側面について考えてみたい。

1　地方寺院の成立

地方寺院とは何か

七世紀末から八世紀前半に成立した地方寺院は、その多くが九世紀末頃までに廃絶したとさ

れている。それでは、この時期に特有の寺院の機能とは、いかなるものであったのだろうか。研究史では氏族のための寺としての性格が重視され、建立した地方豪族（郡司層）のための現世利益や祖霊追善を行う場（氏寺）という理解が通説である［田村、一九八〇／三舟、二〇二〇］。しかし近年、氏寺とは、平安初期の氏族制の大きな転換期のもとで成立したものであり、それ以前の寺院は、家寺、知識寺とみるべきものであるとの見解が提起されている［中村、二〇〇四］。また最近では知識による造寺の意義を重視する説も出されている［竹内、二〇一六］。

ただし知識寺の「知識」とは、「善知識」という仏教語の略であり、「仏道に導く人や機会、行動を共にする人や事」を意味し、知識寺とは換言すれば、仏教信者が結集して造営された寺院という意味である。このような視点自体は重要であるが、知識とは理念的なものでもあり［梶原、二〇一七］、それ自体を実体化してしまうと、地域の諸氏族や人々のそれぞれが、具体的にどのように寺院と関わっていたかという実態が不明確になるように思われる。ここでは研究史の視点を継承しながらも、七〜八世紀の地方寺院の性格について、多様な可能性を考えてみたい。

地方寺院の性格を考える視点としては、郡司と郡という地域を重視する。一例として、著名な『日本霊異記』上巻一七縁（以下、上一七。他も同じ）を挙げよう。本話の概要は、伊予国《いよのくに》越《お》知《ち》郡大領の先祖である越《お》智直《ちのあたい》が、白村江の戦いで唐に囚《とら》われたが、観音菩薩《かんのんぼさつ》に誓願することによって助かることができた。そこで越智直は天皇に郡を建てて仕えることを申請して許されたため、郡を建て寺を造り、観音像を置き、今の世まで子孫がその観音像を敬っているというも

のである。建郡と造寺は必ずしも一体の行為とは言えないが、どちらも郡司が関わっており、本話からは地方寺院の成立と、郡司や郡との密接な関係がうかがえるのである。

東国・信越の地方寺院と郡司

近年までの東国と信越における考古学の発掘成果を参照すると、七世紀後半〜八世紀前半に建立された関東地方の古代寺院は五十数例、甲信越では三十数例が確認されている［関東古瓦研究会、一九九七／山梨県埋蔵文化財センター編、一九九五／埋蔵文化財研究会、一九九七／北陸古瓦研究会、一九八七］。考古学の研究では、(1)関東では王権と関わる山田寺《やまだでら》式や川原寺《かわらでら》式などの影響が初期寺院に及び、さらに地域で二次的に展開したこと［岡本、一九九六］、(2)東国では郡家周辺の地に地方寺院が造営される傾向があること［梶原、二〇一七］、(3)郡名を記した墨書・刻書土器が出土した寺院があること、などが指摘されている。

(1)の代表的な事例としては、下総国の龍角寺（七世紀後半成立）がある。龍角寺の立地は、浅間山古墳（六世紀半ば〜七世紀初頭）や、岩屋古墳（七世紀前半）がある龍角寺古墳群、埴生郡家と推定される大畑遺跡などが集中する地域であり、建立した氏族としては埴生《はにゅう》郡司の大生《おほみぶ》部直《べのあたい》氏が推定されている［川尻、二〇〇三］。龍角寺の軒先瓦（口絵p.2）は、山田寺の軒丸瓦の文様に酷似し、大生部直が皇子・皇女のいずれかとの関係から導入されたものと推測され、八世紀中頃までに建立された房総の初期寺院にも影響を及ぼしている［山路、二〇〇二］。その他の関東の初期寺院では、上総国の大寺廃寺、上野国の寺井廃寺・上植木《かみうえき》廃寺、下野国の下野薬

師寺などに、川原寺式の軒丸瓦が用いられている。これらの事実は初期の地方寺院の造営が、王権との関係から瓦当《がとう》文様（屋根瓦の軒先部に配置された瓦の文様）や技術を受容し、その後その文様や技術が地方豪族間の交流にも関わっていたことを示すものであろう。なお北陸では、瓦当文様ではなく平瓦の製作技術が、初期寺院を中心に国・郡に伝播《でんぱ》したことが確認されている［木立、一九九七］。

龍角寺については、近隣の五斗《ごと》蒔瓦《まきが》窯《よう》・龍角寺瓦窯出土の地名の文字瓦の検討から、創建期前半には、印波国造のクニの中の郷程度の各地域で負担が請け負われていたと理解し、龍角寺の造営が地縁的結束を意図した事業であったことが指摘されている［山路、二〇〇五］。地方寺院造営が地域を結集して行われたとすれば、寺院が地域全体と関わる機能をもっていた可能性を示唆するものである。

つぎに⑵⑶については、文献史料と考古資料の双方から考察できる。郡名寺院（寺の名称に郡名を冠する寺院、郡寺とも呼ばれる）と郡司層とは深い関係にあることからも［米沢、一九九二］、地方寺院の多くは郡司層との関係が想定できる。関東地方の郡名寺院は、①上総国武射《むざ》郡の真行寺《しんぎょうじ》廃寺から「武射寺」「大寺」、②常陸国新治《にいはり》郡の新治廃寺から「新治寺」「大寺」、③常陸国那珂《なか》郡の台渡里《だいわたり》廃寺から「仲寺」「徳輪寺」、④常陸国茨城郡の茨城廃寺から「茨木寺」「茨寺」「□［大カ］寺」、⑤武蔵国多磨郡の武蔵国府（京所《きょうず》地区）から「多寺」「□磨寺」など、出土文字資料から多くの郡名寺院の存在が明らかになった。文献史料からは⑥上野国緑野《みどの》郡の「緑野寺」（『続日本後紀』承和《じょうわ》元年（八三四）五月乙丑条）がある。このうち①②③は郡家と近接し、

図5-1　下野薬師寺軒丸瓦・軒平瓦（写真提供：下野市教育委員会）

④⑤⑥も近接していたことが想定されている。そのほかに関東地方の郡家周辺寺院は一四例、信濃国でも一例が確認されており、いずれも郡司層と関わる性格をもつと考えられる。

注目されるのは、①②③で出土した「大寺」の墨書土器である。これは郡名寺院が地域の中心であり象徴的存在であったことを示す尊称であろう。相模国高座《たかくら》郡の郡家（評家）に隣接する下寺尾《しもてらお》廃寺周辺の大曲五反田《おおまがりごたんだ》遺跡（寒川町）から出土した「太寺」の墨書土器や、下総国結城《ゆうき》郡衙周辺寺院である結城廃寺出土の「大寺」の墨書土器なども同様と考えられる。また②③では、郡内の郷名・郷里名や人名が記された瓦が出土しており、下位の行政単位である郷を介した瓦調達を示すものと考えられていることからも［山中、一九九四］、東国各地で龍角寺と同様に地域を結集して寺院造営が行われたことを想定させよう。

なお、大曲五反田遺跡は高座郡家と密接に関わる祭祀《さいし》場の一つと考えられており［鈴木、二〇一四］、九世紀前葉から中葉頃の木製祓具・祭祀具・墨書土器などが出土している。このような地方官衙の祓・祭祀遺物については、国家的な諸国大祓との関連も想定されているが、郡家の祓が独自に行われていた可能性もある。郡家および郡家周辺寺院と、祭祀場が隣接してい

る東国の事例としては、神奈川県小田原市の千代《ちよ》廃寺と千代南原遺跡、埼玉県熊谷市の西別府廃寺・西別府祭祀遺跡、長野県千曲市の雨宮《あめのみや》廃寺と屋代《やしろ》遺跡群などがある。

このような郡家周辺地域の景観については、郡家を豪族居館であり、かつ農耕儀礼も含めた農業経営を中心として様々な機能をもつ経営体であったヤケ［吉田、一九八三］の延長にとらえ、祭祀場や寺院の存在をヤケの機能を継承したものとする見解が示されている［山路、二〇一七］。そのように考えられるのであれば、「大寺」とも呼称された郡名寺院や郡家周辺寺院は、地域の公共的な機能も担っていたと推測されよう。

地方寺院の二類型

『続日本紀』霊亀《れいき》二年（七一六）五月庚寅《こういん》条の、寺院併合令と呼ばれている史料は、地方寺院の性格を考えるうえで興味深い内容をもっている。前半の内容は、諸国の寺院が田野を占有するために、草堂（ここでは粗末な仏教施設のこと）を造って寺院建立の申請をしているが、伽藍《がらん》が整備されず、仏像が不浄な状態で長い年月が経っていることが記されている。注目されるのは、その対応として、国司の主導により、地方寺院の数寺を一つに合わせることが命じられていることである。

あくまで国家側からの視点であるが、各地方寺院にはそれぞれ建立氏族（檀越《だんおつ》）がいたにもかかわらず、数寺をまとめることができると認識されていたことがわかる。寺院併合令は、約二〇年後の天平七年（七三五）に停止の詔が出されたため、実効性を疑問視する見方もある。

しかし詔の内容をみると、寺の修造を怠った場合は併合せよとも命じられているので、地方寺院の数寺を一寺にまとめるという認識自体に変化はなかったといえる。また、養老五年（七二一）にも同様の追加法令が全国的に出されていることからも、一過性の法令ではなく、ある程度の実態を反映したものと考えられる。地方寺院には特定氏族のみならず、実際に一つの寺院に複数の氏族が関与する状況があったと想定されるのである。

後半をみると、諸国の寺院は、堂塔があっても僧尼が無住で仏教儀礼もしていないこと、「檀越子孫」が田畠を管理し、妻子を養うだけで衆僧に供養しないことが記されている。「檀越子孫」とあることから、七世紀末に建立され、一、二世代を経過した地方寺院であると想定される。この対応としては、寺院の「財物田園」の検校《けんぎょう》（点検し誤りを正すこと）と出納の確認が命じられているが、いずれにしても地方寺院では、檀越が経営をほしいままにしていた状況がうかがえるのである。

以上からすれば、八世紀前半の地方寺院には、A複数の氏族が関与する寺院と、B一氏族が中心となり何代か受け継がれていた寺院という二類型が存在したことになる。なおこの法令の目的は、前半・後半のいずれにおいても、私寺の経済を把握し、国家の管理統制下に置こうとする政策であり、その後の定額寺（後述）の成立に繋《つな》がるものと考えられている［荒井、一九八六］。

ところで、地方寺院の主たる建立者である郡司についての先行研究では、国造に由来する伝統的支配権をもつ一、二の郡司氏族が郡司職を独占し、郡内を一元的に掌握してきたという見

方が有力であった。しかし近年では、八〜九世紀の郡司は、郡によっては約一〇年という比較的短期間で交替していたことが指摘され、一郡内には複数の郡司候補者（郡司層）が実態として並立する多元的な社会であり、在地の秩序に応じて郡司職は持ち回り的に継承されていたとする見解が提起されている［須原、二〇一一］。

また、郡司は郡内に郡家よりも下の出先機関を設置して、分散的な形で郡の統轄や郡務遂行にあたっていたことも明らかにされている［平川、二〇〇三／森、二〇〇九］。このような近年の成果は、郡内秩序が複数の地方豪族によって担われていたことを示すものである。そのような方向性から郡家周辺寺院についても、複数の郡司層による結集の場として存在したとする仮説も示されている［磐下、二〇一六］。

東国においてもＡＢの二類型が存在したと思われるが、郡家周辺寺院も含めて、必ずしも二者択一の議論とせずに、地域社会における寺院の社会的機能の側面から、地方豪族の関与の形態をどのように位置づけられるかという視点で考えていく必要があろう。

2　地方寺院の展開と地域社会

地方寺院（定額寺）・国分寺と地域社会

八世紀半ば以降の地域社会の仏教は、地方寺院（定額寺）と国分寺が拠点となり、国家の仏

教政策を実行すると同時に地域社会の仏教の中心となった。定額寺とは郡司層などが建立した地方寺院のうち、寺院併合令以後に国家の寺院体制に組み込まれ、国分寺とともに国家仏教政策の一翼を担った地方有力寺院である〔荒井、一九八六〕。一例を挙げると、『続日本後紀』承和五年（八三八）一一月には、災いの前兆が現れたため疫疾を避け豊穣を願うために諸国で般若心経の書写を命じた際に、国司と講師が郡ごとの定額寺または郡司の館を中心に、書写・供養を実施・検校をしている。

また承和八年に加賀国の勝興寺、承和一〇年には能登国の大興寺などの定額寺が国分寺に転用されており、定額寺は国分寺の機能を代用することもあった。安房国分寺では、仁和《にんな》二年（八八六）までは一〇人の僧侶が置かれていたものの、国家的法会の講師には「部内僧」が請じられていた。おそらく定額寺などの僧侶が代行していたのだろう。定額寺は国分寺と密接に関わり、ともに地域仏教を担っていたのである。

国分寺は、天平一三年（七四一）の「国分寺建立の詔」により造営が開始されるが、造営は必ずしも順調ではなく、天平一九年（七四七）には、郡司のうち諸事を行うことができる者に国分寺造営を担当させ、三年以内に塔・金堂・僧坊を造り、命令通りにできれば、子孫を永続的に郡司に任命するとの法令が出された。本条の実効性については議論があるが、武蔵国分寺・下野国分寺では全郡から貢納された文字瓦が出土していること、天平感宝元年（七四九）五月に、上野国勢多郡小領の外従七位下上毛野朝臣足人が国分寺に知識物を献じて、外従五位下を叙位されていることなどから、東国においては実際に影響を及ぼした可能性が高く〔須田、

二〇一六〕、郡司は国分寺成立当初から関与していたと考えられる。

国分寺の住僧をみると、元々二〇僧が置かれ死欠僧は補うことが定められていたが、延暦二年（七八三）の格によると、国司による補任がうまくいかず「当土僧」を補すことにしている。その後も、一時的に京の諸寺僧の希望者を国分寺僧に補すことにしたが、希望者が少ないため、弘仁一二年（八二一）には希望者のほかに「当国百姓」の六〇歳以上で心と行が変わらない者を得度させて補うようになった。要するに、約三〇年にわたって「当土僧」が国分寺僧に入れ替わり補され、この官符以後も「当国百姓」を得度させて欠員を補充していたのである。国分寺僧の多くは国内の郡司層や有力諸氏族出身であったと考えられ、国分寺は地域社会の諸氏族と密接に関わりながら運営されていたといえよう。それでは八世紀半ば以降の地方寺院は、郡を中心とした地域秩序といかに関わっていたのだろうか。

多磨寺と郡司

武蔵国多磨郡の多磨寺は、武蔵国府関連遺跡内（京所地区）から、「多寺」「□磨寺」銘平瓦片が出土したことにより判明した多磨郡の郡名寺院であり、八世紀初頭には成立していた。京所地区の北に隣接した場所から「多研」と墨書された硯《すずり》が出土したため、郡家も近傍に存在した可能性が高い。そして『日本霊異記』中九にみえる寺は、多磨郡の大領が建立者であるため多磨寺であると推測されている〔深澤、一九九五〕。そこでまず説話をみてみよう。

大伴赤麻呂は、武蔵国多磨郡の大領なり。天平勝宝元年己丑の冬一二月一九日を以て死に、

図5-2　「多寺」「□磨寺」の文字が書かれた瓦片（「多寺」は大國魂神社蔵、「□磨寺」は府中市教育委員会蔵、写真提供：府中市郷土の森博物館）

二年庚寅の夏五月七日を以て、黒斑なる犢《こうし》に生まれ、自ら碑文《ひもん》を負ひたり。斑文を探るに謂はく、「赤麻呂は、己が造れる寺を擅《かさ》りて、恣なる心の随に、寺の物を借り用ゐて、未だ報い納めずして死に亡す。此の物を償はむが為の故に、牛の身を受くる者なり」といふ。

茲に諸の眷属と同僚と、慚愧の心を発して、慓《おそ》るること極无し。謂はく、罪を作すこと恐るべし。豈報无かるべからむや。此の事は季の葉の楷模《かたき》に報《つく》るべしとおもふが故に、同じ年の六月一日を以て、諸人に伝へき。

冀はくは慚愧无き者も、斯の録を覧《み》て、心を改め善を行はむことを。寧ろ飢苦に迫《は》められて銅の湯を飲むと雖も、寺の物を食まざれ。

（後略）

内容は、多磨郡大領の大伴赤麻呂が自分で造った寺の物を勝手に用いて返さなかった応報として、死後に牛に転生していたことが、牛の背中の碑文

により明らかとなった。そこで関係者が懺悔《さんげ》し、その事実を「季葉楷模《するのよのかたき》」（後世の戒めの記録）として残し、さらに多くの人々に伝えたという話である。地方豪族による地方寺院の経営への介入は、寺院併合令の後半と同様の状況を示すものであるが、説話末の意味づけの言葉には、寺物を用いて返済しなかったことを戒める内容があるので、この説話は寺側の関与により作成されたものと考えられる。

注目されるのは、赤麻呂が牛に転生した際に、赤麻呂の同族である「諸眷属」のほかに「同僚」が「慚愧の心」を起こしていることである〔益田、一九六〇〕。「同僚」とは、古代史料の用例でも「職場または役目・地位などが同じであること」であり、ここでは多磨郡の郡司を示すと考えられる。彼らが赤麻呂をみて懺悔をした理由は、赤麻呂による寺物の未返済を知っていたか、少なくとも赤麻呂と同じ立場で寺に関与していたからであろう、彼らも多磨寺の関係者であったのである。本説話に「同僚」という表現で記されることを重視すれば、郡司として多磨寺に関与していたことになろう。

このような郡名寺院や郡家周辺に立地する寺院については、研究史上「郡寺」と呼称され、公的な性格の有無が議論されている〔奈良文化財研究所、二〇〇六〕。しかし、「同僚」の関与からすれば、少なくとも大伴赤麻呂と一族のみが関与する氏寺であったと理解することはできない。郡司の職掌として仏事はないため公的な関与とすることはできないが〔荒井、二〇一七〕、本話からすれば、多磨寺は多磨郡司の結集の場となっていたことが推測されるのである。ここに郡名寺院が郡内秩序を維持する役割を果たしていた可能性を見出《みいだ》すことができよう。

鹿島神宮寺と地域社会

『常陸国風土記』香島郡条によると、鹿島郡は孝徳天皇の六四九年に、中臣□子と中臣部兎子《なかとみべのうのこ》が申請して下総国の下海上《しもつうなかみ》国造と那賀国造のクニを分割して立評された郡(評)であった。『類聚三代格』天安三年(八五九)の官符によれば、鹿島神宮寺は、天平勝宝年中に満願という僧侶と、元宮司従五位下中臣鹿嶋連大宗・大領中臣連千徳等によって建立され、その後承和四年(八三七)に定額寺に指定されている。すなわち、鹿島神宮寺は立評氏族で郡司であった中臣系同族によって建立された鹿島郡の郡名寺院であった。

同官符によれば、神郡である鹿島郡では、郡司職から鹿島神宮の宮司・禰宜《ねぎ》・祝《はふり》等に至るまで中臣鹿嶋連氏によって独占されていた。中臣鹿嶋連氏は、『続日本紀』天平一八年(七四六)に中臣部二〇烟《えん》(戸数)と占部五烟が中臣鹿嶋連に賜姓された記事があることなど、中臣系同族と結びついていたことからも、郡内に大きな影響をもつ氏族であったことがうかがえる。創建期の鹿島神宮寺跡は、鹿島神宮の南東約一・八キロの台地上にあり、多量の焼土とともに塼《せん》が並べられた遺構がみつかっている。鹿島神宮境内の南約一・五キロには鹿島郡家跡と推定される神野向《かのむかい》遺跡があり、鹿島神宮寺からも西南一・五キロに位置していた[上高津貝塚ふるさと歴史の広場、二〇一〇]。鹿島神宮寺は郡家周辺寺院でもあったのである。

注目されるのは、『類聚三代格』承和三年(八三六)の官符である。そこには満願が去った後、長い間、住持する僧がなく伽藍が荒れ果てていたが、今「部内民」の「大部須弥麿等五

人」を「試練」して「読経」させたところ僧侶になる資質があったので、彼らを得度させて寺に住まわせることを願い出ている。住僧が全くいなかったようにもみえるが、『類聚国史』天長二年（八二五）の記事には、常陸国人で右近衛将曹《うこんえのしょうそう》の従八位上勲八等中臣鹿嶋連貞忠が得度を願い許されている。中臣鹿嶋連氏は建立氏族であるので、鹿島神宮寺の住僧となっていたと考えられよう。

承和三年官符に戻ると、鹿島神宮寺では、郡内の他氏族を住僧にすることを申請していることが注目される。おそらく須弥麿以外の四人も他氏族であった可能性が高い。満願が去って以後、実際にどのように住僧の確保がなされていたのかは不明であるが、承和三年官符はあくまで翌年の定額寺昇格を前提にした申請であるとすれば、鹿島神宮寺ではそれ以前から郡内の氏族と仏教を通じた交流が存在し、郡内の他氏族を住僧にしていたと考えられる。嘉祥三年官符には、僧に欠員が出た場合は、国司と「別当僧」が百姓の中から僧に相応《ふさわ》しいものを選んで得度させることが定められている。そうであるとすれば、少なくとも一五年にわたりこの運用が十全に機能し、その実績により郡内の「百姓」から住僧を補うシステムが成立したのである。

鹿島神宮寺は中臣鹿嶋連氏・中臣連氏という特定氏族を檀越・別当とする郡名寺院であるが、そのような寺院であっても、郡内の諸氏族出身の僧侶を恒常的に取り込んでいたといえよう。住僧の補充に際し行う「試練」は、実質的には「別当僧」が行うと考えられるため、中臣鹿嶋連等の他氏族に対する宗教的な優越をも意味するだろう。また郡名寺院に郡内の他氏族の住僧を取り込むことは、他氏族の仏教信仰を内包することになったであろうことも想定でき、郡名

寺院を中心とした地域の宗教秩序の維持・強化をはかることに繋がっていたのではないだろうか。

このように定額寺に他氏族の住僧がいることで想起されるのは、群馬県高崎市の山上碑（六八一年成立）にみえる「放光寺僧」の「長利僧」である。放光寺は、一〇三〇年に作成された『上野国交替実録帳』の定額寺項にみえ、近年、群馬県前橋市に所在する山王廃寺から「放光寺」銘のへら書き文字瓦が出土したことから、山王廃寺が放光寺であることが明らかとなった。建立氏族については、山王廃寺の創建時期の重なる終末期古墳である宝塔山《ほうとうざん》古墳と蛇穴山《じゃけつざん》古墳が北東約一キロに存在し石造技術が共通することなどから、上毛野国造であった上毛野君であったと考えられている。

一方の長利僧は、碑文から「佐野三家」の管掌者であった健守命を祖とする黒売刀自の子であり、上毛野君氏とは異なる氏族出身である。文章を永久的に固定させることを志向する石碑に、「放光寺僧」と刻んだ事実は、長利僧とその一族にとって、その事実が重要であると考えられていたことを意味する。地域で最大の勢力を檀越とする放光寺に周辺氏族出身の僧侶が住することは鹿島神宮寺と同様であり、七世紀代から仏教を媒介として地域社会における氏族関係が構築されていたと考えることもできよう。

このように地方有力寺院の住僧として、国郡内を中心とする他氏族の僧侶を置くことは八世紀初の河内国西琳寺《さいりんじ》でも確認でき、比較的古くまで遡《さかのぼ》る可能性があるのではなかろうか。すなわち、一氏族を中心とした寺院であっても、住僧を媒介とした国郡内の他氏族との関係の構築

が重要であったのである。地方寺院、特に郡名寺院や地方有力私寺は、特定の檀越氏族の現世利益や祖先信仰の場に留《とど》まるものではなく、様々な氏族に開かれ、地域秩序の維持・強化の役割を果たしていたとみるべきであろう。

東国・信越の地域社会と法会

天台僧の安慧《あんえ》が記した『愍諭弁惑章《みんゆべんわくしょう》』には、以下の記述がある。下野薬師寺別当の法相宗の智公が承和一四年（八四七）四月一三日に、「国分塔会」の場で立てた推論（比量）があったが、安慧は法会の場ではすぐに誤りを指摘することはできなかった。そこで出羽国講師を終えたのち、下野国大慈寺菩提院に「遊行」した際に反論を記したとある。ここから東国に進出した天台宗と法相宗の論争がわかる［岡野、二〇一九］。

下野国分寺の法会には、下野薬師寺別当の智公や延暦寺僧の安慧も参加しており、地方寺院の僧侶も参集していたであろう。大慈寺とは小野寺とも呼ばれ、菩薩とも呼ばれた広智が布教活動を行っていた下野国都賀郡の寺院であり、最澄の東国伝道をした際には下野国における活動の拠点ともなった。安慧は幼少時に広智に連れられ最澄の弟子になった人物であり、大慈寺に赴いたのは出身地域で縁のある寺院であったためである。また大慈寺は創建期には下野国分寺の軒瓦が用いられており、国分寺の山林寺院としての側面もあったらしい［須田、二〇一二］。以上からすれば、地方寺院や地域社会の法会の場は、学問の場であるのみならず、地域の布教活動の拠点となり、様々な立場の僧侶たちの交通・交流の拠点となっていたと考えられるので

ある。

また、信濃国の事例として『日本霊異記』下二二をあげたい。本話は信濃国小県郡《ちいさがたぐん》の他田舎人蝦夷《おさだのとねりえみし》が、銭や稲の出挙《すいこ》の不正をしたために地獄に堕《お》ちるが、地獄で責め苦を受け贖罪《しょくざい》した後、現世で法華経の書写供養をしていたことにより、蘇《よみがえ》ることができたという内容である。他田舎人氏は信濃国小県郡の郡司層であり、本話も郡司層による地方寺院の法会の事例とみなしうる。ここでは、蝦夷は法華経を二回書写して供養の法会で講説と読経（講読）をしたこと、三回目も地獄から生還後に、「講読供養」したことが記され、「講読供養」の為の法会を行ったことが強調されている。

このような郡司層による法会の場を具体的に考えるために、『日本霊異記』下一九にみえる郡司主催の安居会《あんごえ》をみると、「筑紫国府大国師」の戒明大徳を導師として招いて華厳経の八〇巻本が講じられており、法会の場には「諸の高名智者」と記される高名な僧や、聴衆として「衆」や他の地域の「尼」も参加している。下二二も同様の法会の場が想定できよう。

ここで説法の内容が記された史料である『東大寺諷誦文稿』をみると、法会の導師により、法会に参集した「衆僧」「高名の有徳」「能化の聖等」と呼ばれる三種類の僧侶が讃《たた》えられる文例がある。このことは、法会の場が、様々な僧侶の参集により地域の宗教秩序が可視化される場であり、導師によって彼らの宗教的な立場を確認・承認する場となっていたことを意味する〔藤本、二〇一六〕。また施主を讃える文例もあるため、地方寺院においては、高僧を導師として招いて法会で講説させることにより、法会の格式や施主の名声を高めようとしていたことも

推測されるのである。

八世紀後半から九世紀における地方寺院では、伊勢国多度《たど》神宮寺の阿弥陀悔過《あみだけか》、肥後国浄水寺《じょうすいじ》の吉祥悔過・盂蘭盆会《うらぼんえ》、伊勢国近長谷寺《きんちょうこくじ》の正月悔過・二月悔過など、全国的に年中行事としての法会の成立が確認でき、そこでは五穀豊穣・地域安寧・地域の人々の追善供養が祈願されている［川尻、二〇〇五／藤本、二〇二〇］。要するに、地方寺院、特に郡名寺院・郡家周辺寺院などの地域を代表する寺院は、少なくとも八世紀後半以降には、特定の檀越氏族の現世利益や祖先信仰の場に留まるものではなく、地域秩序の維持や地域全体の利益に関わる祈願の場として、また様々な氏族や僧侶、そして地域の人々に開かれた場としての性格もあったと考えられよう。

3　村堂の世界

『東大寺諷誦文稿』と村堂

『東大寺諷誦文稿』とは、九世紀前半に南都の官大寺僧によって執筆された地域社会の法会の説法と関わる内容を、全文一筆で記した文例である［中田、一九六九］。実際の法会の経験を踏まえて、つぎの法会で語るべき内容を準備した推敲《すいこう》過程の内容を含むものであることから、法会のために考えたことや、実際に語られた内容を知ることができる［鈴木、一九九四／藤本、二

〇一六］。「東国方言」、「地〈今〉東方に在り」という表現など東国の法会で語るために準備された内容がみられるため、東国社会の法会を考えるための史料ともなる。

ここでは「慰誘言」という法会の施主（旦主＝檀主・檀越…堂の建立者・経営者のこと）を讃えるための文例から、具体的に村堂の世界をみていきたい。「慰誘言」の最終行には小字の注記があり、「時に随《したが》ひ貴賤、道俗、男女に随ひて辞を用ゐるべし。言の増減、取捨は宜《よろ》しきに随ふ。以上大略ならくのみ」（二八四行）とある。「慰誘言」には聴衆を讃える文例もあることから、この意味は聴衆によって讃えるために相応しい表現を用い、言葉の増減・取捨も適宜行うようにとの注意書きである。文末にある大まかな概要を示したものに過ぎないとの記述は、『東大寺諷誦文稿』が法会で語るための基本事項が記された手控えと関わることを示すものである［鈴木、一九九四］。そのような史料性を踏まえたうえで、つぎの文章をみてみよう（小字は注釈的字句。傍線は筆者）。

今、此《こ》の堂は、里の名、某甲郷、此れ名を某と云ふ。何の故にぞ某郷と云ふ。然る故の本縁何の故にぞ某堂と云ふ。然る故の本縁此の堂は大旦主の先祖、建立したまふ。本願（二七八行）

ここから、古代の村堂が村落と関わる法会の場となっていたことがわかる。村堂の法会は、堂の名につけられた郷名の由来や、堂名に郷名をつけたことの由来などが語られた後で、施主の先祖による村堂の建立伝承や本願（建立に際して立てた建立者の願い）が語られていたのである。法会の場でこのようなことが語られることの意味は、村堂の名称が単なる立地を示すものではなく、村落や村堂建立の起源と密接に関わるものと考えられていたからであろう。

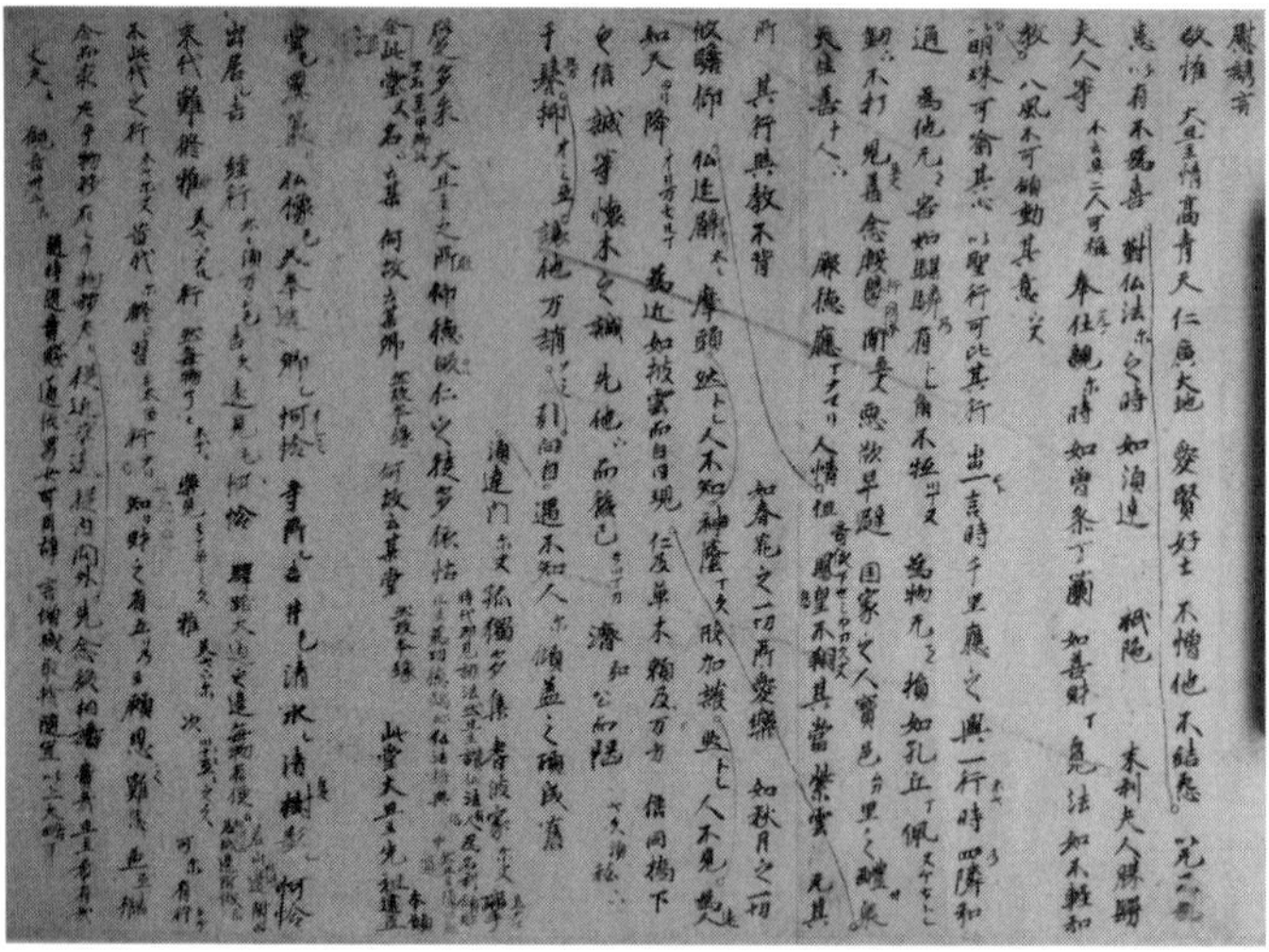

図5-3　『東大寺諷誦文稿』262-284行（個人蔵）

また「慰誘言」の特徴的な内容をまとめると、①村堂・仏像に加え、村堂の立地（郷・寺所）、周辺の景物（井・水・樹影）、周囲の景観（駅路・大道・山林河・城）を讃えるための、土地讃《ぼ》め（堂讃め）の言葉が記されていること、②施主が孤独者・貧窮者・病者を仁徳と慈悲により扶養していたことが讃えられていること、③施主は仏と神の加護を受けていると記されていること、④最後の一文に、施主を「貴きかな、旦主」と讃え、さらに観音菩薩の化身として讃える言葉があること、などがある。『東大寺諷誦文稿』にみえる村堂の法会の場は、施主が村落の伝統を継承して社会的役割を果たしていることを人々に知らしめ、施主の村落内における支配者的立場を喧伝《けんでん》する場であり、総じて施主を中心とする独自の村落秩序を維持するために機能してい

たのである［藤本、二〇一六］。

村堂を建立した人々

『東大寺諷誦文稿』では、村堂の建立者は先祖が建立した村堂を継承する伝統的な存在として語られているが、具体的にはどのような人々であったのだろうか。

これまでの研究史では、『日本霊異記』の考察が中心であり、そこではⅠ土地の有力者の建立、Ⅱ村人の協力による建立という二つの類型が指摘されてきた［直木、一九六八／佐々木、一九七一／宮瀧、一九九二・二〇〇〇］。Ⅰについては、建立者がわかるものとして、「椋家長公」（上一〇）・「一富家長公」（中五）・「高橋連東人」（中一五：会話文で「家長公」）の三例があり、いずれも共通の「家長公」という特殊な尊称がつけられている。彼らの出身地を示す表記をみると、例えば中一五では「伊賀国山田郡噉代里人」と「国＋郡＋里＋人」の形式をとっており、他も同様である。郡司の場合は基本的に「国＋郡＋人」の形式で表記されるので、あくまで『日本霊異記』にみえる村堂の建立者は、郡司よりも下位の村落有力者である可能性が高い。

またⅡについては、弥気山室堂《みけやまむろどう》（下一七）の事例がある。そこには堂の通称（字）の説明として「其の村人等、私に造れる堂なるが故に、以て字とす」とあり、「村人等」が私的に造営したために、弥気里の里名を通称としたという記述が注意される。改めて下一七の内容をみると、村堂の経営については、「檀越等」が相談して決めていることがわかるので、実態としては複数人の檀越（有力者）を中心とした建立であったと考えられる。しかし説話には、村堂の

通称は村落の総意で建立されたと記されており、そのこと自体に村堂の本質が表現されていると推測されるのである。

　東国集落遺跡の研究成果からも考えてみたい。香取神宮周辺では、小野川水系にかけての二キロから四キロのエリアに八～九世紀に神戸《かんべ》や神官層が居住したと推定される寺院集落が存在し、人名が記載された墨書土器がみつかっている。その中で千葉県香取市多田寺台《ただてらだい》遺跡からは、八世紀中頃に「中臣部子若□進／乎山田寺」との墨書土器が、八世紀後半には「赤祝連国刀自寺」「小田寺」「山田寺」という寺名を記す墨書土器に加え、「詔連国刀自女」「中臣部岡足」「実成」が、九世紀前半には「火神部」などの氏名や人名を記すものが出土している〔笹生、二〇一二〕。ここから「乎山田寺」という寺名と、中臣部氏を中心として赤祝連氏・詔連氏・火神部氏など複数の氏族が関与していたことが想定される。

　注目されるのは「赤祝連国刀自寺」などの女性名＋寺を記した墨書土器の存在である。東国集落遺跡出土の墨書土器にみえる女性名については、人面墨書土器祭祀などとも関わる祭祀者である可能性も示されているが〔荒井、二〇一七〕、それだけではなく、女性が寺院に直接的に関与していたことも推定されるのである〔笹生、二〇一二〕。

『東大寺諷誦文稿』の「慰誘言」には、「仏法に対ひたてまつる時には、須達・祇陀・末利夫人・勝鬘夫人等の如し。〈具には云はず。二人を称すべし〉」（二六四～二六五行）との一文があり、村堂の法会に際して、施主を仏典にみえる男女の著名な在俗信者に擬《なぞら》えて讃える文例と考えられる。「末利夫人」「勝鬘夫人」はともに「夫人」がつけられ女性であることが明示されて

いることからすれば、村堂には女性の檀越もいることが想定されていたのである。

古代村落には、「里刀自《さととじ》」など「里」を統率し、村落結合の核となっていた女性統率者の存在が指摘されてきたが〔義江、二〇〇七〕、「赤祝連国刀自」や「詔連国刀自女」はおそらくそのような女性統率者であり、『東大寺諷誦文稿』にみえる村堂における女性の檀越の存在を示す事例と推測できる。これは村堂に固有の特質といえるだろう。

村堂と東国の仏堂遺構

近年の東国集落遺跡の研究成果では、仏堂遺構が階層的に分類されるようになった。笹生衛氏は、千葉県内の約七〇の事例から、仏堂遺構の建物構造・基礎構造を中心として概《おお》ね《む》A〜Cに三分類し、遺跡内に明確に仏堂と判断できる建物遺構が確認されないものをD類とした。

平面規模を比較すると、A→B→Cの順に小規模になり対応関係にあること、A類には国分寺系や有力私寺からの瓦が出土する割合が高いこと、立地は国分寺や地方寺院を中核として、A・B類の仏堂遺構はその近隣にあり、さらにその外側にC・D類の仏堂遺構が同心円構造に広がっていることなどが明らかにされている〔笹生、二〇〇五〕。

このような考古学の成果は文献史料といかに整合するのであろうか。『日本霊異記』下一七から古代の村堂の姿をみていきたい。

本話の概要は、紀伊国那賀郡《なかぐん》弥気里《みけり》に「弥気山室堂」（法名は慈氏禅定堂《じしぜんじょうどう》）という通称（字）をもつ村堂があり、そこでは信行という自度沙弥《じどしゃみ》（正式な得度をせずに、自ら僧形をとっている

図5-4　遠寺原遺跡の建物推定復元図（笹生衛氏作画）

沙弥。沙弥は見習いの僧のこと）が住み、鐘を撞《つ》くことを仕事としていた。鐘堂には、未完成の肘《ひじ》が折れ落ちた弥勒《みろく》菩薩の脇士《きょうじ》二体があった。村堂の檀越たちは相談して山の清浄な場所に隠そうと話していた。

数年後の宝亀二年（七七一）七月中旬の夜半に「痛い、痛い」とうめき声が聞こえたので、信行は山を越えようとする人が急病となり宿泊しているのかと思い、僧坊を見回ったが病人はいなかった。その後も毎晩うめき声があったが、結局弥勒菩薩の脇士の声であることが判明した。その頃、元興寺僧の豊慶が村堂に住んでいたので、信行は豊慶にその話をしたところ、とても不思議に思い悲しんだ。そこで、信行と豊慶は信者（知識）を取りまとめて、仏像を修理し供養の法会を行ったという話である。

ここで弥気山室堂の通称として「室」（僧坊）の字が含まれていることが注目される。東国集落遺跡の仏堂遺構をみると、A類とB類の一部には、長堂建物（僧坊）を含む付属施設が存在し、村堂でまず

重視された施設の一つが僧坊であった〔川尻、二〇一七〕。要するに、村堂の中でも上位に位置する村堂には僧侶が居住していたのである。とすれば、弥気山室堂は村堂の中でも上位にあったため僧坊（室）が付属しており、その事実をアピールしようとする村人たちの意思によって通称に定められたものと推定できる。また弥気山室堂には「鐘堂」も付属し、信行は鐘を撞くことを仕事としているので、堂は鐘によって人々に時を告げるという村落生活と関わる機能をもっていた。以上からすれば村堂とは、その名称や付属施設の機能からも、村落と密接に関わって存在したと考えられるのである。

村堂と地方寺院

弥気山室堂では沙弥信行だけでなく、元興寺僧の豊慶が僧坊に常住し、ともに信者を取りまとめて村落の仏教を担っていた。堂の通称には「山」を含み、内容からは山を越える道沿いに立地し、病人や旅人の一時的な宿泊場にもなっていたことがわかる〔宮瀧、二〇〇〇〕。そのような山と関わる交通の要衝にあったために、豊慶は山林修行の拠点としたことが推測される。法名の「慈氏禅定堂」は、弥勒菩薩が「禅定」する場という意味の名称であるとすれば、村堂は僧侶たちにとっても「禅定」（＝修行）の場と考えられていた可能性は高い。

また、沙弥信行は「自度」であるにもかかわらず法名をもっていることが注目に値する。『日本霊異記』には「自度にして名無し」（上二七・下一〇）という表現がみられ、村堂にいる自度沙弥たちも、この信行を除き法名をもっていない。信行は豊慶に声をかけた時に「大法

師」と呼んでおり、ここには師弟関係が想定される。このような寺―村堂における僧・尼―沙弥・沙弥尼の師弟関係の存在は、他の村堂の事例でも、自度沙弥が「受戒」（師僧より戒律を受けること：下一三一・下三四）をしていることが傍証となる。おそらく村堂に関与した官大寺・国分寺・地方寺院などの僧侶たちが、村堂に住む自度沙弥に戒律を授けた（授戒）のであろう。すなわち村堂は、それらの上位権力であった地域の有力寺院と直接・間接に結びついて存在し、また宗教者の関係性からすれば、それらの寺院の影響下にあったと考えられるのである。

ここで東国集落遺跡の仏堂遺構をみると、千葉県東金市・大網白里市の大網山田台遺跡群では、上総国分寺の瓦が用いられていることから、本遺跡が国分寺僧によって布教活動がなされていた初期荘園の一部を形成した集落とする説［笹生、二〇〇五］や、上総国分寺によって墾田開発がなされた初期荘園的な地域とする説［須田、二〇一六］がある。また千葉県市原市の萩ノ原遺跡・袖ケ浦市の東郷台遺跡からは二日市場廃寺（七世紀末建立）の瓦が用いられており、地方寺院のための山林寺院と推測されている。

考古学の研究では、このような仏堂遺構は国分寺や地方寺院の僧侶の山林修行の施設（山寺）と位置づけられることも多い。しかし、北陸においては八世紀半ば以降、里に近い山にも「山寺」が多く造営されていたことや［久保、一九九四／出越、一九九八］、弥気山室堂の事例に加えて『東大寺諷誦文稿』でも「山辺」が村堂の立地として挙げられていることからしても、同時に村堂としての性格も有している場合が多く存在したと思われる。地域差を考慮する必要があるが、二者択一の議論にすべきではなく、村堂は古代村落と関わる機能と僧侶の修行の場

としての機能を併せ持つ、複合的な場として位置づけることができよう。以上からすれば、発掘成果からも村堂が、国分寺・地方寺院（定額寺）などの上位権力と結びついて存在していたことが裏づけられるのである。

信越の村堂と「里の寺」

『日本霊異記』下二三には、信濃国小県郡嬢里において、大伴連氏の有力者が同心して建立した村堂の話がある。内容は、大般若経書写のために「堂」（氏之寺）に住んでいた大伴連忍勝という自度沙弥が、「堂物」を用いて返さなかったために同族に殺害されて地獄に堕ち、地獄で責め苦を受けたが、生前に大般若経の書写を発願した善行により許され、現世に戻ったという話である。前節でふれた下二二と類話で同構造である。

両話の内容を比較すると、下二二では他田舎人蝦夷の善行として、法華経を複数回にわたって書写・装潢《そうこう》し、講読供養を行ったことが強調されている。しかし下二三では、大般若経六〇〇巻という大部な経典書写ではあるが、発願のみで実施や完成は最後まで記されていない。写経の功徳を根幹とする両話において、この相違は大きい。下二二と下二三の説話作成者は国分寺所在郡のため、作成者として同郡にある国分寺僧や国師が推測されているが［三舟、二〇一六］、いずれにしても地方寺院と村堂の様相を対照的に記す意図があった蓋然性が高い。また下二三において、忍勝が「受戒」していたことに前項でふれたが、戒師は同郡の他田舎人氏の寺の僧や国分寺僧であった可能性が高く、そのような意味でも地方寺院・国分寺の影響下にあ

ったと推測されるのである。

以上から『日本霊異記』の信濃国の説話でも地方寺院と村堂が存在し、経済的格差や僧侶関係に規定された階層性の違いを意識して記された可能性が認められる。考古学では、信濃国や甲斐国の仏堂遺構の報告は数例であるため断定はできないが、いずれも竪穴住居中心の集落に掘立柱建物が存在する形態であり〔冨永、二〇〇六／原、二〇一〇〕、東国と類似の傾向にある。

ところで、『日本霊異記』下一六には、越前国加賀郡大野郷畝田村に住む横江臣成刀自女《よこえのおみなりとじめ》が、妄《みだ》りに男と情交をして子どもに乳を与えなかったことが原因で地獄に堕ちて苦しんでいたという話がある。たまたま廻国の僧の寂林法師が畝田村に住んでいた時に、夢の中で成刀自女に会いその事実を知ったため、寂林は成刀自女の子である横江臣成人《なりひと》に話し、成人は成刀自女のために造仏・写経をして贖罪の法事を行い、成刀自女が救済されたという結末である。

大野郷畝田村については、石川県金沢市の畝田《うねだ》・寺中《じちゅう》遺跡から「大野郷長」宛の郡符木簡が出土し、この地が説話の舞台であることが判明した。同遺跡からは、田領の「横江臣」が「横江臣床嶋」を召喚するためと考えられる郡符木簡も出土していることから、横江臣氏は開発の担い手として内陸部の横江から移住してきたと考えられている〔森田、二〇〇九〕。

また大野郷周辺の遺跡群からは、港湾や官衙に関連する遺跡や古代荘園の経営に関わる遺跡があり、そこから多くの出土文字資料や仏教系遺物が発掘されている。例えば、遺跡群の一つである戸水大西《とみずおおにし》遺跡からは甍葺《いらかぶ》き掘立柱建物と、「寺」や僧名と考えられる「倉心」の墨書土器が出ており、このような場に「里の寺」があったと想定されている〔出越、一九九八〕。説話

にみえる成刀自女のための法事は大野郷周辺で行われたと考えられるが、この地域の歴史的な評価には多様な見解があり、「里の寺」の位置づけについては、今後の課題としたい。

おわりに

本稿では、古代東国と信越の地方寺院と村堂について、近年までの研究成果を踏まえながら新たな方向性と可能性を示した。古代の地方寺院については、郡名寺院・郡家周辺寺院（定額寺）を中心に、八～九世紀においては国家の仏教政策と地域社会の仏教信仰の結節点として位置づけ、通説である氏寺という側面のみならず、複数の氏族が檀越になる場合や住僧として関与することが多くあり、地域秩序の維持・強化や、地域社会全体のための祈願などの諸機能も有していた可能性を示した。

また村堂については、近年、深化している『東大寺諷誦文稿』や『日本霊異記』にみえる村堂の研究成果と、不十分ながらも考古学の仏堂遺構研究の成果を比較検討し、八世紀後半から九世紀にかけて、地方寺院・国分寺との影響関係により存在したこと、地方寺院の影響を受けながらも、独自性のある村堂の世界も成立していたことなどを指摘した。

このような地方寺院と村堂の世界は、地方寺院・仏堂遺構の廃絶なども含めた社会的基盤の変化［平川、二〇〇〇］や、寺院内部の組織運営と宗教活動の変化により、概ね九世紀末頃から一〇世紀前半までには崩壊・変容し、一〇世紀以降は、新たな寺院勢力により地方寺院が建

立されるようになると考えられている［山岸、二〇〇五］。

最後に、本稿では論じられなかったこととして、東国・東北の仏堂遺構における双堂《ならびどう》建物の問題がある。その機能や背景については、近年、雑部《ぞうぶ》密教系の修法儀礼［笹生、二〇〇五］、悔過法会［須田、二〇〇六］、天台宗との関係で持ち込まれたもの［川尻、二〇一七］などの様々な見解が出されている。この問題は村堂のみならず、上位権力である地方寺院・国分寺との関係や、九世紀以降の各宗派の布教の展開、さらには「山寺」の問題とも関わる重要な論点となろう。

なお、東国の仏堂遺構にみられたC・D類は、おそらく『日本霊異記』や『東大寺諷誦文稿』からみえる村堂の世界よりも、さらに下の階層が存在したことを示唆している。また、これらの階層も含めて、東国集落遺跡からは、多文字・人面墨書土器等による多様な祭祀や、神祇・道教・仏教が混淆《こんこう》する信仰等が重層して存在したことが明らかにされている［平川、二〇〇〇／高島、二〇〇〇／笹生、二〇一二］。このような複雑な宗教世界をどのように位置づけられるかについても、今後の課題である。

今後の地方寺院と村堂の研究は、地域性や階層性も含めて多様な方向性と可能性を秘めており、さらに活発に研究が進展することを期待したい。

参考文献

有富由紀子　一九九一「『霊異記』にみえる「寺」の存在形態」平野邦雄編・東京女子大学古代史研究会『日本霊異記の原像』角川書店

荒井秀規　一九八六年「奈良時代の定額寺制度について」『日本宗教史研究年報』七
荒井秀規　二〇一七年『覚醒する〈関東〉平安時代』〈古代の東国③〉吉川弘文館
荒井秀規　二〇一七年「評家と白鳳寺院」佐藤信編『古代東国の地方官衙と寺院』山川出版社
磐下　徹　二〇一六年『日本古代の郡司と天皇』吉川弘文館
岡野浩二　二〇一九年「天台宗の地方展開と南都・真言宗」『中世地方寺院の交流と表象』塙書房
岡本東三　一九九六年『東国の古代寺院と瓦』吉川弘文館
梶原義実　二〇一七年『古代地方寺院の造営と景観』吉川弘文館
上高津貝塚ふるさと歴史の広場　二〇一〇年『神の寺・山の寺・里の寺』
川尻秋生　二〇〇三年「大生部直と印波国造」『古代東国史の基礎的研究』塙書房
川尻秋生　二〇〇五年「日本古代における在地の仏教の特質」『古代東国の考古学』慶友社
川尻秋生　二〇一〇年「仏教文化のはじまり」森公章編『史跡で読む日本の歴史3　古代国家の形成』吉川弘文館
川尻秋生　二〇一七年「古代東国の在地社会と仏教」『民衆史研究』九三
関東古瓦研究会　一九九七年『関東の初期寺院　資料編』
木立雅朗　一九九七年「北陸」『第四二回埋蔵文化財研究集会資料集　古代寺院の出現とその背景』
久保智康　一九九四年「北陸の山岳寺院」『考古学ジャーナル』三八二
窪田大介　二〇一一年「九世紀陸奥国における掘立柱仏堂の展開」『古代東北仏教史研究』法藏館
佐々木虔一　一九七一年「八世紀の村落における仏教」『民衆史研究』九
笹生　衛　二〇〇五年『神仏と村景観の考古学』弘文堂
笹生　衛　二〇一二年『日本古代の祭祀考古学』吉川弘文館
鈴木景二　一九九四年「都鄙間交通と在地秩序―奈良・平安初期の仏教を素材として―」『日本史研究』三七九
鈴木靖民　二〇一四年「木製祭祀具と古代の祭祀・郡家」『相模の古代史』高志書院
須田　勉　一九八五年「平安初期における村落内寺院の存在形態」滝口宏編『古代探叢Ⅱ』早稲田大学出版部
須田　勉　二〇〇六年「古代村落寺院とその信仰」『古代の信仰と社会』六一書房

須田　勉　二〇一二年『古代東国仏教の中心寺院　下野薬師寺』新泉社
須田　勉　二〇一六年『国分寺の誕生―古代日本の国家プロジェクト―』吉川弘文館
須原祥二　二〇一一年『古代地方制度形成過程の研究』吉川弘文館
高島英之　二〇〇〇年『古代出土文字資料の研究』東京堂出版
竹内　亮　二〇一六年『日本古代の寺院と社会』塙書房
田村圓澄　一九八〇年「氏寺」『国史大辞典』吉川弘文館
出越茂和　一九九八年「古代石川における山と里の寺」『杉野屋専光寺遺跡』志雄町教育委員会
冨永樹之　二〇〇六年「東国の「村落内寺院」の諸問題」『在地社会と仏教』奈良文化財研究所
直木孝次郎　一九六八年「日本霊異記にみえる「堂」について」『奈良時代史の諸問題』塙書房
中田祝夫　一九六九年『東大寺諷誦文稿の国語学的研究』風間書房
中村英重　二〇〇四年「氏寺と氏神」『古代氏族と宗教祭祀』吉川弘文館
奈良文化財研究所　二〇〇五年『地方官衙と寺院』
奈良文化財研究所　二〇〇六年『在地社会と仏教』
原　明芳　二〇一〇年『奈良時代からつづく信濃の村　吉田川西遺跡』新泉社
平川　南　二〇〇〇年『墨書土器の研究』吉川弘文館
平川　南　二〇〇三年『古代地方木簡の研究』吉川弘文館
深澤靖幸　一九九五年「国府のなかの多磨寺と多磨郡家」『国史学』一五六
藤本　誠　二〇一六年『古代国家仏教と在地社会』吉川弘文館
藤本　誠　二〇一七年「古代村落の「堂」研究の現状と課題」『民衆史研究』九三
藤本　誠　二〇二〇年「古代の説法・法会と人々の信仰」伊藤聡・佐藤文子編『日本宗教の信仰世界』〈日本宗教史5〉吉川弘文館
北陸古瓦研究会　一九八七年『北陸の古代寺院』桂書房
堀沢祐一　二〇〇九年「越中国の祭祀・仏教関係遺跡と遺物」木本秀樹編『古代の越中』高志書院
埋蔵文化財研究会　一九九七年『第四二回埋蔵文化財研究集会資料集　古代寺院の出現とその背景』

益田勝実　一九六〇年「多磨寺の壇越」『古典日本文学全集付録8』筑摩書房
三舟隆之　二〇〇二年『日本古代地方寺院の成立』吉川弘文館
三舟隆之　二〇一六年『『日本霊異記』説話の地域史的研究』法藏館
三舟隆之　二〇二〇年『古代氏族と地方寺院』同成社
宮瀧交二　一九九二年「日本古代の村落と開発」『歴史学研究』六三八
宮瀧交二　二〇〇〇年「日本古代の民衆と「村堂」」『村のなかの古代史』岩田書院
森　公章　二〇〇九年『地方木簡と郡家の機構』同成社
森田喜久男　二〇〇九年「古代地域社会における開発」『日本古代の王権と山野河海』吉川弘文館
山岸常人　二〇〇五年「古代社会の変質」『古代社会の崩壊』東京大学出版会
山路直充　二〇〇一年「古代房総の仏教」『千葉県の歴史　通史編　古代二』千葉県
山路直充　二〇〇五年「文字瓦の生産」『文字と古代日本三　流通と文字』吉川弘文館
山路直充　二〇一七年「香取の海をめぐる寺社と郡家」佐藤信編『古代東国の地方官衙と寺院』山川出版社
山中敏史　一九九四年『古代地方官衙遺跡の研究』塙書房
山梨県埋蔵文化財センター編　一九九五年『山梨県古代官衙・寺院跡詳細分布調査報告書』山梨県教育委員会
義江明子　二〇〇七年『日本古代女性史論』吉川弘文館
吉田　孝　一九八三年「イヘとヤケ」『律令国家と古代の社会』岩波書店
米沢　康　一九九二年「郡名寺院について」『日本古代の神話と歴史』吉川弘文館

6章　ヤマトタケル東征伝承とアヅマ

大隅清陽

はじめに

歴史研究の拠《よ》り所となる史料（資料）が時間とともに失われてゆくものである以上、その少なさに悩まされるのは、歴史時代のうち最も古い時代を扱う古代史学の宿命といえよう。それに加えて、古代史研究に用いられる文献は、基本的に、いわゆる律令制度が確立した八世紀以後に都の貴族官僚たちが残したものであるために、七世紀以前の地方の状況を知るための同時代の史料はほとんど残されておらず、都城出土の木簡（これもせいぜい七世紀の第4四半期頃まででしか遡《さかのぼ》らない）や、ごく希《まれ》な金石文による断片的な情報しかない。いわゆる大化改新のおきた七世紀中頃より前となると、中央の同時代史料も存在しないので、八世紀以降の諸史料に見える地名や神社の現地比定や、人名から氏族や部民《べみん》の分布を推定した結果に考古学による知見を重ね合わせて地域像を復元するのが一般的である。

そうしたなか、『古事記』『日本書紀』には、中央による地方平定にまつわるいくつかの伝承が載せられており、それらはかなり広範囲の地方を舞台としていて、そこから、ある段階におけるヤマト政権の国土観や地方観をうかがうことができる。

そこで本稿では、記紀に見えるヤマトタケル*の東征伝承をとりあげることにする。よく知られるように、ヤマトタケルは東征の帰路、『古事記』では東海道足柄坂、『日本書紀』では東山道碓日坂《うすひのさか》で「吾妻（嬬）はや」と三度嘆き、これがアヅマという地域呼称の由来となったとされている。ところがその一方、『古事記』でヤマトタケルが派遣されたのは「東の方十二道」で、これはヤマトタケルの東征の載る景行記に先立つ崇神記《すじん》において、大毘古命《おおびこのみこと》の子の建沼河別命《たけぬなかわわけのみこと》が派遣された地域と一致し、また「東の方」は、ヤマトタケルが東征に先んじて派遣された「西の方」と対になっている。

このように、ヤマトタケルの派遣先である「東の方」の「東」はアヅマではなく、方位としてのヒガシであり、東征の帰路における出来事とされるアヅマの命名譚《たん》が想定している坂東《ばんどう》としてのアヅマとは一致していない。後述するように、こうした矛盾が生じたのは、古代における「東国」の定義とその歴史的な変遷に由来する異なる国土観が、この伝承に重層的な形で残っていることによると考えられ、それは『東国と信越』と題する本巻のテーマにも深く関わっている。

以下本稿では、この伝承において、もともとは「東の方」に派遣されたヤマトタケルが、なぜ坂東としてのアヅマを征服（＝言向《ことむ》け）したうえで、その地の名付けまで行ったことになっているのかを、特に『古事記』において、アヅマをめぐる一連の物語の最後に置かれている甲斐の酒折宮《さかおりのみや》の伝承を中心に考察し、あわせて、こうした記紀の伝承が地域史の理解にとって持つ可能性についても考えてみることにしたい。

1　東征への出発と「アヅマ」をめぐる物語

「東の方」への旅立ちと「アヅマ」の命名譚

『古事記』と『日本書紀』(いわゆる記紀)に登場するヤマトタケルノミコト(記では倭建命、紀では日本武尊)は本名を小碓命《おうすのみこと》といい、第一二代景行天皇の第二皇子であったが、『古事記』によると、大変な怪力の持ち主であったうえに、兄の大碓命《おおうすのみこと》を虐殺するなどの粗暴な振る舞いがあり、それを疎んだ父の天皇は、ミコトを「西の方」の熊曾《くまそ》征伐に遣ってしまう。無事に熊曾や出雲を平定したミコトが帰還すると、今度は休む間もなく「東の方の十二道の悪しき人等を平《ことむ》けに遣は」される。

『古事記』によれば、ヤマトタケルはまず伊勢の大御神宮に参り、叔母《おば》の倭比売命《やまとひめのみこと》から草薙《くさなぎの》剣《つるぎ》と御嚢《みふくろ》を賜り、その後、尾張で国造の祖である美夜受比売《みやずひめ》と帰還後の婚約をしてから、「東の国に幸《い》でまして、悉《ことごと》に山河の荒ぶる神、また伏《まつろ》はぬ人等を言向け和平《やわ》し」に向かった。相武(相模＝現在の神奈川県)の焼遣《やきつ》という地に至ったミコトは、地元の豪族＝国造の奸計《かんけい》により、大沼に住む荒ぶる神を見に野に入った際、枯れ草に火を放たれてしまうが、倭比売命から賜った草薙剣で周囲の草を刈り、嚢の中にあった火打ち石で向かい火をつけて難を免れる。その後、走水《はしりみず》の海(現在の浦賀水道)を渡り房総半島方面に向かおうとしたところ、その海を治める

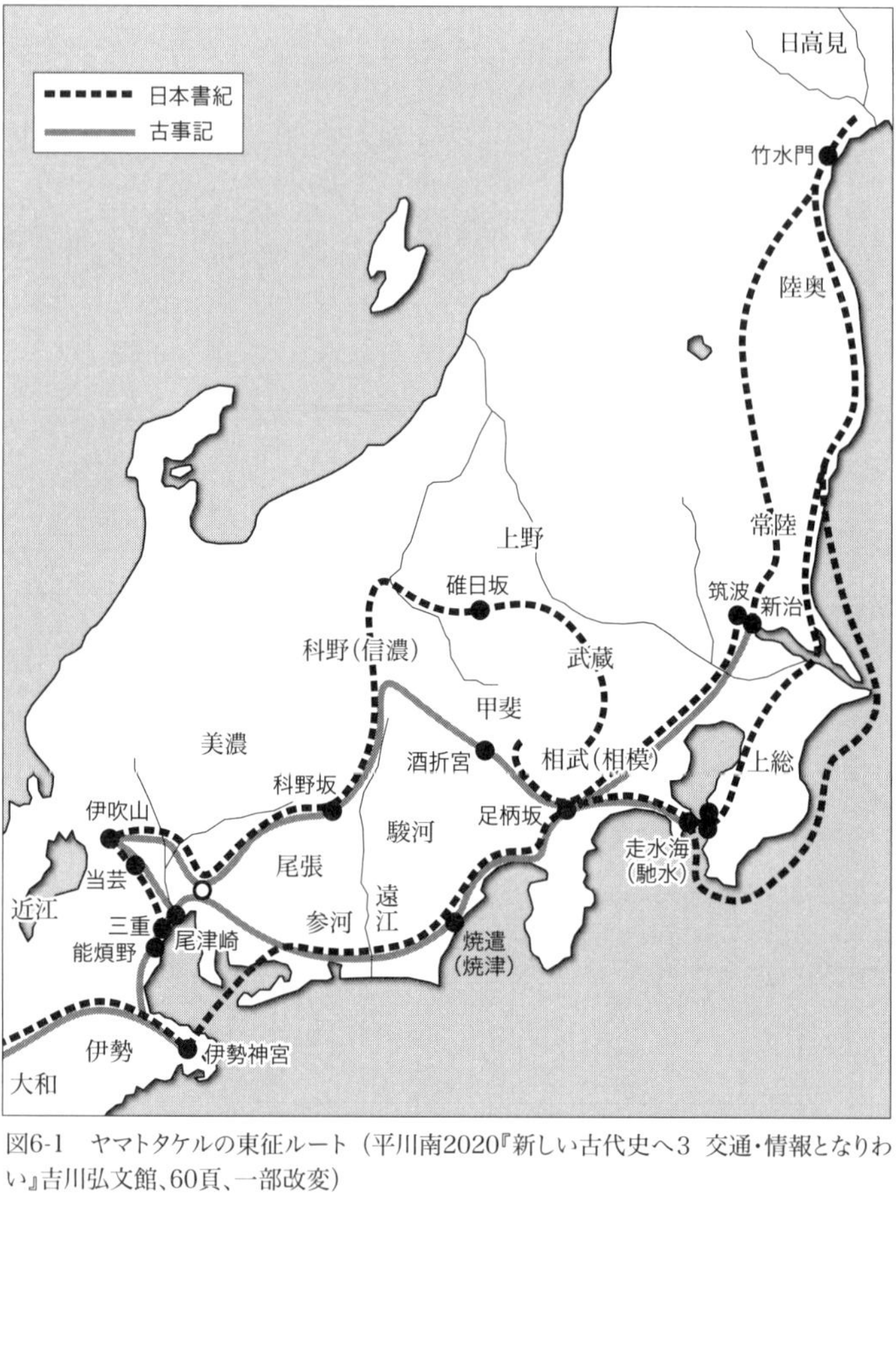

図6-1　ヤマトタケルの東征ルート（平川南2020『新しい古代史へ3　交通・情報となりわい』吉川弘文館、60頁、一部改変）

「渡りの神」の起こした波浪にあい、御船が全く進まなくなってしまう。

そこで、ヤマトタケルに付き従っていた妻の弟橘比売《おとたちばなひめ》が、人身御供として海に身を投げ、神の怒りを鎮める。この時に比売の歌った歌が、「さねさし　相模の小野に　燃ゆる火の　火中に立ちて　問はし君はも」というものである。この歌は、単独の歌としては、本来、春の野焼きという民間行事を背景とした、男女の恋の歌であったと考えられるのだが、この物語の文脈では、相武《さがむ》の焼遣《やきつ》での火攻めの際に、ヤマトタケルが妻の弟橘比売を気遣ったことを示すものとなっている。妻の死を経て、ミコトは彼の地の荒ぶる蝦夷と山河の神々を平定した後、常陸を経て足柄の坂まで至る。そこで、峠の神の化身である白い鹿を打ち殺してから、峠に立って弟橘比売を偲《しの》んで「吾妻はや」（ああ我妻よ）と三回嘆いた。これが、足柄峠以東の東国を「アヅマ」と呼ぶ由来であるとされている。

甲斐の酒折宮の伝承

この後、ミコトは足柄峠から後の東海道甲斐路（御坂路《みさかじ》＝現在の御殿場から籠坂峠を越え、山中湖、河口湖を経て、御坂峠を越えて甲府盆地に至るルート）を経て甲府盆地に入ったと考えられる。本稿がとりあげる酒折宮伝承は、これに続けて次のようにある。

すなわちその国より越えて、甲斐に出でまして、酒折宮に坐しし時、歌ひたまひしく、

新治《にいばり》　筑波《つくは》を過ぎて　幾夜か寝つる

とうたひたまひき。ここにその御火焼之老人《みひたきのおきな》、御歌に続ぎて歌ひしく、

かがなべて　夜には九夜《ここのよ》　日には十日を

とうたひき。ここをもちてその老人を誉めて、すなはち東の国造をたまひき。

甲斐にやってきたミコトをもてなすため、地元では酒折の地に行宮《かりみや》を設け、宴会を開いて饗応《きょうおう》したわけだが、宴たけなわの頃、ミコトが急に歌を歌って問いかけをした。一同返答に窮するなか、御火焼の老人という人物が歌を継いで答えたというのである。この老人はどのような人物なのか、またその答えがなぜ当意即妙として賞賛されたのか、さらに、ミコトが老人に賜った「東の国造」とは何なのか。興味は尽きないが、それは後で論じることにし、ここでは『古事記』と『日本書紀』における東征伝承の主な相違点をまとめておきたい。

まず、『古事記』でミコトが火攻めの難にあったのは相武の焼遣であったが、これが『日本書紀』では駿河の焼津（現在の静岡県焼津市）となっている。また、『日本書紀』には弟橘媛の歌が載せられておらず、ミコトは馳水《はしりみず》の海の難の後、上総から蝦夷のいる陸奥へと転戦し、陸奥から常陸を経て甲斐の酒折宮に入るが、この間には『古事記』に見える足柄坂のエピソードがない。酒折宮伝承についても、御火焼の老人は単に「秉燭人《ひともしひと》」とあり、その返答に対しても、「敦く賞みたまふ」とあるだけで、「東の国造」の賜与がない。代わりに、文脈上やや唐突なのだが、ミコトの東征に最初から付き従っていた、大伴連の遠祖武日《たけひ》という人物に、武人集団である靫部《ゆげいべ》を賜与したという記事が挿入されている。その後、ミコトは北武蔵、上野を経て碓日坂に至り、嶺に登って三回「吾嬬はや」と嘆く。アヅマの命名譚の舞台が、『古事記』の東海道足柄坂に対し、『日本書紀』では東山道の碓日坂となっているのである。

もっとも、こうした細部の相違にもかかわらず、酒折宮伝承の大枠については、『古事記』と『日本書紀』の間に根本的な違いは見られない。太平洋の海沿いの道、すなわち東海道を進んで東国を平定したヤマトタケルは、なぜその帰り道で、内陸の山奥の甲斐の地に立ち寄ったことになっているのだろうか。

2　磯貝正義説と原秀三郎説

酒折宮伝承と甲斐銚子塚古墳

古代の甲斐に相当する現在の山梨県には、甲府盆地の南端に位置する甲府市下曽根町に、四世紀後半では東日本最大で、三角縁神獣鏡をはじめとする副葬品や墳形、竪穴式《たてあなしき》石室の構造などから畿内型の古墳とされる甲斐銚子塚古墳（口絵p.1）がある。文献古代史の分野では、この甲斐銚子塚古墳の巨大さと、ヤマトタケルの酒折宮伝承とを結びつける解釈が以前から行われてきた。

例えば、山梨大学名誉教授であった磯貝正義氏は、四世紀末における甲斐銚子塚古墳の築造が示すように、甲斐のヤマト政権への服属が、四世紀という比較的早い段階で行われたことを、酒折宮伝承が生まれた背景として挙げている［磯貝、一九八六・一九九一］。

すなわち磯貝氏は、古代の甲斐国のヤマト王権への服属の画期として、①四世紀後半、②雄

略朝にあたる五世紀後半、③大化改新の行われた七世紀中葉、の三つを挙げ、①の段階を代表するものとして甲斐銚子塚古墳とヤマトタケルの伝承を、②に対応するものとして、県内最古の馬具が出土している五世紀後半築造のかんかん塚古墳（甲斐銚子塚古墳と同じ東山古墳群に所在）と雄略紀に見える甲斐の黒駒の伝承を指摘したうえで、酒折宮伝承については、次のように述べている［磯貝、一九九一］。

（前略）そして甲斐は『宋書』にいう毛人の国五十五国の一つであったであろうが、いつの時にかヤマトの大王の征服を受けて、その配下に服するに至ったのであろう。記紀の酒折宮伝説はそうした服属の事実を反映しているものと解することができるかも知れない。ただ酒折宮伝説はミコトの東征伝説の中では極めて平和的な部分であるが、それは甲斐については、荒ぶる神やまつろわぬ人どもの伝承がなかったためだけではないであろう。あるいは甲斐の王権への帰服の時期をより一層古い時代に想定する伝承があったためかもしれない。酒折宮伝説は、この宮がミコトの東征以前に王権の前進基地としてすでに設置され、ミコトは東征の帰途ここに凱旋《がいせん》し、戦備を整えたと解し得るような構成になっているからである。その酒折宮がほかならぬ甲斐に置かれたとするのは、甲斐が早い時期にヤマトの王権に帰属し、その東方への前進基地としての役割を果たしていた事実があって、右の伝承が生まれたと解することができるかもしれない。

磯貝氏は、ヤマトタケルの東国平定伝承を、五世紀後半の『宋書』倭国伝に見える毛人の国五五国の平定に対応するものとしたうえで、甲斐のヤマト王権への服属は、甲斐銚子塚古墳が

築造された四世紀後半には完了していたため、ヤマトタケルの伝承における甲斐の地は、遠征の対象ではなく、その前進基地として位置づけられたとしている。その一方、現在の甲府市酒折に所在する神社である酒折宮については、単なる伝承地の一つとして扱い、また『古事記』における御火焼の老人への「東の国造」の称号の賜与も後世の創作と見て、何らかの史実を反映するものとは考えていない［磯貝、一九九三］。

御火焼の老人と甲斐銚子塚古墳

これに対し、甲府市酒折の地を、その東方に位置する延喜式内社の物部神社（笛吹市石和町松本）や山梨岡神社（笛吹市春日《かすが》居町鎮目《しずめ》）と関連付け、さらに、甲斐銚子塚古墳とも一体のものとして理解するのが静岡大学名誉教授の原秀三郎氏である［原、二〇〇二］。原氏は、『日本書紀』崇神天皇一〇年に見える四道将軍の派遣記事は三世紀の史実を反映するもので、ヤマトタケル東征伝承も四世紀の史実を反映するとの独自の記紀理解を示す。酒折宮伝承に登場する御火焼の老人も、『古事記』に見える「東の国造」の称号の賜与が示すように、東方を従えて帰還したヤマトタケルが、征服地の統治を論功としてゆだねた実在の人物で、具体的には甲斐銚子塚古墳の被葬者であり、物部氏系の人物でもあったとする。

また、甲斐銚子塚古墳と同じく畿内型の古墳とされる遠江の松林山古墳（静岡県磐田市）の近隣には「山梨」の地名（袋井市）が残っているが、原氏によれば、地方におけるヤマナシ地名の存在は、古代において、その地域に物部氏が進出したことを示すものであり、遠江の事例

のほかに、甲斐国山梨郡山梨郷（近辺に山梨岡神社、物部神社、酒折宮が所在）、下総国千葉郡の山梨郷（近隣に物部郷も所在）などを挙げることができるという。このことから氏は、甲斐を、遠江を当初の拠点とした物部氏が、より東方へ進出する際に前進基地とした地であったとする。また、これまで『古事記』開化天皇段や『先代旧事本紀』国造本紀の記載から、開化天皇の孫の沙本毗古王《さほひこ》（狭穂彦王）の子孫とされてきた甲斐国造の日下部氏も、実は物部系の日下部であったとしている。

原氏のこの見解は、山梨県内の考古学においては、特に甲斐銚子塚古墳の位置づけをめぐって言及されることが多く、市民向けの説明等において、「酒折宮伝承に登場する御火焼の老人を被葬者とする見解もある」という形で紹介されることも少なくない。しかし、ヤマトタケルの東征をはじめとする伝承の大枠を史実とみる原氏独自の記紀理解には、一般的な文献史学の立場からみて問題が少なくない［小林、二〇〇七など］。一例を挙げれば、原氏が、物部氏関係史料としての『先代旧事本紀』の価値を高く評価する一方で、甲斐国造の系譜に関しては、『古事記』と『先代旧事本紀』がともに開化天皇系とするにもかかわらず、それらを後世の改《かい》竄《ざん》とみて、本来は物部系であったと断定した点などは、一貫性を欠く恣意的な解釈といわざるを得ないだろう。

また原氏は、甲斐銚子塚古墳と酒折宮を一体のものとするが、甲斐銚子塚古墳の築造が四世紀後半であるのに対し、酒折宮や山梨岡神社、物部神社等を含む山梨郡西部（甲府盆地中央北縁）の開発が進むのは主に六世紀以後であり、考古学的に見ても年代が全く異なる。さらに、

甲斐銚子塚古墳が後の八代《やつしろ》郡に所在するのに対して、酒折宮は山梨郡と巨麻《こま》郡のほぼ郡界にあたるように、両者は甲府盆地の南北端に離れて位置している。また、その間には大河川である笛吹川が流れ、相互の交通は、決して容易であったとは考えられない。所在郡が異なることが端的に示すように、甲斐銚子塚古墳と酒折の地を地域的に一体のものとすることにはやはり無理がある。このように、原氏の所説には、考古学的な年代観のうえでも、地理学的にみた甲府盆地の地域区分や交通体系のうえでも、問題が多いと言わざるを得ないのである。

3　東国とアヅマ、蝦夷、坂東

東の方・東国・アヅマ

酒折宮伝承を含む記紀のヤマトタケル伝承は、足柄坂ないし碓日坂以東の坂東をアヅマと名付ける命名譚でもあるが、特に『古事記』で、ヤマトタケルが足柄坂でアヅマの命名を行った後に立ち寄った甲斐の酒折宮で、御火焼の老人に「東の国造」を賜ったとする点には、この老人が、本来はアヅマには含まれないはずの甲斐の人物であることに矛盾がある。

磯貝正義氏や原秀三郎氏のように、甲斐の地を、坂東よりも一足早くヤマト政権に服属した東国計略のための兵站《へいたん》基地としてとらえるのも一つの考え方ではあるが、アヅマ命名譚は、記では「東の方十二道」、紀では「東国」に派遣されたヤマトタケルが、そこから足柄坂・碓日

坂以東という特定の地域を切り分けてアヅマと命名する形をとっている。「東」の字には、方位を示す「ひがし（ひむかし）」と、一定の地域を示す「あづま」の二つの訓があり、「東国」も「ひがしのくに」と「あづまのくに」の両様に読めるように、「東国」の語には両義性があり、またそれは、ヤマト政権による地方支配の拡大の過程とも関連している可能性がある。

「東の方」「東国」「アヅマ」の関係については様々な議論があるが、現時点で最も体系的な検討を行っていると思われる荒井秀規氏は、古代の文献に見える「東国」の内容を、以下のように分類・整理している［荒井、一九九四］。

Ⅰ　東方国＝ヤマトのヒガシのすべての地。

「ひがし（ひむかし）」という方位の概念のみによるもので、領域としては最も広い。後述のⅡ、Ⅲに加え、近江・美濃・伊賀・伊勢・志摩や越《こし》（北陸）も含むが近江遷都後は近江を除く。美濃不破関・伊勢鈴鹿関以東の東山・東海を特に「関東」と呼ぶこともなされるが、その場合に伊勢が除かれることもある。「関東」は当初は北陸を含まないものであったが、後には近江逢坂関以東の近江・北陸を含む地となり、「東方国」と「関東」が一致するようになる。

Ⅱ　アヅマ＝東海道遠江・東山道信濃以東で陸奥まで。

令制下で防人《さきもり》の徴発や東歌の採録が行われた範囲。大化前代においてヤマト政権の支配が及んでいた地域で、当初は陸奥を含まなかったが、七世紀前半に陸奥を含むようになるとともに、その内部に新たにⅢが区画される。

Ⅲ　坂東アヅマ＝東海道足柄峠・東山道碓氷峠《うすいとうげ》以東で陸奥を含む。ヤマトタケル説話が「アヅマ」の国とする政治的領域。

フロンティアとしてのアヅマの移動

ⅡとⅢにみえる「アヅマ」の語義について、荒井氏は、西郷信綱氏が、アヅマをサツマと対比させ、そのツマ（端）をヤマト政権の支配領域の東西の両端としたこと〔西郷、一九八五〕、また尾崎喜左雄氏がアヅマを「吾つ間」＝「吾が住む土地」としたこと〔尾崎、一九七二〕などを受け、「ヤマト王権が自己の領土であることを意識する土地のヒガシの端（ツマ）」であるとする。前述のように、このアヅマは元来は東海道遠江・東山道信濃以東をさすⅡのアヅマ（以下、本稿ではこれをⅢの坂東アヅマと区別するため原アヅマと仮称する）であり、『古事記』雄略天皇段の歌謡に「百足《ももだ》る槻が枝《え》は、上《ほ》つ枝は天を覆へり、中つ枝は阿豆麻を覆へり、下つ枝は比那を覆へり」とあるうちの「阿豆麻」に相当する。平野邦雄氏が、『万葉集』や『延喜式』神名帳に見える夷（ヒナ）・夷守（ヒナモリ）の用例から、東方におけるヒナは近江・伊勢から美濃までで、そこを境に遠江・信濃以東をアヅマとしていること〔平野、一九八六〕を受け、荒井氏は、ヤマト政権の東方進出にともない、五世紀末頃に南関東地域がヤマトとの連盟から支配と服属の関係に組み込まれたことによって、単なる方位観に基づいていた「東《ひがし》の方」から、東方支配のフロンティアとしての（原）アヅマが分離したとしている。

六世紀以降、さらに北関東の勢力がヤマト政権による支配下に入ると、東山道方面からの陸

奥への進出が図られるようになり、フロンティアとしてのアヅマもより東方に移動して、東海道足柄坂・東山道碓日坂を境界とするⅢの坂東アヅマが成立する。Ⅱの原アヅマと異なり、坂東アヅマは陸奥を含むことが特色で、荒井氏は、『日本書紀』舒明天皇九年（六三七）の上毛《かみつけ》野形名《ののかたな》による蝦夷征討記事などによって、その成立を七世紀前半に求めている。原アヅマが成立したと考えられる五世紀の段階では、北関東はまだヤマト政権の完全な支配下に入っていなかったので、フロンティアの極限は北関東であったが、遅くとも七世紀までには、その東方進出の対象は陸奥になったのである。

『常陸国風土記』によれば、崇神朝に建借間命《たけかしまのみこと》が「東《あづま》の垂《さかい》の荒ぶる賊を平《ことむ》け」たのは常陸国行《なめ》方《がた》郡であり、ヤマトタケルが「東の垂を巡」ったのは多珂郡であった。また『公望《きんもち》私記』所引の信《し》太《だ》郡条逸文は、同地がもと日《ひ》高見国《だかみのくに》であったとするが、『日本書紀』景行天皇二七年二月条に見える日高見国は明らかに陸奥の蝦夷の地をさしている。「ひたかみ」は「日つ上」「日の上」で太陽の昇るヒガシの地をさし、中央から見た東方のフロンティアをさすやや観念的な語であるが、こうした相違は、原アヅマから坂東アヅマへの転換にともない、ヤマト政権にとってのフロンティアが北関東から東北地方へと移ったことに対応していると考えられよう［荒井、一九九四］。

二つのアヅマ由来譚

本稿の冒頭でも述べたように、『日本書紀』におけるヤマトタケルは、馳水の海の難の後、

上総から蝦夷のいる陸奥へと転戦し、東海道の常陸・甲斐から東山道の武蔵・上野に向かい、碓日坂を越えて信濃に入るが、『古事記』では陸奥のことは記されておらず、「悉に荒ぶる蝦夷等を言向け、また山河の荒ぶる神等を平和《やわ》し」たのち、足柄坂を経て甲斐、信濃へと帰還している。このように、『日本書紀』の「東国」は陸奥を含むが、『古事記』におけるヤマトタケルの東征対象は陸奥の蝦夷ではなく、関東地方の住民としてのエミシ（『宋書』倭国伝に見える「毛人」）であり、また本来は、坂東アヅマではなく原アヅマを舞台としていたと考えられる。

『古事記』におけるアヅマの命名譚は、

足柄の坂本に到りて、御粮《みかれひ》食す所に、その坂の神、白き鹿に化《な》りて来立《きた》ちき。ここにすなはちその咋《く》ひ遺《のこ》したまひし蒜《ひる》の片端をもちて、待ち打ちたまへば、その目に中《あた》りてすなはち打ち殺したまひき。故《かれ》、その坂に登り立ちて、三たび歎《なげ》かして、「吾妻はや。」と詔《の》りたまひき。故、その国を号《なづ》けて阿豆麻《あづま》と謂《い》ふ。

とあり、「吾妻」をアヅマの由来とする説明の前段に、坂の神の化身の白鹿の目に蒜を打ち当てて殺したことが記されているが、これはアヅマを「目に中《あ》たる」という意味の「中《あ》つ目《ま》」に付会する別系統の説話であり、二つの異なった地名由来譚が重層していることがわかる。

一方『日本書紀』では、

時に、日本武尊、毎《つね》に弟橘媛を顧《しの》ひたまふ情有り。故、碓日嶺《うすひのみね》に登りまして、東南を望みて三《みたび》歎かして曰はく、「吾嬬《あづま》はや」とのたまふ。故、因《よ》りて山の東の諸国を号けて吾嬬国と曰《い》ふ。

と、碓日坂での坂東アヅマの命名は「吾嬬」を由来とするのみであるが、その後段に、

則ち日本武尊は、信濃に進入りたまふ。是の国は、山高くして谷幽《ふか》く、翠嶺万重にして、人杖に倚りても升《のぼ》り難し。（中略）然るを日本武尊、烟を披《わ》け霧を凌《しの》ぎ、遥に大山《みたけ》を径《わた》りたまふ。既に峰に逮《いた》りて、飢ゑて、山中に食したまふ。山神、王を苦しびしめむとして、白鹿に化りて王の前に立つ。王異《あや》しびたまひて、一箇《ひとつ》蒜《ひる》を以ちて白鹿を弾《はじ》きたまふ。則《すなは》ち眼に中りて殺したまふ。（中略）是《これ》より先に、信濃坂を度《わた》る者、多《さは》に神の気を得て瘼《を》え臥《ふ》せり。但し白鹿を殺したまひし後よりは、是の山を踰《こ》ゆる者、蒜を嚙《か》みて人と牛馬に塗れば、自《おの》づからに神の気に中らず。

とあって、信濃坂（神坂）を舞台に「中つ目」に関わる説話を載せている。坂東アヅマに先行する原アヅマの入り口である神坂の交通の安全を、ヤマトタケルが山神を制圧することで初めて確保したことを語っており、地元の風習も下敷きにしていることから、アヅマの命名譚としては、坂東アヅマではなく原アヅマの由来を説明するこちらが本来のもので、「吾嬬はや」への付会は、後に坂東アヅマが成立した段階で新たに成立したものなのだろう。

ヤマトタケル東征伝承の原形

『古事記』におけるヤマトタケルの東征ルートは、まず伊勢の倭比売命から草薙剣と（火打ち石が入った）御嚢を賜り、尾張で美夜受比売と帰還後の婚約をしてから「東の国」に向かい、相模の焼遺、走水の海、足柄の坂本、甲斐の酒折宮、科野の坂を経て尾張の美夜受比売のもと

に戻るというものである。『日本書紀』では、伊勢の倭姫のもとから駿河の焼津、馳水、上総を経て陸奥国に入って蝦夷を平定した後、常陸を経て甲斐国の酒折宮に入るが、その後再びアヅマの地に引き返し、北武蔵・上野から碓日坂、信濃坂を経て尾張の宮簀《みやず》媛《ひめ》のもとに至っている。『日本書紀』では陸奥国の蝦夷を平定したことが明言され、また東海道の足柄坂だけでなく東山道碓日坂も通過したことになっているが、これは陸奥を含む坂東アヅマが成立した後の段階での改変であり、『古事記』の方が本来の形であろう。

出発および帰着の地である伊勢・尾張はいずれも信濃以東の原アヅマには含まれないので、東征説話の原形は、五世紀末に成立した原アヅマの領域を舞台にした「ヤマトタケルのアヅマ下り」とでもいうべきものであった可能性が高い。その構成要素は、①焼津での野火の受難（と沼の神や大鹿など土地の神への言向け）、②走水の海での受難と渡《わたり》の神への言向け、③信濃坂での坂の神（白鹿）の殺害と「中つ目」に基づくアヅマの由来説明、というシンプルなもので、軍事的な征服伝承というよりは、野や海や山などで交通を阻んでいた「荒ぶる神等」を言向けることで、人々の旅の安全を確保したという宗教的・呪術的な性格の強いものだったのだろう。

遅くとも七世紀前半までに、古代国家の新たなフロンティアとしての坂東アヅマが成立すると、信濃坂を舞台とした「中つ目」による原アヅマの由来譚は、足柄坂における「吾妻はや」の発語を由緒とするものに置き換えられたと考えられ、現在『古事記』に記されているのはこの段階の伝承であろう。

酒折宮の伝承も、ヤマトタケルが同地で坂東アヅマでの出来事を回顧しつつ、御火焼の老人

に東（＝アヅマ）の国造の称号を賜与するという内容なので、もともとの伝承にはなく、上記の改変にともなう付加である可能性が高い。さらに『日本書紀』の編纂《へんさん》者は、この説話に、陸奥国の蝦夷の軍事的な征服という新たな要素を加え、宮中芸能ないし文学的な歌物語の要素の強かった説話を、中央政府による領土拡張の過程を記した歴史叙述へと書き換えていった。その作業のなかで、『古事記』には見られた文学的な要素の多くが削除されるとともに、当時の古代国家の支配領域や遠距離交通の実態に合わせるために、ヤマトタケルの行動範囲も、陸奥国やそれを含む東山道地域に拡張されることになったのである。

4　酒折宮伝承成立の背景

甲斐と東海道を結ぶ道

『古事記』におけるヤマトタケル東征伝承をそのまま四世紀における史実ととらえ、御火焼の老人を甲斐銚子塚古墳の被葬者とする原秀三郎説に対し、第2節では、酒折宮の故地である甲府市酒折が、甲府盆地南縁の甲斐銚子塚古墳とは異なる盆地の北縁にあり、また周辺地域の開発が六世紀段階であり年代が合わないことを指摘した。また第3節では、東征伝承は本来は五世紀末に成立した原アヅマを舞台としており、七世紀前半における坂東アヅマの成立にともなって、「吾妻はや」による命名譚とあわせて甲斐の酒折宮の伝承が付加されたと推定した。

このように筆者は、酒折宮伝承を四世紀に遡らせることは難しいと考えるが、それではなぜこの段階で、新たに酒折宮の伝承が付け加えられることになったのだろうか。本節ではこの点を、四世紀から六世紀にかけての甲斐をとりまく遠距離交通体系の変遷から考えてみたい。

第2節で述べたように、甲府市酒折周辺が発展した六世紀には、甲斐銚子塚古墳のある甲府市下曽根町（旧中道町）周辺は政治的に衰退していたのだが、そうした変化はなぜ起きたのだろうか。筆者は、この変化は甲斐をとりまく遠距離交通路の変化と関係すると考えている［大隅、二〇一八］。

周知のように、古代以来、甲斐国は東海道に属しているが、この東海道の本線から山国の甲斐に入るには、富士山という巨大な山を迂回《うかい》しなければならない。迂回ルートには、富士山の東回りと西回りがあり、具体的には、西から順に、中道往還《なかみちおうかん》、若彦路《わかひこじ》、御坂路《みさかじ》（甲斐路、中世の鎌倉街道）の三つである。このうち中道往還は、現在の富士、富士宮から富士山西麓を北上し、本栖湖、精進湖、右左口《うばぐち》峠を経て旧中道町に至る道、その東の若彦路は、富士宮の少し北で東にそれて河口湖方面に向かい、大石峠、鳥坂峠を経て旧八代町の中心に至る道で、この二つが富士山の西回りルートになる。三つ目の御坂路は、御殿場から籠坂峠、山中湖、河口湖、御坂峠を経て旧御坂町に至る道で、これは富士山の東回りルートである。

四世紀後半に、旧中道町に畿内型の前方後円墳である甲斐銚子塚が築かれたのは、この地域が中道往還の終点だったからであり、この古墳を築いた中道の勢力は、中道往還を通じての東海道とのアクセスを掌握することによって、畿内との密接な関係を独占していたことになる。

ところが、五世紀から六世紀になると、甲斐と東海道との主要な交通路はなぜか東に移動し、それにともなって、中道の古墳群も一気に衰退してしまう。六世紀後半には、御坂路が甲府盆地に下りてきた所にあたる笛吹市御坂町下井之上の地に姥塚《うばづか》古墳が築かれる。この古墳には、六世紀の東日本では最大級の横穴式石室があり、当時、御坂路の交通を掌握していた首長の墓と考えることができる。

六世紀になって、東海道と甲斐を結ぶ主要な交通路が、富士山の西回りルートから、東回りである御坂路に移動する理由はよくわかっていないが、筆者は、この頃から、馬が高速移動手段として広く用いられるようになったことと関連すると考えている。御坂路は、中道や若彦路と比べて、延べの距離は長いのだが、大きな峠は御坂峠しかなく、延べの高低差は比較的小さく、馬による移動により適していた可能性が高い。後の律令制下においても、御坂路は東海道の支路としての官道（東海道甲斐路）に指定されており、『延喜式』にあるように、水市《みずいち》、河口、加吉《かき》の三つの駅も置かれている。

酒折地名と甲斐の九筋

ところで、六世紀において、甲斐と都を結ぶ政治の道がこの御坂路となっていたということは、第2節で述べたように、酒折を含む甲府盆地北縁部の開発が六世紀の段階であることとも密接に関連するものと思われる。現在、酒折宮という神社が鎮座する甲府市の酒折という地名は、古文書《こもんじょ》から、一六世紀の中頃まで遡ることが確認できる。酒のサカではなく、坂道のサカ

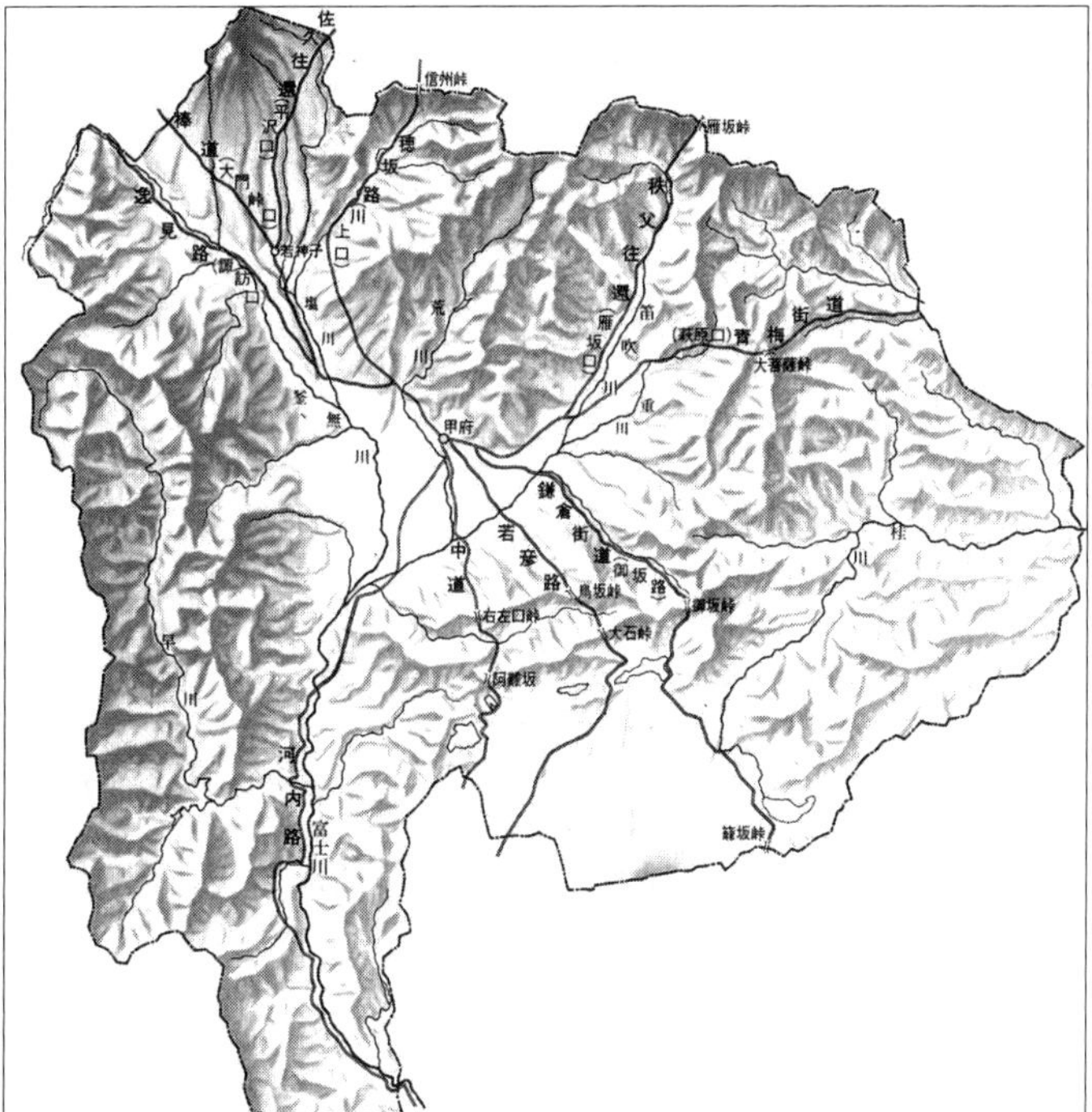

図6-2　甲斐の九筋（磯貝正義責任編集1990『図説 山梨県の歴史』河出書房新社、111頁）

で「坂折」と書いたり、折ではなく寄の字を用いて「酒寄」と書くことも行われた。戦国時代の武田氏の家臣にも酒寄という氏があり、江戸時代には幕府の旗本となっている［平凡社地方資料センター、一九九五］。

ともあれこの酒折地名は中世まで遡り、山梨県内には他にそうした事例がないので、これは古代以来のものと考えてよく、ヤマトタケルの酒折宮伝承のサカオリとはこの地をさすというのが筆者の見解である。その場合に注目されるのは、一九世紀初めに編纂された地誌である『甲斐国志』巻一提要・道路関梁に、「本州九筋ヨリ他州ニ達スル路九条アリ、皆ナ路首ヲ酒折ニ起ス」と記されていることである。

この「甲斐の九筋《すじ》」とは、中世以前の甲斐国と他国とを結んでいた古道の総称で、その全てが厳密に酒折を起点としていたかは定かではないが、現在の山梨岡神社（笛吹市春日居町）から物部神社（同石和町）、酒折を擁する山梨郡西部の地は、甲府盆地を東西に横断する交通路（これは甲斐と、武蔵や信濃など東山道の国々とを結ぶものでもある）と、御坂路、若彦路、中道といった、東海道と甲斐とを結ぶ南北の道とが結ばれる地域であり、酒折とその周辺が、甲斐国全体にとっての交通の要衝であることは認めてよいだろう。物部神社という式内社が存在するように、この地域には、主として六世紀以降、物部氏や大伴氏といった中央の氏族が進出したと考えられ、また積石塚《つみいしづか》を含む群集墳の展開が見られるのも、この地のそうした重要性に由来すると考えられる。

この点に関してもう一つ確認しておきたいのは、この段階の甲斐と東海道を結ぶ基幹交通路

となっていた御坂路は、甲斐に着いて終わりなのではなく、例えば、現在の甲府から見て北西の方面に伸びる穂坂路《ほさかじ》、佐久往還《さくおうかん》、棒道《ぼうみち》、逸見路《へみじ》などによって、東山道の信濃方面へと抜ける道でもあることである。これらの道は、現在の甲府市街の西で分岐するが、その少し手前の現在の甲府市千塚《ちづか》に、先述した姥塚古墳に次ぐ規模の横穴式石室を有する加牟那塚《かんなづか》古墳という六世紀後半の円墳がある。酒折という場所は、この加牟那塚と姥塚のちょうど中間に位置しており、『古事記』のヤマトタケルも、まさにこのルートを通って信濃方面に向かったことになる。

衢《ちまた》としての酒折

それでは、ヤマトタケルと御火焼の老人との間で交わされた歌からは、どのようなことが読み取れるだろうか。ミコトの問いかけの歌は、「新治　筑波を過ぎて……」という常陸の具体的な地名から始まっているが、この二つは、『常陸国風土記』総記にも、建郡以前の国造のクニの名として見えるものである。その記載順は、新治、筑波、茨城（以下略）であり、後に国府所在郡となった茨城よりも前に位置づけられているように、新治、筑波の地名は、地元の人々のみならず、ヤマトの人々からも、常陸を代表する地名と認識されていたと考えられる。

一方、律令制下で常陸国府が所在した茨城郡では、東海道が曾禰駅から北東に進路を変え、那賀郡、久慈郡を経て陸奥方面へ向かう官道が縦断しており、国府もこの官道上に立地しているが、東海道が陸奥へと向かうルートの一つとして確定する以前の常陸の中心地は茨城ではなく、新治、筑波であった可能性が高い。律令制下においても、新治、筑波は、前述の東海道曾

禰駅から北西方向に分岐して上野方面へ向かう伝路の通る地域であって［古代交通研究会、二〇〇四］、関東平野における本来の地域交通においては、茨城よりも重要性の高い要衝であったといえよう。また新治、筑波が、東海道の常陸と東山道の上野を結ぶ中継点にあたることは、甲斐の酒折が、東海道の駿河と東山道の信濃とを結ぶ中継点であることに対応しており注目される。新治、筑波が、東海道と東山道をつなぐ交通の要衝であったとすれば、酒折の地もまた、中央の人々から、列島規模の遠距離交通の要衝として認識されていた可能性が指摘できるのである。

このように考えた場合、あらためて注目されるのが、『古事記』崇神天皇段に「又是の御世に、依《よ》網池《さみいけ》を作り、軽《かる》の酒折池を作りき」、『日本書紀』崇神天皇六二年一一月条に「苅坂《かりさか》池・反折《さかおり》池を作る」とあるように、甲斐だけでなく、大和の軽（奈良県橿原市大軽町）周辺にもサカオリ（酒折・反折）という地名を見《み》出《いだ》せることである。『日本霊異記』巻頭話に「軽の諸越《もろこし》の衢」とあるように、軽に衢（チマタ・道股）があったことは広く知られている［前田、一九九六］。また、「軽の境岡宮《さかいおかのみや》」（懿《い》徳《とく》記）、「軽の堺原宮《さかいはらのみや》」（孝元記）、「軽の坂上《さかのうえ》の廏《うまや》」「廏坂道《うまやさかみち》」（応神紀）など、軽周辺には「境」「堺」「坂」を含む地名が多い。

サカとは本来は境界としての坂・界・境をさし、またオリはツヅラオリなどのオリと同義とすれば、サカオリとは、複数の境界が重なり合う場所といった意味になる。甲斐九筋の起点とされた甲斐の酒折と同様に、大和の軽もまた、境界としてのサカが重なり合う交通の結節点であり、文字通り「諸越の衢」であった。軽周辺にサカオリの地名が見られるのも偶然とは思わ

れず、サカオリ地名は、衢などの交通の結節点と関係すると理解できるのである。

5 「東の国造」の意味するもの

御火焼の老人とその歌

それでは、多くの研究者を悩ませてきた『古事記』の「東の国造」という称号は何を意味しているのだろうか。まず、この称号を賜ったという御火焼の老人の性格から考えてみよう。

『古事記』における「御火焼の老人」は、『日本書紀』では「秉燭せる者」「秉燭人」と表記され、それぞれ、清寧記の「火焼の少子」と、顕宗即位前紀の「秉燭せる者」とに表記上の対応が見られる。原秀三郎氏は、後者が実は市辺押磐皇子《いちのべのおしはのおうじ》の遺児で、後に即位して顕宗・仁賢天皇となるオケ王・ヲケ王であることから、御火焼の老人を実は高貴な人物であったとし〔原、二〇〇二〕、吉田孝氏も、「御火」を出雲国造の火継ぎの儀式などと関連付け、この人物が国造クラスの在地首長層である可能性を示唆している〔吉田、一九八二〕。

しかし、これらの物語の主眼は、火焼きを役とする卑賤《ひせん》の者が実は高貴な人物であったり、とっさの機転を利かせたという意外性に求めるべきである。『古事記』における御火焼の老人の名は最後まで明かされないし、例えば甲斐国造といった特定の氏族の始祖となったとの注記もない。『古事記』に見える他の類例としては、「淡海国なる賤《いや》しき老媼《おうな》」「置目《おきめ》の老媼」（顕宗

記）、「面黥《まさ》ける老人《おきな》」（安康記）、「猪甘《いかい》の老人」（顕宗記）などがあり、これらはいずれも貴人ではないことからすれば、「御火焼の老人」も、やはり単純に卑賤の者とせざるを得ないであろう。

このように甲斐の一般人であったと考えられる老人がとっさに返した歌は、なぜヤマトタケルの賞賛を得たのだろうか。「日日並《かがな》べて　夜には九夜《ここのよい》　日には十日《とおか》を」というその返答については、民俗事例からの説明〔吉井、一九七七〕や、数字を詠み込んだ数遊びとする説〔川副、一九八一〕、「かがなべて」のカと「ひには十日を」のヒに甲斐を詠み込んだとする説〔西郷、一九七三〕をはじめ、様々な解釈が試みられてきた。そのなかで西郷信綱氏は、『古事記注釈』において本居宣長の『古事記伝』の説を採用し、御火焼の老人がともしている篝火《かがりび》は、庭で焚《た》いている庭火でもあるから、「夜には九夜」のヨニワに「夜の庭」、すなわちヨニワをかけたのであろうとしている〔西郷、一九八八〕。筆者もこの説が現時点では最も穏当な解釈と考えるが、要するに、この歌にはそれほど難しい謎がかけてあるのではなく、誰にでもわかる駄洒《だじゃ》落《れ》に近いものだったのではないだろうか。

歌物語のオチ

その上で、問題の「東の国造」が、なぜ『古事記』だけに見えるのかを考えてみよう。『古事記』と『日本書紀』をあらためて比べてみると、『古事記』の物語は『日本書紀』とは異なり、第3節でふれた坂東アヅマの命名をめぐる、一つの完結した歌物語でもあることがわかる。

つまりヤマトタケルは、相模での野火の難で妻をかばうのだが、走水の海でその妻である弟橘比売を失う（この間の事情は、比売が入水する際に詠んだ歌によって明かされる形になっている）。その後ヤマトタケルは、足柄坂の神を殺して坂東の地を完全に征服した後、「吾妻はや」と嘆いてその地をアヅマと名付ける。そして足柄坂からアヅマの地に別れを告げ、御坂路を通って甲斐に入るが、注意したいのは、第3節でも指摘したように、この甲斐の地はもはやアヅマではないということである。

甲斐の人々は酒折の地に行宮を造りミコトを饗応するのだが、その心はここにあらず、亡き妻のことが忘れられずに引きずっており、宴たけなわのところで、突然、「新治、筑波を過ぎて……」と歌い出し、場違いなアヅマの話を切り出すのである。「大変だ。ミコトはアヅマの地に残してきた亡き妻のことが忘れられないでいる。下手な返答をして怒らせては大変なことになるぞ」と、その場は一瞬凍り付いたのではないだろうか。ところがここで、庭で篝火を焚いていた名も無い老人が、実にくだらない駄洒落、いわばオヤジギャグを飛ばして、満座の笑いをとったのである。一同どっと笑うなかでミコトも気を取り直し、「よくぞ言った。お前が駄洒落で返すのなら、私ももっとスケールの大きな法螺話《ほらばなし》で応えよう」と言って、身も蓋もない「アヅマの国造」の名を、アヅマの人でもないその老人に、その夜限りの肩書きとして与えた（本居宣長の『古事記伝』も、この称号を実質をともなわない「称名《タタヘナ》」としている）というのがこの話の趣旨なのではないか。

要するにこの話は、アヅマの命名をめぐって繰り広げられた一連の歌物語（それは聴衆の涙

を誘う夫婦愛の物語でもあった）の最後に付されたオチの部分に過ぎず、古代人なりのジョークなのであって、原秀三郎氏のように、これを史実と見たり、甲斐銚子塚古墳と結びつけたりするのは、基本的に困難なのではないかと思う。

『古事記』と『日本書紀』の違いの意味

このように考えると、『古事記』と『日本書紀』の伝承のその他の相違点についても、体系的な説明が可能になる。第3節で述べたように、『日本書紀』は、アヅマの名付けの場を東海道足柄坂から東山道碓日坂に変更しているが、この変更のため、アヅマの命名をめぐる本来の歌物語の流れは分断され、弟橘比売の歌も削除されてしまった。またその結果、酒折宮も単なる中継点に過ぎなくなり、アヅマの話にオチがつかなくなったために、「東の国造」の一件も削除されたのである。その代わりであろうか、大伴連の遠祖武日への靫部の賜与が追加されているが、物語の本筋とは全く関係がなく、後次的な追加の可能性が高いだろう。

ただしこのことは、『日本書紀』におけるヤマトタケル東征伝承の全てが、『古事記』のそれより新しいことを意味するのではない。アヅマの命名譚について、「吾妻はや」の故事に基づく坂東アヅマの由来のみを記す『古事記』に対し、『日本書紀』では「中つ目」を由緒とする信濃坂での原アヅマの由来譚も載せており、物語の個々の構成要素のレベルでは、必ずしもそうとは言えない場合もあるからである。

原アヅマの段階での伝承を部分的に残す『日本書紀』に対し、『古事記』におけるアヅマの

語は厳密に坂東アヅマに限られているが、このことは、野火の難の舞台が『古事記』では相模、『日本書紀』では駿河となっていることとも関連すると思われる。火攻めの話自体は、やはり、現在も地名が残る駿河の焼津にまつわる地名起源説話であったと見るべきで、この部分に関しては『日本書紀』の方が本来の形に近いと考えられる〔仁藤、二〇〇六〕。ところが、坂東アヅマの命名譚としてストーリーを一貫させなければならない『古事記』の説話は、「吾妻はや」という台詞《せりふ》を、本来は相模での野焼きの行事をめぐる民間の歌で、ヤマトタケルとは無関係だった「さねさし　相模の小野に……」の歌と結びつけたため、受難の舞台も、足柄坂に立ったヤマトタケルから見て東の眼下に広がる相模平野に移すことになった。つまり、もともとは駿河の焼津のものであった地名起源説話の舞台を相模に変更することで、物語の舞台を坂東アヅマの範囲に収めようとしたのだと考えられよう。

おわりに

以上本稿では、『古事記』の酒折宮伝承を四世紀の史実とみる原秀三郎説に対して、中央政府の辺境観の変遷や、地元である甲斐の地域構造の変化、『古事記』の持つ文芸性などからみて、その成立が六～七世紀まで下ると考えられることを示してきた。しかしその一方、ヤマトタケルの東征伝承自体は複雑な重層性を持っているので、そこから四世紀以前の状況を読み取ることが全く不可能なのではない。

例えば、ヤマトタケルが往路で、東海道の海沿いに進んで東国に入ったと考えられることは、本来は太平洋の沿海交通路であった古・東海道の形成と、それに沿って点在する静岡県磐田市の松林山古墳や神奈川県逗子市・葉山町の長柄桜山古墳など、四世紀代の畿内的な前期古墳のネットワークの問題とも関連する［平川、二〇一四］。またそれらが、甲斐銚子塚古墳や長野県千曲市の森将軍塚古墳といった内陸部の前期古墳とどのように関わるのかも問題である。ただ本稿で述べたように、記紀の酒折宮伝承から甲斐銚子塚古墳の歴史的意義を読み取るのは困難であり、この古墳がなぜここまで巨大で、また畿内の影響を強く受けているのかは、別に考えてみる必要があるだろう。

これに対し、六～七世紀にかけての時代背景を持つのが『古事記』における酒折宮の伝承である。それは、海上の道ではなく、内陸の足柄坂を通る陸上の道としての東海道が確立し、さらにそれが、甲斐の地を中継点として東山道と結ばれ、やや遅れて「坂東アヅマ」という地域区分が成立した段階に対応している。

四世紀の交通体系は、どのようにしてこうした六～七世紀の交通体系となり、さらに律令制段階の交通体系へと変化してゆくのだろうか。本稿で見てきたように、一見ローカルに思われる地域の交通体系は、同時に全国的な交通体系の一部でもあり、その歴史的な意味は、この両者を総合的に検討しなければ理解できない。酒折宮伝承をはじめとする記紀の諸伝承の意味もまた、そうした検討によって、初めて明らかになると考えられるのである。

参考文献

荒井秀規　一九九四年「「東国」とアヅマ―ヤマトから見た「東国」―」関和彦編『古代東国の民衆と社会　古代王権と交流２』名著出版

磯貝正義　一九八六年「古代甲斐国と畿内王権」『第四回企画展図録　古代甲斐国と畿内王権』山梨県立考古博物館

磯貝正義　一九九一年「ヤマト政権と甲斐」『甲府市史　通史編第一巻　原始・古代・中世』甲府市

磯貝正義　一九九三年「いわゆる「東国造」について」『山梨県立考古博物館・山梨県埋蔵文化財センター　研究紀要』九

大隅清陽　二〇一八年「ヤマト政権と甲斐」「ヤマトタケル酒折宮伝承の再検討」『古代甲斐国の交通と社会』六一書房

尾崎喜左雄　一九七二年「東国の国造」坂本太郎博士古稀記念会編『続日本古代史論集』上、吉川弘文館

川副武胤　一九八一年「甲斐の酒折宮の歌」『山形大学史学論集』一

古代交通研究会編　二〇〇四年「常陸国」『日本古代道路事典』八木書店

小林昌二　二〇〇七年「書評・原秀三郎著『地域と王権の古代史学』」『史林』九〇―五

西郷信綱　一九七三年「ヤマトタケルの物語」『古事記研究』未来社

西郷信綱　一九八五年「アヅマとは何か」『古代の声』朝日新聞社

西郷信綱　一九八八年『古事記注釈』三、平凡社

仁藤敦史　二〇〇六年「相武の焼津と駿河の焼津」仁藤敦史編『歴史研究の最前線　Vol.5　歴史と文学のあいだ』吉川弘文館

原秀三郎　二〇〇二年『地域と王権の古代史学』塙書房

平川　南　二〇一四年『律令国郡里制の実像』上、吉川弘文館

平野邦雄　一九八六年「古代ヤマトの世界観」『史論』三九、東京女子大学史学研究室

平凡社地方資料センター編　一九九五年『山梨県の地名　日本歴史地名大系19』平凡社

前田晴人　一九九六年『日本古代の道と衢』吉川弘文館

吉井　巌　一九七七年『ヤマトタケル』学生社
吉田　孝　一九八二年「酒折宮の説話の背景」磯貝正義先生古稀記念論文集編纂委員会編『甲斐の地域史的展開』雄山閣出版

7章　三川・穂・三野・科野・越の地域と社会

田島　公

はじめに

日本列島の東西の言葉の相違と大野晋説

一九五七年、国語学者の大野晋《おおのすすむ》氏は東と西の言葉の違いとして、以下のことを紹介している［大野、一九五七］。❶日本の方言が本州東部方言と本州西部方言の二つに大きく区分され、その方言の境界線は中部地方の内部、または中部地方と近畿地方との境であること。❷アクセント体系は東京式と京都式との二つに大きく対立し、その境界線は岐阜県・愛知県・長野県・新潟県と、富山県・石川県・福井県・滋賀県・三重県との境界線上にあること。❸室町時代語の基礎的な言語資料として使用される、イエズス会士ジョアン・ロドリゲス著『日本大文典』（一六〇四～〇八年）に「三河《みかわ》から日本の涯《はて》に至るまでの東の地方では一般に物言いが荒く、鋭くて、多くの音節を呑《の》み込んでしまう。又、これらも地方の人々相互の間でなければ理解されないような、この地方独持で粗野な語がたくさんある」と記されていること。❹本州東部方言は『万葉集』の東歌《あずまうた》・防人《さきもり》歌の研究から奈良時代の東国方言まで遡《さかのぼ》り、当時、東国は「アヅマ」と呼ばれ、『万葉集』ではアヅマの枕詞《まくらことば》が「トリガナク《（鶏が鳴く）》」であるように、アヅマの人の言

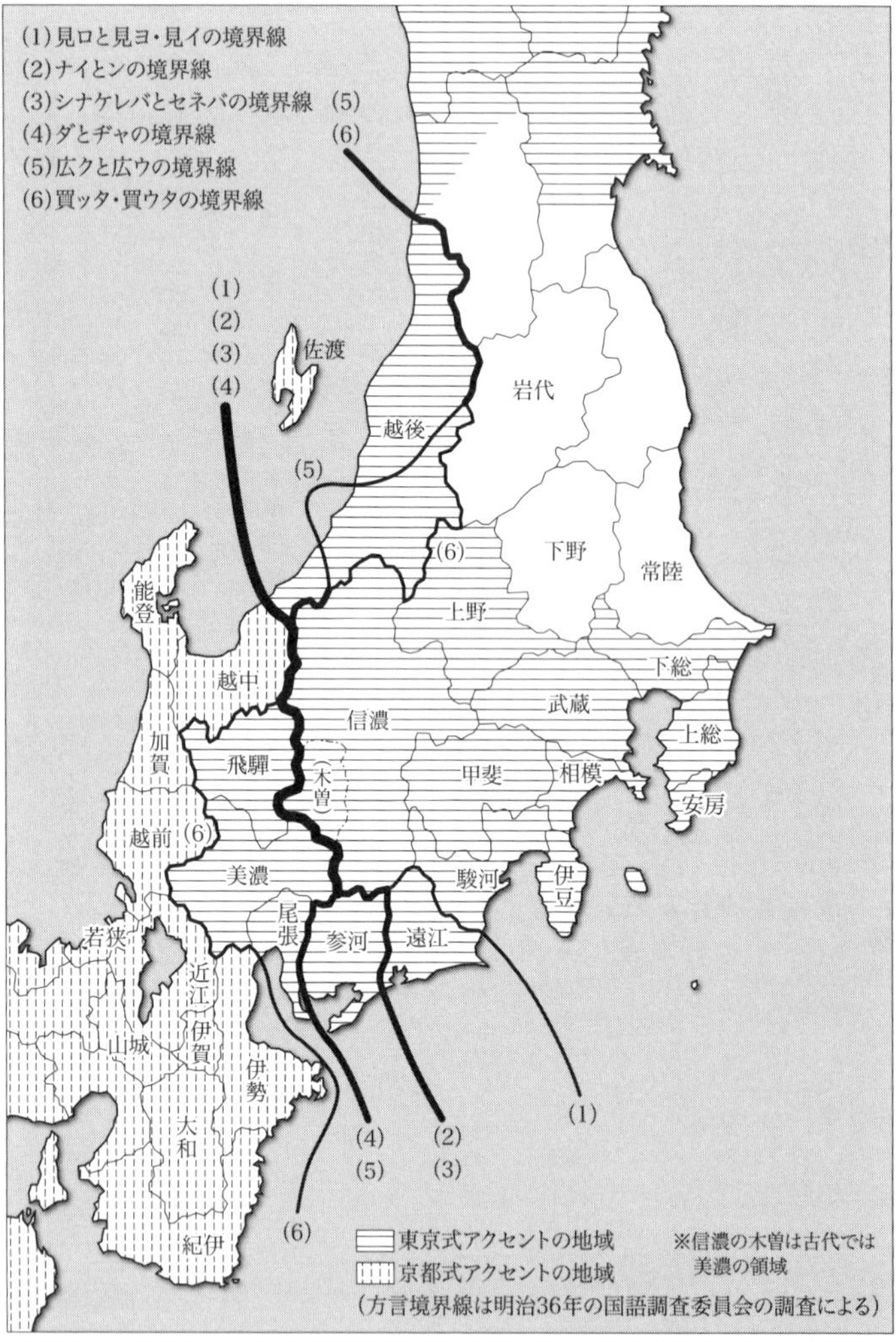

図7-1　中部地方の言語境界線(大野晋『日本語の起源』岩波新書・1957年に加筆)

語や発音は大和《やまと》国を中心とした都の人には異様に聞こえたこと。「アヅマ」の言語も一様ではなく、(1)「第一のアヅマ」（箱根より東の現在の関東・東北地方）、(2)「第二のアヅマ」（長野県［信濃国］と静岡県［遠江国］との西の境から東）、(3)「第三のアヅマ」（岐阜県［飛驒国・美濃国］と愛知県［尾張国］の西の境から東）の三段階に分かれており、奈良時代に見られる第一・第二・第三のアヅマの境界線は、この時代に形作られたものではなく、それよりもはるか昔の様々な政治史的・文化史的な出来事の結果であること。

東西の文化の相違と「アヅマ」の境界の移動

この指摘は、新書判ということもあって、その後、国語学以外の様々な研究者の関心を呼び、日本列島の東と西の言語・民俗・文化・社会の著しい差異に着目した研究、その点を念頭に置きつつ日本の古代・中世の歴史を捉えようとする研究も行われた。しかし、その少し前に、古代史では、井上光貞《いのうえみつさだ》「古代の東国」（『万葉集大成』五　平凡社、一九五四年）、岸俊男《きしとしお》「防人考―東国と西国―」（『万葉集大成』一一　平凡社、一九五五年）が発表されており、大野氏の指摘は、東西の古代史を代表する研究者の論文を意識したものではないかと推察される。本稿は大野晋氏の指摘、特に❹の視角を継承し、地質学で言う東北日本と西南日本の地層の境目となる大地溝帯・フォッサマグナ（Fossa Magna）の西縁である糸魚川《いといがわ》・静岡構造線に近接した地域のうち、北から南に向かっていえば、越（高志）、科野（信濃）、三野《みの》（美濃）、穂《ほ》・三川《みかわ》（参河《みかわ》）を中心に、倭《やまと》王権や律令国家からみた「東国」（アヅマ）の範囲（境界）の認識や実態の変

化、境界《ボーダー》の西から東への移動の痕跡《こんせき》を求めて、初期倭王権の時代や国造《こくぞう》制の時代まで遡り、三川・穂、三野・科野・越の各国の特徴を、最新の史料や研究をもとに考える。

1　物部氏と大王家の「アヅマ」への進出

物部氏の東方進出伝承

記紀や『先代旧事本紀』巻十「国造本紀」（以下、国造本紀）などによれば、国造制が成立するより前の時代に、倭王権の大王家より先に、物部《もののべ》氏が東方に進出していたという伝承がある。

物部氏の始祖・ニギハヤヒ（饒速日）は、『日本書紀』神代巻上や『先代旧事本紀』巻三「天神本紀」によれば、イワレヒコ（神武天皇）の兄で、その東征に先立ち、天照大神《あまてらすおおみかみ》から十種の神宝を授かり、天磐船《あまのいわふね》に乗って「河内國河上哮峯《かわかみのたけるがみね》」（伝承地：大阪府四條畷《しじょうなわて》市）に天降《あまくだ》り、四條畷市と奈良県生駒《いこま》市との境に発し、岩所〔磐船〕神社（大阪府交野《かたの》市私市《きさいち》）付近を経て、枚方《ひらかた》市で淀川に合流する天《あま》野《の》川源流の地に着き、更に「大倭國鳥見《とみ》白庭《しらにわ》山」（伝承地：奈良県生駒市白庭台《しらにわだい》）に移り住み、現地の豪族であるナガスネヒコ（長髄彦）の妹を娶《めと》ったという［吉川、二〇一九］。こうした物部氏の始祖・ニギハヤヒの天降り伝承は、記紀によれば、日向の高千《たかち》穂峰《ほのみね》にニニギ（瓊瓊杵尊・邇邇芸命）が天降ったという伝承より前のものであるという［田中、二〇一一／吉川、二〇一九］。そして、ニニギの曾孫《そうそん》がイワレヒコで、イワレヒコは東方進出を志し、九州から瀬戸内海を経て、河内国草香邑《くさかのむら》（伝承

地：大阪府東大阪市日下《くさか》）に到り、生駒山を越えて大倭《やまと》に入ろうとした時に、（トミノ）ナガスネヒコ（本拠地：富雄《とみお》川中・上流域）によって撃退されたので、イワレヒコは紀伊半島を南下し、熊野《くまの》から宇陀《うだ》を経て大倭《やまと》に侵攻した。ナガスネヒコはニギハヤヒに仕えていたが、イワレヒコの最終攻撃にも屈せず、ついに殺されたという。こうした伝承から、ニギハヤヒとニニギの天降り伝承は別系統のもので、ニギハヤヒとナガスネヒコの妹との間に生まれたウマシマジ（宇摩志麻遅）の子孫である、ニギハヤヒから五代目のウツシコヲ（欝色雄）・ウツシコメ（欝色謎）の兄妹や、その次の世代のイカガシコメ（伊香色謎）・イカガシコヲ（伊香色雄）の姉弟は、三世紀の倭王権と深い繋《つな》がりを持ち、物部氏の先祖は倭王権との関係を深めつつ、天野川下流域に勢力を広げていった可能性があるという［吉川、二〇一九］。このような伝承をもつ物部氏の先祖が、東方（東国）に進出し、三川から東、伊豆地域まで、勢力を拡げ、各地域の「クニ」の支配者になった可能性が「国造本紀」から窺《うかが》える。それを示す物証として、物部系の墳墓と想定する前方後方墳や物部神社の存在を挙げる説もある［田中、二〇一二］。初期倭王権時代から、大王家と共に、物部氏が東国に盤踞《ばんきょ》していたことが想定されている。

倭王権の王族・将軍の東方進出伝承

一方、記紀に見える初期倭王権の大王や王族による東方進出に関する伝承としては、崇神天皇の時に四道将軍の一人・武渟川別《たけぬなかわのわけ》（建沼河別命《たけぬなかわわけのみこと》）が「東海」（「東方十二道」）に派遣され、崇神天皇皇子・豊城入彦命が「東国」を治め、景行《けいこう》天皇の時、豊城入彦命の孫・彦狭嶋《ひこさしま》王が「東

山道十五國都督」に任命され、景行天皇は、「美濃」の「泳宮《くくりのみや》」に行幸し、武内宿禰《たけしうちのすくね》が「北陸及東方諸国」を視察し、日本武尊《ヤマトタケルノミコト》（倭建命《ヤマトタケルノミコト》）は東国の蝦夷《えみし》の叛乱《はんらん》を鎮圧するために、それぞれ派遣されたという。この内、ヤマトタケル伝承は初期倭王権の東方進出を示すもの、反映させたものと考える説もある。

久々利《くくり》五十戸木簡と「泳宮《くくりのみや》」・「八十一《くくり》隣之宮」

このうち、『日本書紀』景行天皇四年二月甲子（十一日）条の、景行天皇が「美濃」の「泳宮」（伝承地：岐阜県可児《かに》市久々利《くくり》）に行幸し、この国の八坂入彦《やさかのいりひこ》皇子（崇神天皇の皇子・母は尾張大海媛《おわりのおおしあまひめ》）の女《むすめ》で容姿美麗な八坂入媛《いりひめ》を喚《め》し妃《きさき》とした伝承に関しては、疑問視する意見が多く、伝承地が近世になり創作されたとされている［羽賀、一九九七］。

「泳宮」に関しては、従来、『万葉集』巻十三　三二四二「百岐年《ももきね》　三野之國之《みののくにの》　高北之《たかきたの》　八十一隣之宮尓《くくりのみやに》　日向尓《ひむかひに》　行靡闕矣《いきなびかかふ》　有登聞而《ありときて》　吾通道之《わがかよひぢの》　奥十山《おくやそやま》　三野之山《みののやま》　靡得《なびけと》　人雖跡《ひとはふめども》　如此依《かくよれ》等《と》　人雖衝《ひとはつけども》　無意山之《こころなきやまの》　奥礒山《おきそやま》　三野之山《みののやま》」の歌に見える「八十一隣之宮」に同じとされてきた。

「八十一」で「くく」と訓《よ》むのは、掛け算の九九（八十一）からの戯書で、この表記は全く意味のないことかと考えられていた。

ところが、明日香村飛鳥池遺跡北地区出土木簡に「丁丑年十二月次米三野國　加尓評久々利五十戸人物部　古麻里」との記載が見え、天武天皇六年（丁丑《ひのとうし》・六七七）に「次米《すきのこめ》」（新嘗祭《にいなめ》に関係する主基《すき》米との説あり）を貢納した、三野国加尓評《かにごおり》《ひょう》久々利五十戸（後の美濃国可児郡久々利里）という「国―評―五

十戸」制下の行政単位があることが知られ（同村石神遺跡《いしがみ》からは「己卯年《（天武八年・六七九）》十一月三野國加尓評」の木簡が出土）、泳宮の地名は『日本書紀』撰上《せんじょう》時（七二〇）の創作ではないことが判明した。また、記紀では景行天《（オホタラシヒコオシロワケ）》皇に関して、必ず「八十」人の子供（王子・王女）がいたと記される。「八十」は実数ではなく、沢山の、多くのという意味であると思われるが、「八十」は景行を連想させる言葉であり、これが景行の「美濃」行幸の行宮《あんぐう》（仮宮）の名称に影響していることも想定される。

というのは、『万葉集』に「八十一隣之宮《くくりのみや》」と見える表記は単なる戯書ではなく、「八十一」の「隣《となり》」の数字は「八十一」であり、「ククリ」という地名を「八十一隣」と記して、子供が多いと伝承され、「八十」という数字を連想させる大王（景行天皇）の行宮に因《ちな》んで名付けられたとも考えられ、記紀成立以前の古くからの記憶や伝承が背後に存在する可能性が出てきた［田島、二〇一八b］。『万葉集』巻十三　三二四二の歌は難読、難解とされるが、一志《いっし》茂樹《しげき》氏によれば、「（ももきねの）美濃の国の　高北の泳の宮に　日向《（通う）》かいに　行こうとしても横になって（行く手を遮って）しまうことが　あると聞いて　私が行く道の　奥十山《（奥木曾山）》の　美濃の山　横に（低く）なれと　人は踏むのに　こっちへ寄れと　人は突くのに　何の思いやりもない山だ、この奥十山《（奥木曾山）》の　美濃の山」であるという。「泳宮」と思《おぼ》しき場所にいる恋人に、一日逢《あ》いたいのに、それを妨げる奥木曾山・三野の山を謡う伝承歌とされている［一志、一九九三］。

なお、この歌の冒頭に見える、「百岐年《ももきね》」とは「三野」の枕詞《まくらことば》で、掛かり方や意味が未詳とされるが、「百木根」を示し、多くの木の根が生えるという意味であろう。また『万葉集』巻

十三　三三二七に「百小竹之《ももしのの》　三野王《みののおほきみ》」とあるように、「百小竹《ももしの》」も「三野」の枕詞で、百篠《しの》のことであり、多くの篠が生い茂るという意味である。更に『執政所抄《しっせいしょしょう》』十二月　宮咩《みやのめのまつり》奠に は「百國乃《ももくにの》　美乃々《みのの》白綿《しらわた》、安具太都支《あぐたつき》」とあり、「百國乃《ももくにの》」は「美乃《みの》」に掛かり、ミノは多くのクニ、広い土地を連想される地であった。即ち、三野は、多くの木の根や篠が生えた広大な未開の土地であった。そうしたことを視野に入れると、可児《かに》郡に比定される泳宮《くくりのみや》までが、倭王権の勢力が及んだ地で、その奥には未開の地が広大に拡がり、木曾川を遡上《そじょう》することにより、土《と》岐《き》郡・恵《え》那《な》郡を経て、木曾谷を通り、県坂《あがたさかのやまのみね》　山岑（鳥居《とりい》峠）を越えて信濃国筑摩《つかま》郡に至る交通路（神坂《みさか》峠を通らずに、東濃《とうのう》〈三野《みのの》後　国《しりえのくに》〉から中信《ちゅうしん》〈科野〉に至るルート）の起点となる。

飛鳥池《あすかいけ》遺跡出土木簡には、「（表）・丁丑（天武六年・六七七）年十二月三野國刀支《とき》評次米／（裏）・恵奈五十戸造　阿利麻　春人服ア〔部〕枚布五斗俵」とあり、「恵奈五十戸」は『和名類聚抄』によれば、美濃国恵奈郡絵上《えのかみ》・絵下《えのしも》郷に該当し、「刀支評」は後の土岐郡であることから、行政区域としても、七世紀後半に土岐郡・恵那郡は一体となっており、早くから、後の東山道とは別の交通路があった。

「加尓評久々利五十戸」と記された木簡の出現により、四世紀前半と推定され、初期倭王権の進出拠点として、景行天皇の行宮（泳宮）が置かれたとされる地域が、『万葉集』の歌の解釈と相俟《あいま》って、初期倭王権による古東山道による東国《アヅマ》への進出ルートや辺境《ボーダー》の問題、次に述べるホムツワケの鵠《くぐい》追跡伝承に見える三野・尾治（尾張）から科野を経由した東国・北国に至る水路と陸路の結節点とする見解がある［原、二〇一二］。

2　初期倭王権の「辺境《ボーダー》」としての三野と越

本牟智和気御子の鵠《くぐい》伝承と東国の辺境

『古事記』中巻　垂仁《すいにん》天皇段や、『日本書紀』垂仁天皇二十三年九月丁卯《（二日）》条・十月壬申《（八日）》条・十一月乙未《（二日）》条に、本牟智和気御子《ほむちわけのみこ》（誉津別王《ほむつわけのみこ》）の伝承が記されている。本牟智和気は、垂仁天皇と沙本毘売命《さほびめのみこと》との間にできた皇子であるが、母の沙本毘売命が兄の沙本毘古王《さほびこのみこ》とともに叛乱を起こし、鎮圧されて亡くなっていることもあってか、成長して三十になり、鬚《ひげ》が胸先に達しても赤子のように泣き、言葉を発することがなかったという。ある時、鵠《白鳥》を見て、言葉を発したので、天皇は追いかけて捕獲するよう命じたという。これもそのまま史実とは見做《みな》せないが、当時の交通路や初期倭王権の領域や境界を考える際に参考になる伝承である。

そのルートに関しては、記紀で相違があるが、『古事記』によれば、倭国《（大和）》（師木玉垣宮《しきのたまがきのみや》）から木国《（紀伊）》、針間国《（播磨）》、稲羽国《（因幡）》、旦波国《（丹波）》、多遅麻国《（但馬）》に到った後、「東方」に廻《めぐ》り、近淡海国《ちかつおうみ》、三野国、尾張国、科野国、高志国《こし》に到り、和那美之水門《わなみのみなと》に網を張って鳥を捉えて献上したという。『古事記』の国名表記は、七世紀後半の出土木簡との比較から、『日本書紀』より古いとされ、古い伝承の存在が想定される。注目されるのは、「東方」（アヅマ）へは、倭→近淡海《（近江）》→三野→尾張→科野→高志《（越）》というルートの存在が推定されることである。特に、三野から尾張を経て科野に向かっていると共に、初期倭王権の勢力範囲（版図）の東限、「第二のアヅマ」と「第三の

アヅマ」との間まで、倭王権の使者が行っていたことを窺わせる伝承である。

夷守と辺境

こうした、初期倭王権の勢力範囲（版図）を想定しうるかもしれない、もう一つの史料として、辺境の地を守るために兵を置いたことに由来する官職「夷守《ヒナモリ》」がある。列島に分布する「ヒナモリ」関係の史料や地名に関しては、平野邦雄《ひらのくにお》・桑原正史《くわばらまさし》両氏の研究がある〔平野、一九八六／桑原、一九八六〕。それによると、西日本では、『三国志』魏書烏丸鮮卑東夷伝《ぎしょうがんせんぴとういでん》 倭人《わじん》条（魏志倭人伝《ぎしわじんでん》）によれば、対馬《つしま》国・一支《いき》国・奴《な》国・不弥《ふみ》国の副官に「卑奴母離《ひなもり》」があり、共に邪馬台国《やまたいこく》までのルート上に位置し、外敵に対する防衛のために置かれた軍事指揮官の称号かとされ、『和名類聚抄』によれば、筑前《ちくぜん》国糟屋郡（現在の福岡市）に「夷守駅《ひなもり》」があり（現在は日守《ひまもり》神社が建つ）、奴国の「卑奴母離」が駐在した所との説もある。

また『延喜兵部式』に日向国諸県《もろかた》郡夷守《ひなもり》駅が見える。『日本書紀』景行天皇十八年三月条に見える景行天皇が「筑紫国」を巡狩した際に到った諸県の「夷守」の地に同じで、「兄《え》夷守」・「弟《おと》夷守」が所在した所との説がある（伝承地：宮崎県小林《こばやし》市細野《ほその》夷守）。近くの霧島岑《きりしまみね》神社は夷《ひな》守《もり》神社とも称され、熊襲《くまそ》や隼人《はやと》に対する防衛の最前線とする説もある。「諸県」＝「アガタ」（縣）なので、その後、王領（倭王権の「アガタ」）の所在地となった。一方、東国における「夷守」関係地名が存在するのは三野と越である。

三野の「夷守」

先ず、三野の場合、『延喜式神名帳』の美濃国厚見《あつみ》郡に比奈守《ひなもり》神社が見える。比奈守神社は美濃国厚見郡に坐《いま》すとされ、現在、同名の神社が岐阜県岐阜市茜部本郷《あかなべほんごう》に鎮座する。当神社は東大寺領茜部荘《しょう》内に含まれ、その北東部に位置する。茜部荘は、もと桓武天皇の勅旨田《ちょくしでん》であったが、大同《だいどう》四年（八〇九）二月二十一日に立荘し厚見荘と号して、皇女・朝原《あさはら》内親王に譲渡され、弘仁九年（八一八）三月二十七日に彼女の遺命により、その母の酒人《さかひと》内親王によって、墾田百十七町三百三十九歩が東大寺に寄進された（「酒人内親王施入状」『東南院文書』第三）。その後、厚見荘から荘号を茜部荘に改めた。比奈守神社は、飛騨《ひだ》に対し備えて置かれた夷守に関係するという説もあるが、後述する景行紀に見られるように、初期倭王権にとって、ミノがアヅマの最前線であった時代もあり（「第三のアヅマ」段階）、初期倭王権が三・四世紀にそのフロンティアに設置した防衛の最前線（守備隊の駐屯地）との説もある。

『日本書紀』景行天皇四十年七月戊戌（十六日）条によれば、景行天皇は「東国《アヅマ》」の平定に向かわなかった大碓《おおうす》皇子（小碓《おうす》皇子〔ヤマトタケル〕の兄）を「美濃」に「封《ことよ》」させ（委ねさせ）、大碓皇子は「封地」である「美濃」に赴き、身毛津《むげつ》君・守《もり》君の二つの氏族の始祖となったという。『新撰姓《しんせんしょ》氏録抄《うじろくしょう》』左京皇別下・同河内国皇別によれば、牟義公《むげつきみ》氏・守公《もりのきみ》氏・大田宿禰《おおたのすくね》氏が大碓命の後という。守（部）氏の本貫地は美濃国安八《あんぱち》郡や承和四年（八三七）に同郡から分割された池田《いけだ》郡で、三野にある金生山《きんしょうざん》の鉄鉱石という資源を確保するための大王家の禁処《きんしょ》・禁野《きんや》（大王家の独占空間）であり、それを守り経営するために派遣され、実務担当の守部《もりべ》を管理した王子（大碓

命）を始祖とすると考えられる［田島、二〇一八b］。

　なお、茜部荘に関しては、その比定地の復原が海老《えび》沢和子《さわかずこ》氏によってなされているが［海老沢、二〇一四］、天喜《てんぎ》元年（一〇五三）七月　日付美濃国茜部庄司・住人等解状《げじょう》（『岐阜県史』史料編　古代・中世三）には「四至　東限、共河、南限、尾張河、西限、平田御庄堺、北限、三宅寺、」と見え、北は「三宅寺」に隣接していることから、もとは、倭王権の王領（屯倉《みやけ》）があった痕跡も見える。即ち、初期倭王権が置いた夷守が駐屯する施設が、先《ま》ず屯倉になり、その後、八世紀には王領として管理されたものが、天皇家から寄進され東大寺領荘園になったとも考えられる［田島、二〇〇五］。

　アヅマとヒガシは同義ではなく、アヅマ（「ア・ツマ」）のアは接頭語、ツマは端・辺境の地を意味し、それはサツマ（「サ・ツマ」・薩摩《さつま》）と対になる概念であったとする西郷信綱《さいごうのぶつな》氏の説［西郷、一九八四］を参考にすると、壬申の乱で皇太弟大海人皇子（天武天皇）の軍事的・経済的拠点となった安八磨評《あはちまのこおり》　湯沐邑《ゆのむら》がある美濃国安八郡（安八磨《アハチマ》・味八間・安八麻）は、アハチマ＝アハツマ＝アツマに由来すると言え［田島、二〇〇〇］、アヅマの境界がミノであった時代に淵源《えんげん》をもつ地名である。厚見郡茜部郷の比奈守神社は、「第三のアヅマ」と関わる時代の地名を伝えている。

越（高志）の「夷守」と「しなざかる越」

　越の夷守としては、『和名類聚抄』に越後国頸城《くびき》郡夷守郷（比定地：新潟県妙高《みょうこう》市美守《ひだのもり》）が見える他、宮内庁正倉院事務所所蔵の宝物の調庸銘六三に「夷守郷郷戸主肥人呰麻呂《くまひとのあざまろ》　□□□（天平勝）□」が知られる。このことから、「コシ（越・高志）」の「クビキ（頸城）」に初期倭王権のフロンティアの守備・

防衛のため、「夷守」が置かれていた時代があったと想定できる。それに関連することとして、『万葉集』に見える「コシ《（越）》」にかかる枕詞の「しなざかる」から考えることにする。『万葉集』の、(1)巻十八　四〇七一の短歌に「之奈射可流《しなざかる》　故之能吉美良等《こしのきみらと》」（しなざかる　越の君《きみ》らと）、(2)巻十九　四一五四の長歌に「科坂在《しなざかる》　故志尓之須米婆《こしにしすめば》」（しなざかる　越にし住めば）、(3)四二二〇の長歌に「之奈謝可流《しなざかる》　古之地乎左之氐《こしぢをさして》」（しなざかる　越路《こしぢ》をさして）、(4)四二五〇の短歌に「之奈謝可流《しなざかる》　越尓五箇年《こしにいつとせ》」（しなざかる　越に五年《いつとせ》）、とある。詠み人は(3)が大伴家持《おおともやかもち》の叔母《おば》で姑《しゅうとめ》の大伴坂上郎女《さかのうえのいらつめ》で、それ以外は大伴家持である。

枕詞「しなざかる」の歴史的背景

このように「しなざかる越《こし》」と詠われた歴史的背景は、『続日本紀』大宝二年（七〇二）三月甲申《（17日）》条に「越中国四郡を分かちて越後国に属す」とあること、即ち越中国四郡とは後の越後国頸城・古志《こし》・魚沼《いおぬ》《うおぬま》・蒲原《かんばら》の各郡で、七世紀後半に前・中・後に分割された「越」国内部の境が八世紀初頭に東にかなり移動していくことに関係する。七世紀後半には科野国の北は大部分が越中国に接していたのである。更に北陸道が開通したのは七世紀後半と言われ、それ以前は越後・越中からは信濃国経由で都に至った。従って、八世紀中頃の越中の人にとって、まだ、信濃国《（科野）》は密接な国というイメージが残存していた。

「しなざかる越」とは、まず「シナ」（＝科野）より遠ざかって「コシ（越）」に至ると解釈すべきだが、更に、「しなざか《（科坂）》ある《（在）》」の省略形でもあり、『万葉集』巻十九　四一五四の万葉仮名

のように「科坂在」とも考えられる。「コシ」へのルートとして若狭《わかさ》・敦賀《つるが》から海上交通も交えながら日本海沿岸を辿るルートの他に、「シナノ《（科野）》」から山や峠を越えて「コシ（高志・越）」に入るルートがあったはずである。「科坂」とは、科野と越後（四郡分割編入前は越中）とを結ぶ交通路の国境に存在した三カ所の「み坂」峠のいずれかを指した［一志、一九七六／長野県、一九八九］。「深坂《みさ》峠」（長野県下水内《しもみのち》郡栄《さかえ》村大字豊栄《とよさかえ》と新潟県十日町《とおかまち》市浦田《うらだ》との境）・「見坂平」（長野県上水内郡牟礼《むれ》村〔現・長野市飯綱《いいづな》町〕大字小玉《こだま》）・「三坂《みさか》峠」（大峠）（長野県北安曇《あづみ》郡《ぐん》小谷《おたり》村深原《ふかはら》〜横川《よこかわ》）が「科坂」（科野の坂）であり、そこを「越」せば、「コシ」（越）の国であった。

　このルートは初期倭王権の辺境のボーダーに近いホムツワケの鵠伝承の科野から高志へのルートまで遡り、近くは七世紀後半といわれる北陸道の整備以後、畿内から科野国を通らずとも「コシ」（越後・越中）に入れるようになっても、「しなざかる」という越の枕詞と共に、「コシ」と「シナノ」と「科坂」をめぐる人々の深い記憶が残存していた。七世紀中葉以前、倭王権からの「越」（越中や越後）への人や物の流れは、「科野」経由によって行われる時代が長かったことを窺わせる。

図7-2　「みさか」の分布と古東山道（『長野県史』通史編 1 原始・古代を元に作成）

3　三川国造と穂国造――参河国の「東国」的要素

国主《くにぬし》から国造《くにのみやつこ》へ

国造《くにのみやつこ》とは、近年有力とされる通説では六・七世紀に倭王権が列島各地を治めるために置いた地方官で、地域の有力豪族が任命され、支配下の裁判・刑罰・祭祀・軍事・勧農《かんのう》などの機能を掌握する、地域の最高首長であったという。国造に任命された者は倭王権の大王《おおきみ》に対して、服属の証《あかし》である調《つき》や贄《にえ》を献上するほか、一族の子女を采女《うねめ》、子弟を舎人《とねり》として倭王権に差し出す義務ももっていた。国造家出身者は律令制下では郡司に優先的に任じられるが、郡司に比べ官僚的性格は弱く、国造の姓《かばね》は多くは「直《あたい》」であったという。

右のような国造の理解は七世紀中葉に成立した『隋書《ずいしょ》』倭国伝に見える隋使が訪れた七世紀初頃の推古朝の倭国では約一二〇の「国」（＝国造）が存在し、「国」の下に一〇の「稲置《いなぎ》」が属していたとの記載が、『先代旧事本紀』「国造本紀」に見える国造の数、約一三〇と近いことから、「国造本紀」の記載には信憑性《しんぴょう》があるとされ、遅くとも七世紀初頭には国造制が存在したと言われ、近年では国造制は六世紀に成立したとする説が多く採用されている。但し、こうした理解では、六世紀より前、通説では国造制成立前とする時代の各地域の様相を文献史料から説明できない。しかし、『漢書《かんじょ》』地理志に「分れて百余国と為《な》る」（原漢文）と記された状態（一世紀頃）の原初的な「クニ」から、七世紀後半に成立する「令制国」に至るまでの過程を

以下の四段階に分ける鎌田《かまだ》元一《もとかず》氏の考え〔鎌田、一九八八〕に従うと、文献史料でも説明ができる。

即ち、列島各地にそれぞれ独立した政治的統一体としての「国《クニ》」が成長し、相互に交渉を持ちつつ存続した時代があり、倭《ヤマト》王権もまたそうした「国」の一つから出発し、次第に各地の「国」をその政治的属下に置くが、各「国」と倭《ヤマト》王権との関係は基本的には同盟・連合の関係で、地域の首長が①**「国主《クニヌシ》」**と呼ばれた時代を最初に想定する。次いで、西日本を中心に「国」が「県《アガタ》」に編成され、首長である①「国主《クニヌシ》」は「県主《アガタヌシ》」として倭《ヤマト》王権に対する各種の奉仕義務を負ったが、「国主《クニヌシ》」としての在地における支配権は従来と変わりなく保持した②**「県主《アガタヌシ》」**の時代を想定する。そして「国」（または「県」）の基礎をなす部族的体制の動揺・解体を受け、倭《ヤマト》王権による「国」の再編が行われ、倭王権のもとで「国」が形成され、その「国」の首長は大王の「ヤッコ」として③**「国造《クニノミヤツコ》」**と称された時代を想定する。「国造」は一面ではなお「国主」としての実質を継持するが、半面、倭《ヤマト》王権の地方官としての性格を持ち、倭《ヤマト》王権に対する従属の度合いを強めていく時代である（伊勢《いせ》国の場合は「県造《あがたのみやつこ》」）。最後が「国造」及びその一族が新制の評《こおり》（郡）の官人に任用され、「国造」の「国」の分割・統合を経て、国家の純然たる行政区画としての「国」が成立する④「令制国」の時代であるという。

①の「国主」の用例は少ないが、『日本書紀』神代に見える、少彦名命《すくなひこなのみこと》の協力を得て、国土（葦原中国《あしはらのなかつくに》）の「経営」を行ったという大国主命《おおくにぬしのみこと》（国津《くにつ》神《かみ》の主宰神）は、その名のように大「クニヌシ」であったが、高天原《たかまがはら》からの天照大御神（天津《あまつ》神《かみ》の主宰神）の使者に国譲りを要請され、

移譲を受け入れ、国譲りし、以後、ニニギ（瓊瓊杵尊）が「葦原中國之主」となったことは、「国主」から「クニノミヤツコ（奴）」への流れを象徴しているという。

三川国造と穂国造の伝承

弥生時代から古墳時代を経て、律令国家の成立までの地域の歴史を、①「国主」→（西日本②「県主」）→③「国造」→④「令制国」という流れで叙述する考えを用いて、難解な三川国造・穂国造や科野国造の謎の解明を試みる。先ず、「国造本紀」によれば、「参河國造」は「志賀高穴穂（成務天皇）の御世（朝ィ）に、物部連祖《もののべのむらじのおや》、出雲色大臣命《いずものしこおおみのみこと》の五世孫、知波夜命《ちはやのみこと》を以《もっ》て、国造に定め賜う」とあり、「穂國造」は「泊瀬朝倉（雄略天皇）の御世（朝ィ）に、生江臣祖《いくえのおみのおや》、葛城襲津彦命《かつらぎのそつひこのみこと》の四世孫、菟上足尼《うなかみのすくね》を以て、国造に定め賜う」とある。このことから三川国造（西三河地域）は物部氏系で、物部氏の祖である出雲色大臣命の五世の孫の知波夜命《ちはやのみこと》が成務《せいむ》天皇の時に任命され、一方、穂国造（東三河地域）は生江臣の祖である葛城襲津彦命（武内宿禰の子で、葛城氏およびその同族の祖。娘の磐之媛命《いわのひめのみこと》は仁徳《にんとく》天皇の皇后で、履中《りちゅう》・反正《はんぜい》・允恭《いんぎょう》の各天皇の母）の四世の孫である菟上足尼で、雄略天皇の時に任命された、という。

雄略朝に国主から国造へ

しかし、記紀や「国造本紀」の記述のうち国造制の成立を従来のように六世紀と考えると、その設置年代は信用できないというのが最近の大方の説である。但し、上記の「国主」の存在

を考える理解の上に、「国造」制が四世紀中頃（成務朝）までに成立するという説〔原、二〇一二〕を読み替えれば、「国主」の時代は、四世紀中頃までには成立しており、四世紀後半の雄略の時代から、「国主」（または「県主」）から「国造」への移行がなされた。即ち、倭王権による「国」の再編やそれに伴う「国造」の成立は、『宋書《そうじょ》』夷蛮《いばん》伝倭国条所引倭王武《（雄略天皇）》の「上表文」（順帝・昇明《しょうめい》二年（四七八））に「東は毛人《もうじん》を征すること五十五国、西は衆夷《しゅうい》を服すること六十六国」とあること、埼玉県稲荷山古墳出土「辛亥年《（四七一）》」「獲加多支鹵《わかたける》大王」金錯銘《きんさくめい》鉄剣・熊本県江田《えた》船山《ふなやま》古墳出土「治天下獲□□□《（加多支カ）》鹵大王」銀象嵌銘《ぎんぞうがんめい》鉄剣から、五世紀後半のワカタケル大王《（雄略朝）》の時代に西日本では「県主」が、その他の地域では「国主」が、それぞれ「国造」となり、六世紀以降、「国造」が制度的に確立すると理解できる。「ミカハ《（三川）》」・「ホ《（穂）》」の場合は、雄略朝より前は「国主」で、雄略朝以降は「国造」と考えられる。

三川の国主・国造

「国造本紀」によれば、饒速日尊《ニギハヤヒノミコト》の後裔である物部氏系氏族が「国造」に任命された地域は、参河・遠淡海《とおつおうみ》・久怒《くの》・珠流河《するが》・伊豆など参河国以東の東海道諸国、及び後の東山道では、三野《みののみち》後《のしりえ》（美濃国東部）等に集中しており、早くから「東国」に進出した物部氏系氏族が当該地域に勢力を張る、「国主《クニヌシ》」だったと想定される。そうすると、「国造本紀」に見える「参河国造」知波夜命は、四世紀前半に三川地域の「国主」になった地域の首長で、本拠地は知波夜命を祭神とする式内社謁播《あつわ》神社（愛知県岡崎《おかざき》市東阿知和《あちわ》町。旧・参河国額田《ぬかた》郡）周辺かとする説もある。

そして、雄略朝には有力な「国主」が「国造」に任命される中、三川国では物部氏が「国造」に任命されることになった。

その後、六世紀にかけて、国造に与えられることが多い姓《カバネ》（直《あたい》・臣《おみ》・君《きみ》）のうち「直」を賜わる者もおり、当初は物部氏系でありながら、三川直氏を名乗る国造一族も現れた。それは、長岡京跡右京三条二坊九町出土木簡には、「（表）・（参河國額田郡）麻津郷庸米五斗／戸主尾津《おづ》公大足戸三斗／戸主尾津公大成戸一斗／戸主三川直弓足戸一斗」（／は改行）、「（裏）・延暦十年（七九一）九月廿六日」と記され、八世紀末であるが、参河国額田《ぬかだ》郡麻津《おづ》郷に三川国造氏であった三川直氏の後裔が居住していたことからの推定である〔西宮、二〇一二〕。また額田郡麻津郷に関しては、『正倉院文書』所収の天平勝宝《てんぴょうしょうほう》五年（七五三）六月十五日に斤量を定めたと記載のある包紙に包まれた「丹裹《にづつみ》古文書」の内、一四〇人の名を記す「貢進仕丁歴名帳」（『大日本古文書　編年文書』巻二　五九五頁）によって、抹消されているが、尾津君荒鷹は年が十九歳で、参河国額田郡麻津郷の戸主尾津君阿久多の戸口であることが知られる。この文書は、天平十九年（七四七）十月九日以降、天平勝宝五年六月十五日より前に、都に仕丁《しちょう》として各国から貢進された人物の人名・年齢・本貫地（出身地）を記しており、この時点では、「麻津郷」と記されている。一方、平城京左京二条二坊十一坪出土木簡のうち、「麻生津里物部毛人白米伍斗」と記されている木簡に関して、「麻生津里」の比定郷として『和名類聚抄』の参河国額田郡麻津郷と紀伊国那賀郡麻津郷の二つがあるが、物部氏の名前があることから、この木簡は参河国額田郡の可能性が高い。麻津《おづ》郷は、国郡里制下（大宝元年〔七〇一〕～霊亀三年〔養老元年・七一七〕）では「麻生津《おうづ》里」

と表記されていた。額田郡麻津郷の比定地は、広田《こうだ》川の支流の相見《あいみ》川流域で、三村《さんむら》神社（愛知県額田郡幸田《こうた》町大字長嶺《ながみね》字神宮司《じんぐうじ》）のある長嶺や、字「皇子田《おうじた》」・「皇子ケ入《おうじがいり》」のある坂崎《さかざき》とする説もある［額田郡教育会編、一九二四］。三川国造の本拠地はのちの額田郡域である。

なお、『先代旧事本紀』巻七　天皇本紀　景行天皇には「五十狭城入彦命《いさきいりひこのみこと》、三河長谷部直祖、（中略）三川宿禰命、（中略）倭《やまと》宿禰命、三川大伴部直祖、（中略）五十《い》功《（ママ）》彦命《ことひこのみこと》、伊勢刑部君・三川三保君祖、三」とあり、景行天皇の皇子・五十狭城入彦命は州《くに》（国）に封じられ、「三河長谷部直」の祖であるという。三河《（川）》長谷部《はせべ》直氏も、「直」という姓、明日香村石神遺跡出土木簡の「三川國青見評」木簡に見える「長マ《（部）》」や「長浴マ」というウジ名の人物、『続日本紀』神護景雲二年（七六八）九月辛巳《（十一日）》条に見える参河国碧海《あおみ》郡人長谷部文選の存在から、のちの碧海郡領域の長谷部里（『和名類聚抄』の谷部郷。現岡崎市）を本拠地とする長谷部（直）氏がおり、三川国造氏であったという説もある［西宮、二〇一一］。三川長谷部直氏を名乗ったのは、物部系の氏族が支配していた三川国主の領域に倭王権の勢力が次第に浸透し、雄略天皇の長谷《（泊瀬）》朝倉《あさくら》宮で奉仕するために、三川国造一族の物部氏が派遣した子弟の中に三川長谷部の氏名《うじな》と姓《かばね》「直《あたい》」を賜って帰国した者からである。

穂別・穂国主・穂国造・穂部

「穂《ほ》」とは高く抜き出ているものを意味し、高く聳《そび》えている山岳などを称したといい、穂国の呼称は最も印象的な穂山、豊川《とよかわ》市・岡崎市・新城《しんしろ》市境に位置し、東三河地域で最も高く、三河富士とも言われる秀峰・本宮《ほんぐう》山（別名：砥鹿《とが》山・本茂《もとしげ》山）によって生じたと考えられており［久

曾神、一九五五〕、本宮山の頂上には参河国一宮の砥鹿神社奥宮があり、周辺には磐座《いわくら》と思しき巨石群が残る。南麓《なんろく》を中心にして、有力な国主が勢力を張り、その後、国造に任命されたらしい。「国造本紀」によれば、参河国造と遠淡海国造との間に、穂国造が記されることから、参河国東部（東三河）地域に穂国造が存在したことが想定されていたが、「国造本紀」以外に示す史料がなかったので、疑問視する説もあった。

しかし、明日香村石神遺跡出土の七世紀後半の「評—里」制下の木簡に「三川穂評穂里穂部佐」とあり、平城宮内裏西南隅外郭遺跡出土の八世紀初頭の木簡に「穂郡《(参河国)》」が見えることから、穂国造領域は孝徳《こうとく》朝に三川国造に吸収された上で「評《こおり》」に分割され、その中核地域は「穂評」を経て、大宝令で「穂郡」となり、程なく一字地名に母音を付加して「宝飫《ほお》郡」と二字の郡名に改称されたらしい。七世紀後半から末の穂評穂里に穂部氏（穂氏の部民の後裔氏族）が存在したことが確実となった。

朝廷別《みかどわけ》王と美己《みこ》止直《とのあたい》

更にこの木簡の出現で、穂国造に関して従来疑問視されてきた以下の「三川之穂別《ほわけ》」と「美《み》己《こ》止直《とのあたい》」の存在が再評価されている。先ず『古事記』開化《かいか》天皇段には、開化天皇の子の日子《ひこ》坐《います》王の子の美知能宇志《みちのうし》（『日本書紀』によれば丹波道主王《たにはのみちぬしのきみ》）の子の「朝廷別《みかどわけ》王」に関して、「此《こ》の朝廷別王は三川の穂別《ほのわけ》の祖《おや》」とある。「穂別」の「別《わけ》」とは、「和気《わけ》」などとも表記され、四世紀前半にその存在を想定する説のある垂仁天皇や景行天皇の皇子の名に、特に『古事記』景

行天皇段では分封された皇子（王族）の名に見える。このことから、「別」とは、倭王権の王族との擬制的系譜関係をもつ、六世紀より前の地域首長に与えられた称号で、後に君《きみ》・臣《オミ》などの姓《かばね》に替わっていくことが多いという［荒木、二〇一二］。「朝廷別王」は、初期倭王権段階の「三川国主」に想定しうる人物である。

次に、『先代旧事本紀』巻五　天孫本紀には、十市根《といちね》大連の子・物部膽咋《いくい》宿禰（物部連出雲色大臣命の八世孫）が「三川穂《みかはのほ》國造美己《みこ》止直《とのあたい》」の妹である「伊佐《いさ》姫」を「妾」として一児を生んだとある。この記事を荒木敏夫《あらきとしお》氏は三川国造と穂国造との婚姻関係の存在を示す伝承かと評価する［荒木、二〇一二］。「三川の穂別の祖《おや》」とされる「朝廷《みかど》別王」は「三川穂國造美己止直」と同じ人物または子とする説もある。先述の『先代旧事本紀』巻七　天皇本紀　景行天皇には、景行天皇皇子について「五十功彦命《いことひこのみこと》、伊勢刑部君・三川三保君祖、」と記されていることから、これは三川国の穂君（「三保《みほ》」＝「御保《みほ》」）の祖ということであろうという［山田、二〇一〇］。

一方、『古事記』中巻　垂仁天皇段によれば、垂仁天皇が旦波比古多多須美知宇斯王《たにはのひこたたすみちのうしのみこ》の女《むすめ》である氷羽州比賣命《ひばすひめ》（日葉酢媛命）を娶《めと》って生んだ三番目の子である大中津日子命《おほなかつひこ》は、「山邊之別・三枝之別・稲木之別・阿太之別・尾張國之三野別・吉備之石无別・許呂可母之別・高巣鹿之別・飛鳥君・牟禮之別祖なり、」で、九つの「別」を名乗る氏族と一つの「君」を名乗る氏族の始祖であるとするが、このうち、「許呂母《ころも》」は後の参河国賀茂《かも》郡挙母《ころも》郷（現・豊田《とよた》市挙母町・西町《にし》ほか。旧・挙母村）に本拠を置いた「ワケ」系氏族で、「高巣鹿《たかすか》之別」は後の参河国渥美郡高蘆《たかし》郷（現・豊橋《とよはし》市高師《たかし》町）に本拠を置いた「ワケ」系氏族と想定されている［久曾神、一九五五］。

久曾神昇《きゆうそじんひたく》氏は、記紀の崇神天皇の時代に見える四道将軍（「東海」には北陸に遣わされた大彦《おおひこ》の子・武渟川別が派遣される）や景行朝のヤマトタケルノミコト（日本武尊・倭建命）の東国征討伝承などから、『古事記』に見える朝廷別王・高巣鹿之別を、穂国造成立前に当地に入部していた倭王権の王族で、「前期の国造」であるとする。そして、朝廷別王の所在地は本宮山の南麓、参河国一之宮の砥鹿神社周辺（後の参河国宝飫《ほお》郡雀部《ささきべ》郷）に比定し、雄略朝からの「後期の穂国造」は、倭の葛城から派遣された、菟上足尼《うなかみのすくね》に交替し、その本拠地は、菟上足尼を祭神とする式内社・菟足《うたり》神社のある現在の豊川市小坂井《こざかい》町付近とする［久曾神、一九七三］。この理解のうち、雄略朝以前の「前期の国造」は、本書に言う「国主」に相当し、四道将軍やヤマトタケルの伝承に象徴される倭王権の王族が、後の三川国造領域の東部地域に進出した際に、豊《とよ》川《がわ》中流域西岸、本宮山南麓の「穂」と呼ばれた流域を中心に定着し、穂氏と名乗った。更に倭王権から「別」の称号を与えられ、この地域を支配するようになると、「穂国主《ほのくにぬし》」を名乗るようになって、「三川国主」（後の三川国造氏）と婚姻関係を結ぶなど次第に勢力を拡大していったらしい。「三川穂國造美己止直」の「穂国造」は「穂国主」であると考えたい。

但し、『和名類聚抄』に参河国宝飫郡雀部郷（比定地：愛知県豊川市一宮《いちのみや》町）が見えるように、仁徳朝には、仁徳の御名代《みなしろ》（子代《こだい》）の部である雀部《ささきべ》が穂国主のお膝元《ひざもと》、砥鹿神社の地に設定され、穂国主による倭王権の王宮への奉仕が始まった。穂国主一族の氏神を祀《まつ》る砥鹿《とが》神社の旧社家で神主を世襲したのは草鹿砥《くさかど》氏であると言われているが、同氏は四道将軍の一人丹波道主の子、三川の穂別の祖・朝廷別王の子孫で、日下部《くさかべ》氏の後裔であるという［太田、一九三二］。

穂国主・国造氏としての日下部《くさかべ》氏

「三川之穂別」と称した一族が穂国主であるとすると、何故、日下部氏を称する一族が生じたのだろうか。『古事記』仁徳天皇段には、仁徳の皇女の若日下部《わかくさかべ》王には、兄の大日下《おおくさか》王の御名代として大日下部を定められたのに対して、若日下部を定められていたとある。後に若日下部王は草香幡梭《くさかのはたび》姫《ひめ》皇女として雄略の皇后（大后《おおきさき》）となり、『古事記』雄略天皇段によれば、最初は河内国の「日下」宮（比定地：大阪府東大阪市日下町）に住んでいた。雄略朝にはこの大后の日下宮の経営のために若日下部を日下部とすると共に、新たに日下部が各地の国造領域に設定されるようになったと考えられ、穂国主の穂（別）氏の支配領域にも日下宮の経営を支えるために日下部が設定された。それを管理統括する穂別氏一族の中には日下宮に舎人などとして派遣され奉仕したりした者もおり、日下宮から地元に戻った後、日下部氏を賜った者も現れた。穂国主は雄略の大后（皇后）の宮を支えることにより、更に倭王権との関係を深めたと推定される。

雄略朝の穂国造任命

雄略朝には倭王権は各地に介入を深めたらしく、「国造本紀」にあるように、生江臣祖《いくえのおみのおや》・葛城襲津彦命《かつらぎのそつひこのみこと》の四世孫である菟上足尼《うなかみのすくね》が、穂国造に任命された。雄略は三川国造領域から東半分の地域、後の宝飫郡・八名《やな》郡・渥美《あつみ》（飽海）郡の地域を割き取って、「穂国」を分立し、倭王権の有力豪族であった葛城氏の一族の菟上足尼を穂国造として任命し、派遣したらしい。しか

し、菟上足尼は、現存史料では、雄略朝以前の穂国主の領域の氏族伝承とも、八世紀以降の、令制国の参河国内の氏族系譜とも繋がらないことから、穂国造に就任後、十分に当地を掌握できず、穂国造の交替説が想定されている［西宮、二〇一一／荒木、二〇一四］。

この説を継承すると、宝亀《ほうき》二年（七七一）十一月の光仁《こうにん》天皇の大嘗祭で由機《（悠紀）》国となった参河国の国司のうち、目《さかん》として奉仕したことで褒賞され正六位上から外従《げじゅ》五位下を授けられた日下《くさか》部直《べのあたい》安提麻呂《あてまろ》は、外位で「直」の姓を有することから、宝飫郡の譜第郡司出身と想定され、元は穂国造氏一族である可能性がある［田島、二〇二〇］。葛城氏系の菟上足尼及びその後継者が上手《うま》く在地支配ができず、以前、穂国の国主であった穂（別）氏が国造に任命され、穂氏一族の子弟は、雄略天皇の大后・若日下《わかくさか》部王《べのおほきみ》の日下宮に出仕し帰郷後、日下部直を名乗り、穂国造を継承したと考えられる。

孝徳朝の三川国造・三川大伴直氏

一方、三川大伴直氏が七世紀前半には穂国造になっていた可能性も指摘されている。それは『日本書紀』大化元年（六四五）八月庚子《（五日）》条で任命・派遣された所謂《いわゆる》「東国国司（朝集使）」に関してであり、翌二年三月甲子《（二日）》条によれば、戻って来て報告を行った。その結果は三月辛巳《（十九日）》条に記されており、天皇に従順であったとして褒賞された六名の中に「三河大伴直」某がいた。この記事から三川大伴直氏は、遅くとも七世紀前半には穂国造であったと指摘され、その本拠地は、荒木敏夫氏によれば、平安末期に成立していた『参河国内神明名帳』に見える、八名郡

に鎮座し正四位下の神階をもった大伴神社（現在は豊橋市賀茂町の賀茂社に合祀。同町字御灯田《ごとうでん》が旧所在地）の周辺であり、その奥津城《おくつき》として六世紀末の築造とされる全長七〇mの前方後円墳馬越長火塚《まごしながひづか》古墳が所在する豊川中流域の豊橋市石巻本町《いしまきほんまち》字紺屋谷《こんやだに》であるという［荒木、二〇一四］。平城京左京一条三坊十五・十六坪出土木簡には「（表）・參河國八名郡片山里大伴健□／（裏）・庸米五斗　和銅六年（七一三）」と書かれており、和銅《わどう》六年に八名郡片山里に「大伴健□」なる人物がおり、大伴氏が八名郡片山里（『和名類聚抄』に片山郷はない）にいたことが知られる。

三河大伴氏は『先代旧事本紀』巻七　天皇本紀　景行天皇六十年十一月辛卯条に「倭宿禰命、三河大伴部直祖、」とあり、景行天皇皇子倭宿禰命の後裔氏族である伝承をもつが、これは後世のもので、摂津《せっつ》や河内に本拠を置いた大伴氏と擬制的関係を取り結び、「三川大伴（部）氏」を名乗った地元の勢力がいた。大連大伴室屋《おおとものむろや》が、雄略朝に衰退した葛城氏に代わって、倭王権内で勢力を浸透する過程で、倭王権を構成した有力氏族である大伴氏の一族が、六世紀になって、大王家と共に三川・穂の地域に進出したと思われる。それ以前、雄略朝に、落下傘的に穂国造に任命された葛城氏系の菟上足尼やその後裔が、在地の協力を得られず、勢力を失った後、国主であった穂（別）氏系の日下部氏（本拠地は後の宝飫郡雀部郷）が穂国造になる中で、五世紀末から六世紀初めにかけて、大伴氏が「飽海《あくみ》河」（豊川）中流域の、後の八名郡に進出し、前述のように三川大伴直（部）氏を名乗った可能性があり、馬越長火塚《まごしながひづか》古墳の存在から、六世紀後半には、三川大伴直（部）氏が穂国造に任命されることもあったと想定する意見もある。

なお、参河国の伴《とも》氏（大伴氏）が、中央の大伴氏との同族関係を主張するために冒頭部分を

十世紀末から十一世紀中頃にかけて作ったという『伴氏《ばんし》系図』によれば［溝口、一九八七］、信憑性があるという員助《かずすけ》（九世紀後半。伴善男《よしお》の子）以下の系図からは、大伴氏には「幡豆《はず》郡司」や「八名郡司」を務めている者がいること、伴善男や員助の「譜文《ふぶん》」からは、「幡豆郡司」を号した員助の母（清犬子）が「幡豆郡司」の大伴常盤《おおとものときわ》の息女で、氏寺が正法寺《しょうぼうじ》であり、その仏供田が寺部《てらべ》にあったことが分かる。この「譜文」から大伴氏は八名《やな》郡の他、播豆《はず》郡家が想定される現在の西尾《にしお》市寺部町周辺にも勢力をもっていたと考えられる。特に「幡豆郡司」には親子代々任じられていることから、遡ると、穂国造領域である後の八名郡の譜第郡司になっている三川大伴（部）氏は、穂国造になって以降、隣接した、後の播豆郡の地域に進出して譜第郡司になった一族がいたか、或いは、最初に後の波豆《はず》評之者津五十戸《しはつ》（播豆郡磯泊《しはつ》郷）の地域に進出後、三河湾の海岸線を西に進み、豊川（飽海《あくみ》河）を遡ったかの、何れの可能性もある。私見では後者の可能性が高く、三河湾三島の贄《にえ》貢進や、三河湾沿岸の寺部や宝飫郡美養《みや》郷三宅里に置かれた屯倉などの支配のために、六世紀に派遣された大伴氏が存在するのではないかと考えている。結局、六世紀半ば以降では、穂国造は、旧国主であった穂（別）氏と、倭王権の有力な構成員大伴氏の一族が、大王家と共に東三河（穂国造領域）に進出した後も、現地に残り、三川大伴氏を名乗った一族が、穂国造の地位に就いたと考えられる［田島、二〇一二］。

4　系図史料から見た科野国造氏——大祝家本「神氏系図」の検討

科野国造氏を巡る見解

三世紀末・四世紀初めから七世紀中葉までの所謂大化前代に、律令国家の信濃国の領域、律令制以前の古代科野（含む諏方《すわ》）地域を治めた最有力氏族は如何《いか》なる勢力であったのか、また、各地に残る前方後円墳など地域の主要古墳の被葬者と科野の国主・国造との系譜関係は不明で、科野国を支配した科野国造が何氏であったかに関しては以下の三説があり、対立している［小林、二〇〇八］。Ⅰ　記紀や「国造本紀」の記述を踏襲し、科野国造氏を四〜五世紀の多《おお》氏（阿《あ》蘇《そ》氏）系の氏族と結びつける見解［塚田、一九七四］、Ⅱ　科野国造氏に四世紀末〜五世紀初頭の科野直《あたい》氏を想定する関晃《せきあきら》説を展開した見解［長野県編、一九八九／関、一九九〇］、Ⅲ　六世紀以降、新たに飯田《いいだ》地域において勢力を得た金刺《かなさし》舎人氏・他田《おさだ》舎人氏を、それまでの多氏系（Ⅰ）または科野直氏（Ⅱ）の分流あるいは交替として科野国造に任命されたとする見解（Ⅰまたは Ⅱ説から、六世紀中葉以降の欽明《きんめい》朝・敏達《びだつ》朝に、科野国造が大王の宮に仕奉し、金刺舎人氏・他田舎人氏のウジ名を得たとする説）［井原、一九九二］、である。

先ず、基本史料の『古事記』中巻　神武《じんむ》天皇段によれば、「神八井耳命《かむやいみみのみこと》者意富臣・（中略）・科野國造・（中略）・嶋田臣等の祖也。」とあり、「国造本紀」の「科野國造」によれば、「瑞籬（崇神）朝御世、神八井耳命《かむやいみみのみこと》の孫、建五百《たけいおた》建命《けのみこと》、國造に定め賜う」とあって、科野国造氏は、神八井耳命の「孫（子孫）」の建五百建命に始まるという。『日本書紀』綏靖《すいぜい》天皇即位前紀己卯年十一月条も参照すれば、神八井耳命は神武天皇の子、綏靖天皇（神渟名川耳尊）の兄で、多（意富）臣など十九氏の始祖であり、綏靖を補佐し、「神祇《じんぎ》」を司《つかさど》

り、多氏をはじめ、科野国造の祖（始祖）でもあるという。更に、一九六〇年に紹介された系譜史料（『異本阿蘇氏系図』）［田中、一九六〇］を信頼するか否かによっても見解が分かれる。

「異本阿蘇氏系図」所引「科野（国造）氏系譜」

阿蘇家所蔵『阿蘇家略系譜』（以下、「異本阿蘇氏系図」と略称）所引「科野（国造）氏系譜」によれば、武五百建命《たけいおたけの》・健稲背命《たけいなせ》以下の系図は図7-3の左半分（太字でない部分）である。科野国造氏は、神武天皇の皇子の神八井耳の末裔で、欽明天皇の磯城島《しきしま》金刺大宮に舎人として供《ぐ》奉《ぶ》し金刺舎人直氏を得た金弓君の子である麻背君（五百足《いおたり》）の時に科野国造に復したとあり、その子である倉足は諏訪《すわ》評督であったという。この系図に関しては、❶八世紀より前の古代史史料として、一部でも認める叙述・研究、❷「異本阿蘇氏系図」を「偽撰」「偽作」とする研究、及び八世紀より前の古代史史料としては利用しない叙述・研究に対立している。

大祝家本『神氏系図』所引の科野国造

ここでは、「異本阿蘇氏系図」より前から紹介されながら、従来、余り使われなかった、大《おお》祝《ほうり》家旧蔵諏訪教育会所蔵『神《みわ》氏系図稱一族系圖』一冊所引「神氏系図」（以下、大祝家本「神氏系図」と略称）を検討する。同書は、諏訪教育会編・刊『諏訪史料叢書』巻二十八　諏訪上下宮社家系圖（一九三八年）で紹介されたが、本格的に検討されることはなかった。しかし、近年、田中卓《たなかたかし》氏が再評価している［田中、二〇一一］。『諏訪史料叢書』巻二十八所引の書目解題によ

れば、『神氏系図稱一族系圖』は「神氏系圖の異本にして明治初年の写しか」とあるので、諏訪教育会所蔵の「諏訪教育会郡史史料室　ラベル番号　第四類第三一一号」の原本調査を踏まえ、文章で書かれた系譜部分を系図化して引用する（図7-3の右側・太字部分）。

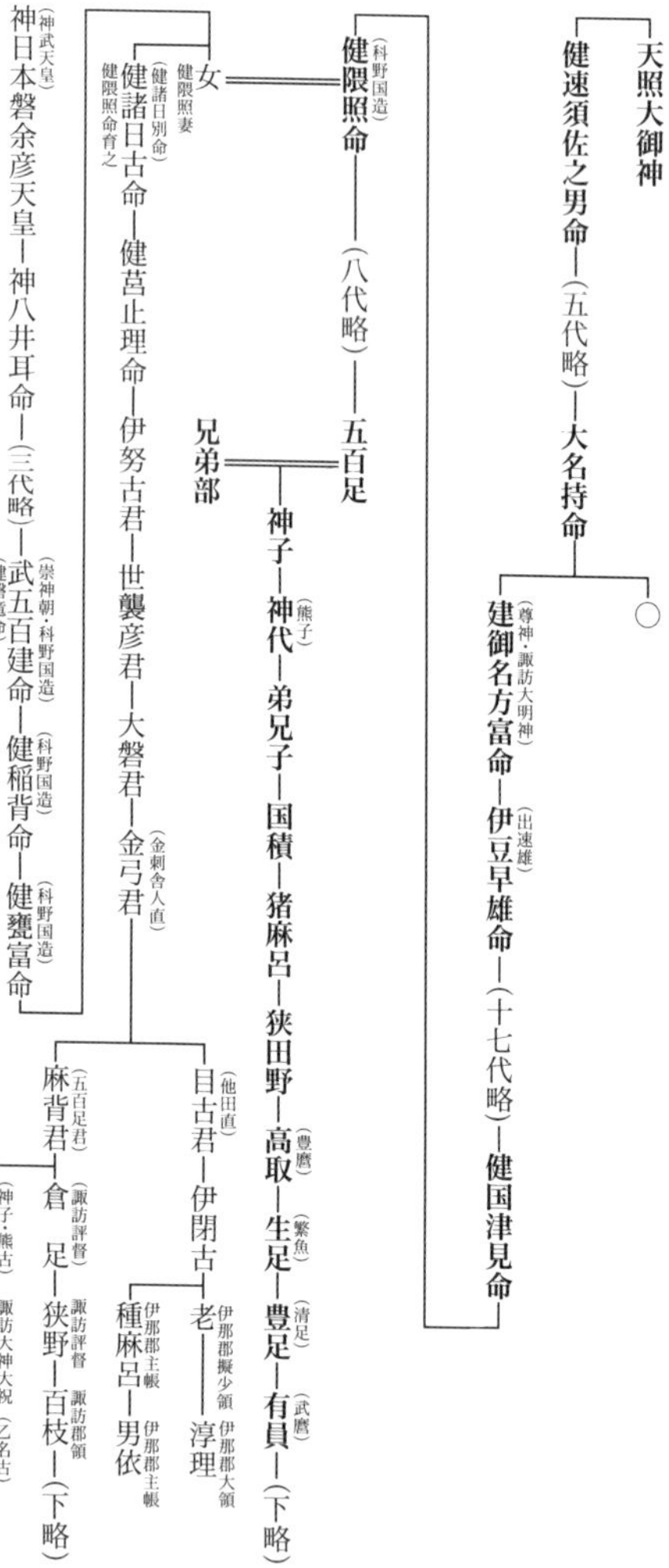

図7-3　神氏系図・科野(国造)氏系図

雄略朝における科野国造の交代

大祝家本『神氏系図』の系譜で注目されるのは、健速須佐之男命《たけはやすさのおのみこと》の六世孫で、大名持命《おおなもちのみこと》の第二子の建御《たけみ》名方富命《なかたとみのみこと》 神（諏訪大明神）を始祖とする神氏《みわ》の「伝」によれば、建御名方富命神の「子の伊豆早雄命《いずばやおのみこと》の十八世之孫の健國津見命《たけくにつみのみこと》の子、健隈照 命《たけくまてるのみこと》、科野國造健甕富 命《たけみかとみのみこと》の女《むすめ》を妻とする。健甕富命の子、諸日別命《もろひわけのみこと》は、幼くして父を亡くす。是《ここ》において、茨木國《いばらき》《(造脱カ)》祖許々意命《ここおのみこと》、磯《し》城島宮 朝 天 皇 御宇《きしまのみやのみかどのすめらみことのぎょう》、科野國造を拝《はい》す。許々意命、綏撫《すいぶ》の道を失う。健隈照命、之《これ》を逐《お》い、竟《つい》に國《(造脱カ)》を襲《おそ》う。九世の孫、五百足、常時に事を尊 《(諏訪大明神)》神に敬う」（原漢文）と記することである。「磯城島宮朝天皇御宇」からは欽明天皇を思い浮かべるが、世代数から考え、田中卓氏が述べるように雄略天皇と推定される［田中、二〇一二］。

健隈照命による許々意命の追放

右記の「伝」によれば、雄略朝の頃、「科野国造」健甕富 命《たけみかとみのみこと》が亡くなり、その子の諸日《もろひ》別《わけ》命が幼かったことにより、茨木《いばらき》国造の祖《おや》・許々意《ここお》命が「科野国造」に任命される。しかし、国内の勢力をなだめて、やすらかに落ち着かせる方法が分からなくなってしまったため、混乱が生じたらしい。そこで、健甕富命の娘を妻にしていた健隈照命が、許々意命を追放し、ついに科野国造の地位に就いたという。これは、「異本阿蘇氏系図」所引「科野（国造）氏系譜」には全く見えない記述である。両系図は同じ系図ではなく、大祝家本『神氏系図』の健隈照命が、五百足すなわち、「異本阿蘇氏系図」所引「科野（国造）氏系譜」でいう欽明朝に科野国造に

復した麻背《ませ》君（五百足君）の先祖であるとする点で大きく異なる。

大祝家本『神氏系図』が正しいとすれば、多氏系（阿蘇氏系）＝「科野国主」一族は、科野国造となった健甕富命の死後、子の健諸日古命の代で勢力の衰退が想定される。即ち、神八井耳命を祖とする多氏系（阿蘇氏系）氏族は、初期倭王権の時代から五世紀後半の雄略朝より前の段階には、千曲《ちくま》川中流域、後の小県《ちいさがた》郡・更級《さらしな》郡・埴科《はにしな》郡・水内《みのち》郡・高井《たかい》郡と呼ばれる地域を支配し、「科野国主」として、更級・埴科両郡（現在の千曲市）に本拠を置いたと思われる。その本姓は、地名のシナノをとって、科野氏であったと思われ、雄略朝には健甕富命が「科野国造」に任命されていたらしい。ところが、子の諸日別命が幼い状態で、健甕富命が亡くなってしまったのを契機に、雄略は幼い諸日別命ではなく、茨木（茨城）国造の祖の許々意命を「科野国造」として任命し、落下傘的に派遣した。

一方、律令国家段階で諏方郡と呼ばれる諏訪湖周辺地域には、五世紀後半の雄略朝以前は、出雲系の大名持命（大国主命）を祖と仰ぎ、後に神《みわ》氏と称する一族が、「諏方国主」として、「科野国主」（科野氏一族）と婚姻関係を結びながら、独立した状態でずっと勢力を張っていたらしい。ところが、健甕富命の後、科野国造になった許々意命は、統治が上手ではなく、旧「科野国主」勢力など現地の協力が得られなかったらしい。そうした不満や混乱に乗じて、健甕富命を岳父とする「諏方国主」の健隈照命が、五世紀末頃には、科野国造の許々意命を科野から追放し、新たに科野国造の地位に就き、以後、健隈照命と健甕富命の娘との間に生まれた子ども（神氏系）が、「科野国造」の地位を継承したと思われる。

「科野国主」の科野氏と「諏方国主」の神氏の関係

神氏は、「科野国造」の地位を継承し、婚姻関係を利用して、旧「科野国主」系氏族の協力を得ながら旧「科野国主」系氏族も取り込むような形で、千曲川中流域の支配も進めたと想定される。雄略朝より後の五世紀末・六世紀以降の倭王権の王宮に、科野国造の子弟が舎人・靫《ゆげ》負《い》・膳夫《かしわで》として出仕したり、子女・姉妹などを采女として差し出したりする際も、神氏一族からは勿論《もちろん》だが、婚姻関係のある旧「科野国主」の科野氏一族からも派遣された可能性がある。これは『異本阿蘇氏系図』では、「武五百建命（崇神朝・科野国造）―健稲背命（科野国造）―健甕富命（科野国造）」と健甕富命までの三代は「科野国造」と記されているが、健甕富命の子の健諸日古命に関して、「又曰く、健諸日別命、健隈照命、育之、」と注記があり（健甕富命の娘で、健諸日古命の姉の「女子」には「健隈照命妻」の注記がある）、「科野国造」とは記されていないこと、更にその六世代後の「麻背君」の注記に「又曰く、五百君。磯城島金刺大宮朝（欽明天皇）、科野国造に復す、」とあることから、旧「科野国主」氏（科野氏）も漸《ようや》く、欽明朝に科野国造に復帰したことが知られる。

　このように雄略朝の倭王権から落下傘的に科野国造に任命された許々意命を追放した後は、「諏方国主」健隈照命の後裔の神氏が科野国造を務めたが、婚姻関係のあった旧「科野国主」の科野氏とも、連携しながら支配を進めたと想定される。なお金刺舎人氏や他田舎人氏は、科野国造として任命された神氏や科野氏の子弟らが、欽明天皇の磯城島金刺宮や敏達天皇の他田宮（譯語田）などに出仕し、帰郷する際に、大王から賜った氏族名である。なお、「異本阿蘇氏系

図」所引「科野（国造）氏系図」と大祝家本『神氏系図』の系譜には両者を同じものとしようとしたために、共通の名が見えるが、その作意の時期は不明である。

以上、科野国造氏に関して、系図・系譜史料を再検討し、雄略の介入による国造氏族の交代、任命された国造の追放により、「科野国主」の科野氏系から、「諏方国主」の神氏系への科野国造交替説を提唱してみた。

諏訪大社上社の創祀と守屋合戦

前田家本「神氏系図」（東京大学史料編纂所架蔵謄写本　前田家本『諏方氏系図』）によれば、用《よう》明《めい》天皇の時に「八歳の童子有て、後の字は有員。明神に随遂せしめ、守屋（物部カ）、大神に諍《いさか》い奉り、守屋山に至り、御合戦有り。童子、神兵を率いて、守屋を追い落す。則ち彼《か》の山麓に社壇を構え、吾神、御衣を童子に脱着す。吾、躰《からだ》無く祝《はふり》を以て躰と為すと、神勅有りて隠れ給う。御身則彼童子、神躰と為す、御衣木祝《みそぎはふり》と名づく。神氏の始祖也。明神者普賢、童子者文殊也」と見える。物部守屋《もりや》が率いる軍勢と「諏方大明神」が憑依《ひょうい》した（乗り移った）八歳の童子（有員《ありかず》）が率いる神兵とが守屋山で合戦して、守屋軍を追い落とし勝利を収め、守屋山の山麓に「社壇《しゃだん》」を築造した。これは、大祝家本『神氏系図』では用明天皇御宇二年（五八七）のこととされ、諏訪大社上社の創祀の縁起であり、後に大祝（御衣木祝）に就く神氏の始祖伝承であるという。用明天皇二年七月の「物部守屋の変」（丁未《ていび》の変・守屋合戦）が、物部氏系氏族が国造である各地にも波及し、三野後国《みののしりえのくに》の国造の物部系の勢力と、科野国造の「須波《すわ》」神《みわ》氏との間で、争いが勃発

し、諏方（須波）の勢力が勝ったことを示している可能性がある。

5　倭王権の東国進出と屯倉――穂・本巣の国造領域での屯倉設置

屯倉とは何か

屯倉《みやけ》制は部《べ》民《みん》制・国造制などと並ぶ倭王権の重要な地方支配制度の一つとされ、その本質は、倭王権が設置した水田（屯田《みた》）や倉が付属した農業を主とした経営拠点の建物である「ヤケ」を中心とする大規模な土地支配制度で、耕作者（田部）が付随することもあった。大王家の所領（王領）の一つであるが、農業にとどまらず、山間部の鉱山や林業（杣《そま》）、海岸部や島嶼《とうしょ》部の水産業の拠点、大河川の渡津や湾内の港、後の駅家的施設もあり、水陸交通の結節点や交通の要衝や大陸や半島との外交拠点など、倭王権の政治的・経済的・軍事的・外交的な機能を持ち、国造・県主（稲置《いなぎ》）・伴造など各地の在地勢力の領域内に、倭王権の支配のための様々な機能を果たす目的で設置した経営拠点である。その中心となるのが「ミヤケ」と呼ばれる建物で、倭王権は使者を派遣し、国造ら現地支配者（首長）に貢納や配下の人民を動員させるなど人的な奉仕を命じた。

『日本書紀』安閑《あんかん》天皇元年紀・二年紀には屯倉の国造からの献上や設置記事が集中し、僅《わず》か二年間で七件もある。『日本書紀』安閑天皇二年八月乙亥朔条には各国に犬養部《いぬかいべ》の設置が命じら

れたとある。黛《まゆずみ》弘道《ひろみち》氏は、安閑天皇二年（五三五）五月甲寅《（九日）》条に見える十三の国造領域に二十六箇所という大量の屯倉の設置を受けて、番犬としての犬を飼う犬養部が各地の屯倉に配置されたと解釈した。正史に見えない屯倉を見出す方法として、「ミヤケ」地名（「屯倉」・「三宅」・「宮家」他）と、犬養部やそれを統括する犬養（縣《あがた》犬養・辛《から》犬養）氏の後裔氏族・人名や、「イヌカイ」地名（「犬養」「犬飼」「犬甘」他）を駆使する方法を提示した〔黛、一九六五〕。また、七世紀初めの推古朝には大倭や近畿の屯倉では大規模な池溝開発が行われ、『日本書紀』の古訓では「郡家」を「コホリノミヤケ」と訓んでいることから、孝徳朝の国造の国の分割、評の設置に関しては、屯倉から評家《こほりのみやけ》への連続性を考える説も有力である。

穂国造領域内への屯倉の設置

『和名類聚抄』に見える参河国宝飫《ほお》郡美養《みや》郷の存在から、郷名「美養」の由来は屯倉によると考えられていた。現在は失われたものの、歌川學《うたがわまなぶ》氏により、蒲郡《がまごおり》市竹谷町の一部に条里制の遺構が存在することが検証されており、律令制下の農地の開発が想定されている〔歌川、一九八四〕。屯倉設定時以来の開発がもとにあって、律令制下の条里制が施行されたと想定される農業開発を示す条里制遺構が周辺にあることから、蒲郡市三谷《みや》町周辺に屯倉が想定されてきた。更に平城京左京三条二坊八坪二条大路濠状遺構出土木簡に「美養郷三宅里輸中男□□□」と見え、郷里制下（霊亀三年〔養老元年・七一七〕～天平十一年〔七三九〕末または天平十二年前半）の「三宅里」という国郡郷制下や『和名類聚抄』段階では消えてしまったコザトが記されてい

る。屯倉の守衛をした犬養氏や犬養部の存在を窺わせる「犬飼」地名（蒲郡市竹谷町犬飼）、屯倉の田地の耕作民の存在を窺わせる「田部」地名（同市西迫《にしはさま》町田部）の存在から［千田、一九七五］、宝飫郡美養郷三宅里（比定地：蒲郡市竹谷町）に屯倉が存在したことは確実となった［田島、二〇二〇］。設置時期は不明だが、安閑朝（六世紀前半）かそれ以前と推定しておく。

実際に現地を訪れると、字犬飼の小高い丘にある神明社は、犬飼湊《みなと》（近世の「三州五箇湊」の一つ）を見渡せる恰好の位置にあり、千田稔《せんだみのる》氏がこの屯倉を湾津立地と指摘されているように［千田、一九七五］、この屯倉は三河湾内の渥美湾の湊津の機能も果たしていたらしい。神明社のある小高い丘は、湾内から見た場合、灯台のようなランドマーク的な機能を果たしていたと思われる。三河湾の奥、東部の渥美湾の北岸の最も西側（入口）に位置する。

この屯倉の存在が推定される蒲郡は後の宝飫郡内ではあるが、参河国府とは山で隔てられた別世界になっており、遅くとも中世には「西郡《にしのこほり》」と呼ばれていたらしい［山田、二〇一四］。この「西郡」の「郡《こほり》」は、当地に設置された「屯倉」の存在によると思われる。豊川（飽海川）を遡った内陸の穂国造となった氏族（日下部氏や大伴氏）の本拠地から離れており、倭王権は、先ずは海産物の贄を貢納する三河湾三島の支配を進め、次いで、海岸部からはこの屯倉を拠点に穂国造領域の内陸部に進出する手掛かりをつかんだらしい。それと共に、倭王権の王宮のある倭国との交通にとっても、後の美養《みや》郷に設置された屯倉内にある犬飼湊は、木曾三川が伊勢湾に注ぐ河口部を通らなければならない陸路（後の東海道）を用いず、駿河以東の東国からの貢納物を、波静かな湾内から、伊良湖《いらご》岬を経て、伊勢・志摩《しま》・熊野地方はもとより、伊勢湾内

の港（例えば持統太上天皇の参河行幸の際に用いられた「圓方《まとかた》」（的形・的潟）の浦）を結び、貢納品を運ぶ、物流の拠点としても重要な湊であった。後の律令国家の東海道に繋がる陸上交通と三河湾の海上交通の接点にあったのが、後の美養《みや》郷の屯倉の設置目的であったと思われる。

なお、『参河国内神明名帳』天神百十五所には「徒（従）五位上　宮解《ミヤケ》天神　坐宝飯郡」とあり、「ミヤケ」の名を冠する神社が宝飫郡内に鎮座していた。屯倉内か隣接していたと考えると、犬飼にある神明社がその候補となる。この他、西尾市寺部町堂前に幡豆小笠原《おがさわら》氏の居城である寺部城跡があるが、寺部周辺は波豆評家・播豆郡家の推定地である。屯倉と評家・郡家との継承性を指摘する説もあり、寺部周辺に屯倉の存在を窺わせる可能性がある『伴氏系図』（伴善男の「譜文」）の記述もある〔田島、二〇二二〕。

席田郡建郡

『続日本紀』和銅八年（霊亀元年・七一五）七月丙午（二十七日）条によれば、席田《むしろだ》郡建郡は美濃国守笠麻《かさのま》呂《ろ》の主導で、筑前国席田郡から移住した渡来系氏族の長との説がある尾張国の席田君邇近《にこん》と新羅系渡来人を、本須郡（本巣郡）の中心である三野部里（美濃《みのべ》里）の東隣の船来《ふなき》山南麓の地域に移住させ、本巣《もとす》郡から割き取る形で行われた。船来山（岐阜県本巣市文殊）は濃尾《のうび》平野北縁近くに位置し、標高一一六・五ｍと低山だが、山頂から濃尾平野が一望できる独立丘陵である。分郡された席田郡は『和名類聚抄』では美和《みわ》・磯部《いそべ》・那珂《なか》・名太《なた》の四郷からなる小郡であった。

本巣国造の本拠地

本巣国造に関しては、「穂国主」に関連して引用した「三川の穂別の祖」である朝廷別《みかどわけ》王の記事が見える、『古事記』中巻 開化天皇段に「神大根《かむおおね》王は、三野國の本巣國造・長幡部《ながはたべ》連の祖」とあり、神大根王（別名：八瓜入日《やつりのいりひ》子《こ》王）は三野国本巣国造の始祖と伝えられる。三野の本巣国造の本拠地に関しては、平城宮東院地区出土木簡に、「（表）・三野國本須郡□□《三野部》□□□□／（裏）・和銅四年□二月」とあることから、和銅四年（七一一）には三野国本須郡三野部里が存在し、その後『和名類聚抄』に見える美濃国本巣郡美濃郷に引き継がれたと思われ、本巣市見延《みのべ》（旧・本巣郡糸貫《いとぬき》町見延）に比定されている。見延は「美濃部《みのべ》」で、同地の神王《こうのう》神社は神大根王を祀り、その隣の乙福神社はその子を祀ったという。このような歴史的背景をもつ三野部（美濃郷）里の近く、糸貫川を挟んだ対岸の大字「郡府《ぐんぷ》」を含む席田郡那珂《なか》郷に席田郡の比定地がある。『続日本後紀《しょくにほんこうき》』承和《じょうわ》七年（八四〇）四月戊辰（二十三日）条に引用する太政官奏《たじょうかんそう》が更に引用する承和五年十一月一日の「美濃国言」に「席田郡人國造眞祖父」なる人物が見え、席田郡には国造のウジ名を持ち、本巣国造を先祖とする氏族が居住していたことが分かる［田島、二〇一八b］。

席田郡に見える屯倉の痕跡

結論を先に述べれば、席田郡には倭王権の屯倉が置かれていたと思われる痕跡がある。天慶《てんぎょう》年間（九三八〜四七）以降、天徳《てんとく》年間（九五七〜六一）より前に成立の『美濃国神名帳』の「席田郡座十八社」には、①正六位下犬養明神と、②正六位下春稲《つきしね》神社が見える。先ず①の神社名

「イヌカイ」は先に示したように、屯倉の存在を探る手掛かりであり、席田郡磯部郷に比定される大字「石原」にある津島神社であるという〔岐阜縣本巣郡教育會、一九三七〕。

②の現在、大字「郡府」地区の西隣の「上保《かみのほ》」地区に鎮座する春稲神社も屯倉の存在を窺わせる。黛弘道氏の研究によれば、『日本書紀』仁徳天皇十三年九月条の茨田《まんた》屯倉と春米《つきしね》部が同時に設定された伝承は、屯倉の倉に貯蔵された穀を舂《つ》いて精米し、屯倉で働く人々に食用の白米を提供していたことを想定させる〔黛、一九七九〕。また、宮本正章《みやもとまさあき》氏の研究によれば、『日本霊異記』上巻二七縁「邪見なる仮名の沙弥《しゃみ》、塔の木を斫《さ》きて悪報を得る縁」に見える、石川《いしかわ》沙彌《のしやみ》が住んだ「攝津國嶋下郡春米《つきしね》寺」に関連して、春米の原義は、米を春くことで、春米部とは大化前代の屯倉の収米を精白することを職掌とする部曲《かき》であり、これを率いていたのが、春米連であるという〔宮本、一九八二〕。そこで、屯倉を発見する指標として「春稲」「春米」など「ツキシネ」地名や神社が利用できる。正倉院所蔵「大宝二年御野國本簀郡栗栖太《くるすだ》里戸籍」の戸主「道守部《ちもりべ》邑等」（四十九歳）の戸に「戸主妻春米部姉賣、年卌六、正女、」が見え、「本簀郡栗栖太里」は『和名類聚抄』の本巣郡栗田郷であり、江戸時代の本田村（旧・穂積《ほづみ》町本田、現・瑞穂《みずほ》市本田）に比定される。春稲神社の南約七㎞の春米部姉賣が春稲神社周辺に本貫地があれば、栗栖太里（のちの栗田郷）の戸主と十分に通婚圏内であることから、春米部が後の席田郡域に置かれていたことも想定される。

この他、「山内氏系古譜伍貼」五六八「山内首藤氏系図（巻子）」（東京大学史料編纂所編・刊『山内首藤氏文書』）に「美濃國席田郡司大和介守部資信」の記載が見えるなど、十一世紀頃のことで

はあるが、「席田郡司」として守部氏が存在したことが知られる。また、正倉院所蔵「大宝二年（七〇二）御野國本簀郡栗栖太里戸籍」の某戸主の戸に「寄人守部根都賣、年廿四、正女、」がいたことが知られる。守部氏の分布と「ミヤケ」地名との関係は、河内国交野《かたの》郡三宅郷・美濃国厚見郡茜部荘・信濃国埴科《はにしな》郡大穴《おあな》郷高家《たかかけ》里・越後国蒲原郷・備前《びぜん》国児島《こじま》郡三宅郷などでも窺え、席田郡に残る守部氏の痕跡により、席田郡域には守るべき対象の禁野（禁処）や屯倉などが、かつて存在した可能性がある［田島、二〇一八b］。

以上のように、特に①「犬養明神」・「イヌカイ」関係地名、②「春稲神社」・「春米部」、③「守部」氏の存在など、かつて「屯倉」（ミヤケ）が設置されたことを窺わせる史料や、分郡後に置かれた席田郡家の存在を考え合わせると、「郡家」が「コホリノミヤケ」と読まれることから、郡家は、もともとは「屯倉」の施設に遡る可能性を導き出せる。本巣国造（または国主）の本拠地の東で、船来山南麓に位置する「郡府」地区を中心に、記紀などには見えない屯倉が存在していた可能性が強まった。

船来山南麓を中心とした席田郡が、美濃国守笠麻呂の主導で和銅八年（霊亀元年・七一五）に急遽、建郡できたのも、以前に、本巣国造領域内の地を割き取って、倭王権の屯倉が置かれるなどしたことのある、大王家の「王領」の地であったからであろう。記紀の伝承が開化天皇や景行天皇の代に記されていることから検討すると、「王領」となったのは「第三のアヅマ」の時代、初期の倭王権の時代まで遡る可能性も想定される。屯倉の中には初期倭王権の地方進出拠点が大王領となり、更に屯倉に発展したものもあった。なお、席田の屯倉の当初の設置目

的は、倭王権の本巣国造（または国主）領域内への進出拠点であると共に、その北側にある船来山の木材を舟材として伐採・加工するためではなかったかと推定される［田島、二〇一八b］。山が伐材・採薪のために用いられていたことは『万葉集』の「山」の例からも指摘されている［井手、一九六一］。

おわりに

以上、初期倭王権から国造制の時代まで、倭王権の東国（アヅマ）への進出と辺境《ボーダー》の東方移動に関して、大野晋氏の東西の言語の境界、特に第三・第二のアヅマの境に注目しながら、具体的には三川（参河）・穂・三野（本巣）・科野・越（越中・越後）領域を中心に文献史料を使って検討した。近年、北川和秀《きたがわかずひで》氏が遠藤邦基《えんどうくにもと》氏の研究［遠藤、一九七八］を紹介し、『和名類聚抄』における「紀伊型」地名表記（一字地名にその地名の母音を付加して表記する方法）の分布が、見事なまでに西日本に偏在し、東日本に位置するのは、参河国宝飫《ほお》郡、遠江国引佐《いなさ》郡渭伊《いい》郷、越後国頸城《くびき》郡都有《つう》郷の三件のみであることを指摘している［北川、二〇一七］。これらは東日本であっても、フォッサマグナ地溝帯の西縁より西かその地溝帯の中に含まれるという。大変、興味深い現象である。

系図史料など、史料そのものの研究をしなければならない問題、「第二のアヅマ」の境は東海道では参河と駿河であるが、防人が何故、参河国から選ばれなかったのかなど、検討すべき

課題は多いが、今後、出土文字資料などの出現を期待したい。

参考文献

荒木敏夫　二〇一二年「三河の国造制―穂国造と東三河―」豊橋市教育委員会教育部美術博物館編・刊『馬越長火塚古墳群』
荒木敏夫　二〇一四年「三河大伴（部）直氏と三河伴氏」『古代日本の勝者と敗者』吉川弘文館
一志茂樹　一九七六年「大和朝廷による古代越地方開発の新局面を探し得て（一）―東日本に創置された越後城存在の意義を匡す―」『信濃』二八―一〇
一志茂樹　一九九三年『古代東山道の研究』信毎書籍出版センター
井手　至　一九六一年「人麻呂集戯書「開木代」について」『萬葉』四一
井原今朝男　一九九一年「阿蘇氏系図の諸問題―諏訪・伊那地方と金刺舎人直氏について―」『諏訪市史研究紀要』三
歌川　學　一九八四年「三河国の条里―東三河地方における条里制の遺構―」歌川學遺作集刊行会編・刊『三河遠江の史的研究』
海老沢和子　二〇一四年「古代濃尾の境界についての一考察―広野河事件の原因と結果を中心として―」『愛知県史研究』一八
遠藤邦基　一九七八年「古代東国語の音節構造―中央語との比較から―」『叙説』二
太田　亮　一九三一年「砥鹿神社と日下部氏」愛知県宝飯郡神職会編・刊『神社を中心としたる宝飯郡史』
大野　晋　一九五七年『日本の東部と西部と』『日本語の起源』岩波新書
鎌田元一　一九八八年「日本古代の「クニ」」『日本の社会史』六　社会的諸集団　岩波書店
北川和秀　二〇一七年「古代史料にみる三遠」和田晴美編『道と越境の歴史文化―三遠南信クロスボーダーと東西文化―』青簡舎
久曽神昇　一九五五年「渥美半島の黎明時代」『（愛知大学）綜合郷土研究所紀要』一
久曽神昇　一九七三年「大化以前の東三河」『豊橋市史　第一巻』豊橋市

岐阜縣本巣郡教育會編・刊　一九三七年『本巣郡志』上
桑原正史　一九八六年「夷守に関する覚書―越佐古代史研究の一環として―」山田英雄先生退官記念会編『政治社会史論叢』近藤出版社
小林敏男　二〇〇八年「科野（信濃）国造に関する考察」井原今朝男・牛山佳幸編『論集　東国信濃の古代中世史』岩田書院
西郷信綱　一九八四年「アヅマとは何か」『社会史研究』五　日本エディタースクール出版部
関　晃　一九九〇年「科野国造の氏姓と氏族的展開」黒坂周平先生の喜寿を祝う会編・刊『信濃の歴史と文化の研究』二　黒坂周平先生喜寿記念論文集
千田　稔　一九七五年「ミヤケの地理的実態―畿内とその周辺における立地と地割の問題―」『史林』五八―四
田島　公　二〇〇〇年「「美濃国池田郡の条里」追考―「安八磨（安八）」郡名の由来と「紀（池田）氏系図」所引美濃国池田郡関係史料の検討―」足利健亮先生追悼論文集編纂委員会編『地図と歴史空間―足利健亮先生追悼論文集―』大明堂
田島　公　二〇〇五年「抹消された「湯沐倉」―天平宝字四年四月五日付「寫經所解」をめぐって―」西洋子・石上英一編『正倉院文書論集』青史出版
田島　公　二〇一八年a「美濃国大井荘の成立事情と成立当初の荘域」海老澤衷編『中世荘園村落の環境歴史学―東大寺領美濃国大井荘の研究―』吉川弘文館
田島　公　二〇一八年b「古代美濃国本巣・席田両郡の景観復原の一齣―船来山南麓に屯倉の存在の可能性を探る―」金田章裕編『景観史と歴史地理学』吉川弘文館
田島　公　二〇二〇年「古代参河国関係史料再考―波豆（播豆・幡豆）・青見（碧海）・穂（宝飫）の各郡を中心に―」『新編　西尾市史研究』六
田島　公　二〇二二年刊行予定「第四章　ヤマト王権の西三河の国造領域への進出から「参河國波豆評」の成立まで」『新編　西尾市史』通史編　古代・中世　西尾市
田中　卓　一九六〇年「古代阿蘇氏の一考察」宮川宗徳編『高千穂　阿蘇―綜合学術調査報告―』財団法人神道文化会

田中　卓　二〇一一年「古代信濃の謎―諏訪大社の鎮座をめぐって―」『続・田中卓著作集一　伊勢・三輪・賀茂・出雲の神々』国書刊行会
塚田正朋　一九七四年『長野県の歴史』山川出版社
長野県編　一九八九年『長野県史』通史編1　原始・古代　長野県史刊行会
西宮秀紀　二〇一一年「三河国造の時代から青見評の時代へ」『考古学フォーラム』二〇
額田郡教育会編　一九二四年『三河国額田郡誌』愛知県額田郡役所
原秀三郎　二〇一一年「古代シナノの原像と地域的特質」社団法人金鶏会・学術創成研究費「目録学の構築と古典学の再生」主催学術シンポジウム「古代シナノ地域史の再構築」レジュメ
原秀三郎　二〇一二年「『万葉集』から持統上皇三河行幸を読み解く」田島公編『史料から読み解く三河【西尾市岩瀬文庫特別連続講座】』笠間書院
平野邦雄　一九八六年「古代ヤマトの世界観―ヒナ（夷）・ヒナモリ（夷守）の概念を通じて―」『史論』三九
黛　弘道　一九六五年「犬養氏および犬養部の研究」『学習院史学』二
黛　弘道　一九七九年「春米部と丸子部―聖徳太子子女名義雑考―」家永三郎教授東京教育大学退官記念論集刊行委員会編『古代・中世の社会と思想』三省堂
溝口睦子　一九八七年『古代氏族の系譜』吉川弘文館
宮本正章　一九八二年「石川の沙弥と春米寺」日本霊異記研究会編『日本霊異記の世界』三弥井書店
山田邦明　二〇一〇年「穂国造菟上足尼」『小坂井町史通史編』小坂井町
山田邦明　二〇一四年『戦国時代の東三河』愛知大学綜合郷土研究所ブックレット23
吉川真司　二〇一九年「天野川と物部氏」『大阪春秋』一七四

ESSAY

民俗の分布を考える

福田アジオ

現在は多摩ニュータウンのなかに埋没してしまったが、半世紀あまり前までは草深い農村であった多摩丘陵のムラでは、当時結婚や葬式に際して何かと世話をしてくれる家が一軒先祖代々固定して決まっていた。その家をジシンルイと言い、多くの場合は二軒の家が互いにジシンルイになりあっていた。その二軒の家の先祖を、残された文字資料で遡《さかのぼ》っていくと、一七世紀の中頃に田畑をほぼ均等に分けて登場してきた家であることが分かった。それに対して、相互関係でなく、一方的なジシンルイも見られた。それは、相互関係のジシンルイを中核にして、その相互関係にある二軒から派生する形で一方的なジシンルイが連鎖していく。この一方的なジシンルイ関係は調べてみると近世後期以降、特に明治以降に成立した家が本家をジシンルイとするものであることがほとんどだった。

南関東、特に武蔵南部と相模には、このような、頭にジが付く家々の関係が顕著に見られる。ジルイ、ジミョウ、ジワケ、ジシンルイ等である（以下では総称としてジルイを用いる）。漢字で表記すれば地類、地名（あるいは地苗）、地分（あるいは地訳）、地親類となる。この語で示される家々の関係は、どこでも二軒か三軒というごく少数の家々で形成され、冠婚葬祭に際して重要な役割を果たすことになっている。その家々の関係の来歴を聞くと、先祖が土地を分け合ったという伝承が語られることが多い。その土地を具体的に確認すると、田畑をそれぞれほぼ

等しい面積であちこちに並んで持っていることが多い。多摩丘陵のジシンルイと同じような関係であることを今に示しているように思える。

ここまでのことであれば、南関東では近世前期に田畑を均等分割して家々が分立し、その家々が互いに助け合う関係を形成し、それに新しい家が付け加わって今日にいたったと解釈し、南関東地方史の問題として了解できるであろう。ところが、ジルイははるかに広い拡がりをもって分布している。三浦半島から海を渡った房総半島南部にもジルイは見られる。そして、目を西に転ずれば、南関東に接した山梨県にもジルイと呼ばれる関係が広く見られる。県内各地のジルイは二軒相互の関係という事例は少なく、何軒もの家のまとまりであることが多く、場合によっては同姓の家々全体を指し示すこともある。そのようなジルイでは、中心に本家があり、そこから分かれた家々で構成されている。しかし、その場合でも先祖が土地を分け合ったという伝承を伴うことがあり、さらに均等分割して登場してきたことを示す文字資料が残されていることもある。

ジルイの分布はさらに西に延びている。長野県である。広い長野県全域に見られるわけではなく、南部の伊那谷、言い換えれば天竜川流域に見られる。ここでもジルイは先祖が土地を分け合った関係という伝承をもっている場合がある。また残された文字資料の分析から、近世には年貢を連帯して納入する関係を相地《あいじ》・合地と表記していたことも分かっている。そして、相地・合地はやはり土地をほぼ等しく分割して登場した家の関係であり、現在のジルイは相地・合地につながる。

伊那谷を現在の飯田線に沿ってさらに南下すると愛知県に入る。ここもジルイが見られる地域である。見られるのは三河東部の地域で、その分布は海に突き出た渥美《あつみ》半島にまで及ぶ。そこではジルイは何軒かの家々の集まりであり、その家々の関係については必ずしも明確ではないが、共に地ノ神を祀《まつ》っていることに大きな特色がある。来歴については地分けの伝承を伝えていることが少なくないが、これまで見てきたような土地の均等分割を必ずしも示してはいない。

以上のようなジルイをどのように理解したらよいであろうか。その来歴の伝承である先祖が土地を分け合って登場した家の相互関係だという点に注目すれば、日本の親族組織の理解に一石を投じる民俗だと言える。日本では、本家があり、その本家からごくわずかな土地を分与されて分かれた分家があって、その一団が本家を中心とした同族を形成してきたと把握されてきた。ところがジルイは本家・分家の関係を形成せず、相互に対等な付き合いをするのが原則である。特に南関東ではそれが顕著である。一足飛びで恐縮であるが、中国の漢族が古来徹底した均分相続を行い、その結果として男子は互いに対等な関係を形成し、本家・分家という観念や関係を形成してこなかったことを想起したい。日本においても近世前期まで分割相続が行われ、その結果として家々は相互に等量負担をする関係をジルイとして形成してきたと考えれば、ジルイは非常に重要な民俗ということになる。

しかし、その前に検討すべき問題がある。それは房総半島から渥美半島にいたる特色ある分布である。南関東から東海地方にかけて分布が見られると概括できるように思えるが、静岡県

を見事にはずした分布である。うねりをもって現在の中央本線（東線）・飯田線に沿って分布している。これは何を意味するのか。想定されるのは、ジルイを生活互助組織の中核に置いた集団の移動拡大の結果か、ジルイという関係や観念が一定のルートで伝播《でんぱ》拡大した結果かの二つであろう。意外なことに今まで民俗の広域的分布については深く検討されることはなかった。大きな枠組みとして周圏論が存在したため、それに依存して思考を停止してきたと言えるかも知れない。ジルイの分布地域の追究は大きな課題と言えよう。

もっと知りたい人のための参考文献

「新版［古代の日本］」（角川書店・一九九一〜九三）は、『第1巻　古代史総論』から『第10巻古代資料研究の方法』まで全10巻シリーズ。東アジアに関連するのは、坪井清足・平野邦雄監修『第7巻　中部』と、同『第8巻　関東』。古代史の到達点の現状と展望を探る。

「街道の日本史」シリーズ、全56冊（吉川弘文館・二〇〇〇〜〇六）。街道沿いの地域にまつわる伝統・伝説・文化・生活・歴史を都道府県別に解説。『鎌倉・横浜と東海道』『越後平野・佐渡と北国浜街道』『東海道と伊勢湾』など、13〜30巻までが関東・信越・東海の関連書。

シリーズ「遺跡を学ぶ」（新泉社）は、二〇〇四年から150冊以上も刊行されている人気シリーズ。白井久美子『最後の前方後円墳　龍角寺浅間山古墳』、若狭徹『古墳時代の地域社会復元・三ツ寺Ⅰ遺跡』、高橋一夫『鉄剣銘一一五文字の謎に迫る・埼玉古墳群』などがある。「遺跡には感動がある！」がキャッチフレーズで、豊富な図版と分かりやすい解説に定評がある。

「歴史散歩」シリーズ（山川出版社・二〇〇五〜一四）。本文は4色〜2色刷で携帯に便利。地

域や史跡の見どころが一目でわかるキャッチフレーズなど、役立つ情報を数多く収録。

シリーズ「日本の遺跡」（同成社）は、二〇〇五年から51冊刊行されている。『上野三碑』『加曽利貝塚』など。

上原真人・白石太一郎・吉川真司・吉村武彦編「列島の古代史　ひと・もの・こと」（岩波書店・二〇〇五～二〇〇六）は、『1　古代史の舞台』『2　暮らしと生業』など全8巻シリーズ。文献史学・考古学の研究成果を踏まえ、列島の古代史の多彩な姿を描き出す。

「シリーズ日本古代史」（岩波新書・二〇一〇～一一）は『農耕社会の成立』『ヤマト王権』『飛鳥の都』『平城京の時代』『平安京遷都』『摂関政治』の全6巻。古代史のスタンダードを知りたい人向けの新書シリーズ。中国・朝鮮半島との関係性がより密になる現在、最前線の研究者が描き出す、新鮮な古代史像は刺激に満ちている。

「日本古代の歴史」シリーズ（吉川弘文館・二〇一三～一九）。佐藤信・佐々木恵介企画の全6巻シリーズ。『倭国のなりたち』『飛鳥と古代国家』『奈良の都と天平文化』『平安京の時代』『摂関政治と地方社会』『列島の古代』。地方・庶民の姿や各地域間の交流に注目。中国・朝鮮半島との関係もふまえた歴史像を描いている。

「シリーズ古代史をひらく」（岩波書店・二〇一九～二一）。吉村武彦・吉川真司・川尻秋生編。『前方後円墳』『古代の都』『古代寺院』『渡来系移住民』『文字とことば』『国風文化』の全6巻シリーズ。巻末の座談会は読み応えあり。

吉村武彦編『新版　古代史の基礎知識』（角川選書・二〇二〇）は、古代史の理解に必要な重要事項を配置。新聞紙上をにぎわしたトピックをはじめ、歴史学会で話題となっている論争も積極的に取り上げて平易に解説している。

「県史シリーズ」（山川出版社・一九六九～八一、全47巻と別巻1）・新版「県史シリーズ」（同・二〇〇〇～一五）全47巻。各県の古代～近現代までを網羅。巻末には詳細な年表・遺跡のリストだけではなく、各地の行事など民俗史的資料も豊富。関東・信越・東海地方は8～23巻。

「史話日本の古代」シリーズ（作品社・二〇〇三）は、『第1巻　日本人はどこから来たか』から『第8巻　平安京の光と闇』と別巻を含む全9巻のシリーズ。考古学・文献史学の研究成果を踏まえ様々な観点から論じられているが、各論稿は比較的短い文章でまとめられているため、読みやすい。

佐藤信監修／新古代史の会編『テーマで学ぶ日本古代史』（吉川弘文館・二〇二〇）。社会史料編と政治外交編がある。古代社会の全体像を、様々な論点から平易に解説する。

「同成社　古代史選書」シリーズ（同成社・二〇〇八〜）。二〇二二年一月末現在全40巻。傳田伊史『古代信濃の地域社会構造』、三舟隆之『古代氏族と地方寺院』など。

「吉川弘文館　歴史文化ライブラリー」シリーズ（吉川弘文館・一九九六〜）。木本雅康『古代の道路事情』など。

「古代の東国」シリーズ（吉川弘文館・二〇一七）『前方後円墳と東国社会』『坂東の成立』『覚醒する〈関東〉』の全3巻。

「東海の古代」シリーズ（同成社・二〇〇一〜一二）。『美濃・飛騨の古墳とその社会』『伊勢・伊賀の古墳と古代社会』『尾張・三河の古墳と古代社会』の全3巻。

「自治体史」神奈川県・千葉県・群馬県・栃木県・山梨県・静岡県・愛知県・長野県・新潟県をはじめとする各県・市などが編さんした自治体史は、それぞれの地域の歴史を知るのに便利。各自治体の図書館・博物館などに所蔵されている。

◇高志の国文学館
富山県富山市舟橋南町 2-22
TEL：076-431-5492

【石川県】
◇石川県立歴史博物館
石川県金沢市出羽町 3-1
TEL：076-262-3236

【福井県】
◇福井県立歴史博物館
福井県福井市大宮 2-19-15
TEL：0776-22-4675

◇福井県立若狭歴史博物館
福井県小浜市遠敷 2-104
TEL：0770-56-0525

【静岡県】

◇浜松市博物館

静岡県浜松市中区蜆塚 4-22-1

TEL：053-456-2208

【山梨県】

◇山梨県立博物館

山梨県笛吹市御坂町成田 1501-1

TEL：055-261-2631

◇山梨県立考古博物館

山梨県甲府市下曽根町 923

TEL：055-266-3881

【新潟県】

◇新潟県立歴史博物館

新潟県長岡市関原町 1-2247-2

TEL：0258-47-6130

【長野県】

◇長野県立歴史館

長野県千曲市屋代 260-6　科野の里歴史公園内

TEL：026-274-2000

◇長野市立博物館

長野県長野市小島田町 1414　川中島古戦場史跡公園内

TEL：026-284-9011

◇森将軍塚古墳館

長野県千曲市屋代 29-1　科野の里歴史公園内

TEL：026-274-3400

【愛知県】

◇名古屋市見晴台考古資料館

愛知県名古屋市南区見晴町 47

TEL：052-823-3200

◇名古屋市博物館

愛知県名古屋市瑞穂区瑞穂通 1-27-1

TEL：052-853-2655

【岐阜県】

◇岐阜市歴史博物館

岐阜県岐阜市大宮町 2-18-1　岐阜公園内

TEL：058-265-0010

◇関市円空館

岐阜県関市池尻 185

TEL：0575-24-2255

◇美濃国分寺跡・歴史民俗資料館

岐阜県大垣市青野町 1180-1

TEL：0584-91-5447

【富山県】

◇高岡市万葉歴史館

富山県高岡市伏木一宮 1-11-11

TEL：0766-44-5511

【茨城県】
◇茨城県立歴史館
茨城県水戸市緑町 2-1-15
TEL：029-225-4425

◇水戸市立博物館
茨城県水戸市大町 3-3-20
TEL：029-226-6521

◇平沢官衙遺跡歴史ひろば
茨城県つくば市平沢 353
TEL：029-867-5841

◇石岡市立ふるさと歴史館
茨城県石岡市総社 1-2-10（石岡小学校敷地内）
TEL：0299-23-2398

【栃木県】
◇栃木県立博物館
栃木県宇都宮市睦町 2-2
TEL：028-634-1311

◇大田原市なす風土記の丘湯津上資料館
栃木県大田原市湯津上 192
TEL：0287-98-3322

◇那珂川町なす風土記の丘資料館
栃木県那須郡那珂川町小川 3789
TEL：0287-96-3366

◇しもつけ風土記の丘資料館
栃木県下野市国分寺 993
TEL：0285-44-5049

◇下野国庁跡（下野国庁跡資料館）
栃木県栃木市田村町 300
TEL：0282-27-8900

◇下野薬師寺歴史館
栃木県下野市薬師寺 1636
TEL：0285-47-3121

【群馬県】
◇群馬県立歴史博物館
群馬県高崎市綿貫町 992-1
TEL：027-346-5522

◇多胡碑記念館
群馬県高崎市吉井町池 1085　吉井いしぶみの里公園内
TEL：027-387-4928

◇かみつけの里博物館
群馬県高崎市井出町 1514
TEL：027-373-8880

◇上野国分寺館
群馬県高崎市引間町 250-1
TEL：027-372-6767

東国・信越の古代史関係施設（2022年1月末現在）

【東京】

◇府中市郷土の森博物館

東京都府中市南町6-32

TEL：042-368-7921

◇武蔵国分寺跡資料館

東京都国分寺市西元町1-13-10

TEL：042-323-4103

◇明治大学博物館

東京都千代田区神田駿河台1-1　アカデミーコモン地階

TEL：03-3296-4448

◇國學院大學博物館

東京都渋谷区東4-10-28　國學院大學渋谷キャンパス内

TEL：03-5466-0359

【神奈川】

◇神奈川県立歴史博物館

神奈川県横浜市中区南仲通5-60

TEL：045-201-0926

◇横浜市歴史博物館

神奈川県横浜市都筑区中川中央1-18-1

TEL：045-912-7777

◇海老名市温故館

神奈川県海老名市国分南1-6-36

TEL：046-233-4028

◇平塚市博物館

神奈川県平塚市浅間町12-41

TEL：0463-33-5111

【埼玉県】

◇埼玉県立さきたま史跡の博物館

埼玉県行田市埼玉4834

TEL：048-559-1111

【千葉県】

◇史跡上総国分尼寺跡展示館

千葉県市原市国分寺台中央3-5-2

TEL：0436-21-7633

◇千葉県立房総のむら　風土記の丘資料館

千葉県印旛郡栄町龍角寺1028

TEL：0476-95-3333

◇市川考古博物館

千葉県市川市堀之内2-26-1

TEL：047-373-2202

『前方後円墳集成』では、前方部長が後円部径の1/4以上1/2未満を「帆立貝形」、1/4未満を「造出し付円墳」とする目安が示された。一方、その起源は中期初頭の前方後円墳への造出し付設に求められ、墳丘規模や埴輪列などの内容に応じて帆立形古墳と造り出し付円墳を位置づける視点が重要である。帆立形古墳は、王権による前方後円墳の築造規制や序列にも関わる墳形であった。

ミヤケ

倭国の支配制度のこと。官家、屯家、屯宅、三宅などとも書くことがある。語源は接頭語の「ミ」と家や宅を意味する「ヤケ」が組み合わさったもの。『日本書紀』では「屯倉」と表記し、倉を中心とする農業生産の拠点であったことを強調するが、本来は、塩生産や港湾など各種の経済的・軍事的な拠点を意味する。そのため、本巻では「ミヤケ」と表記する場合もある。東国や九州では、贖罪のため地方豪族の領地の一部をヤマト王権の直轄領としたものが多いが、ヤマト地方を中心とする、王権の古くからの領地を意味する場合もある。

ヤマトタケル

『古事記』では倭健命、『日本書紀』では日本武尊と表記する。景行天皇の子供で、列島の東西に派遣されてその地を平定した後、その武力の故、天皇に疎まれて亡くなったとされる伝説上の英雄。死後、白鳥になったとの伝承もある。ただし、『古事記』と『日本書紀』とでは、人格や事績に違いがみられる。『常陸国風土記』にも「倭武天皇」としてしばしば現れるが、「マレビト」的要素が強く、地名などの起源譚の部分に多く登場する。

（川尻秋生・白井久美子）

が充実し、造り出しや周濠内の祭場で「水の祭祀」などの儀式を再現した埴輪群が出現する。やがて、人物や動物の埴輪が加わると、より具体的な祭祀の様子を表現した画期的な埴輪群が立ち並べられる。これを「埴輪群像」と呼んでいる。人物埴輪の登場によって、埴輪祭祀の表現は飛躍的に豊かになり、人物埴輪の衣装や所作によって祭祀の内容を表現するようになる。王位（首長権）の継承儀礼、神マツリの儀式、葬送儀礼などを表しているとみられる。このような埴輪群像は、前方後円墳の衰退とともに西日本では後期後葉に消失するが、関東地方ではむしろ隆盛し、埴輪の終焉まで継続した。

坂東　ばんどう

東山道の碓氷坂の東、東海道の足柄坂の東、現在の関東地方とほぼ同じ領域を指すことば。律令制下の上野・下野・相模・武蔵・安房・上総・下総・常陸の8ヵ国を含む（当初は陸奥国も含んだか）。8世紀のはじめ、征夷が行われるようになると、兵士および兵糧を供給する兵站基地として設定された。平安時代初期には、征夷によって疲弊が激しくなった。後に、平将門が坂東を独立させようとしたことは有名。

常陸国風土記　ひたちのくにふどき

古代の常陸国（現在の茨城県の大部分）の地誌。和銅6年（713）、元明天皇によって編纂が命じられた、現在残っている5つの風土記のうちの1つ。養老5年（721）頃の成立。中国的な漢文表記が目立つ一方、歌は万葉仮名を用いる。当時、常陸守であった藤原宇合の関与が想定される。欠けている部分もあるが、郡ごとに書き分ける。同地域の古代史を詳しく語るだけでなく、国造から評が建てられる過程を詳述するなど、日本古代史研究にとっても重要な史料である。

帆立貝形（式）古墳　ほたてがいがた（しき）こふん

1929（昭和4）年、群馬県で発掘された上芝古墳が前方後円墳としては前方部が短く、あたかも帆立貝に似ていたことから「帆立貝式古墳」と名付けられた。当時文部省で史蹟名勝調査の任にあった柴田常恵が『人類学雑誌』に報告したことによる。柴田は円墳と前方後円墳の中間としたが、現在も前方部が短い前方後円墳として「帆立貝形古墳」とする説と、「造出し付円墳」とする説がある。後円部（円丘）に対する前方部や造出しの比率を基準に両者を区別する方法には諸説あり、1991年の

前方後方墳は方形の主丘正面の突出部が発達して前方部になったと考えられる。西日本では近畿地方を中心として、前期に前方後円墳が主流になるが、北部・南部九州、山陰～北陸の日本海側、東海～関東地方では前方後方墳が主流であった。特に、前期前半の東日本では地域首長墓に用いられ、西日本とは極めて対照的な現象が展開された。また、同規模の前方後円墳に拮抗する規模や副葬品をもつ例が少なくない。しかし、前期の終わりには東日本の大型古墳も前方後円墳に換わり、全国的にも大型前方後方墳は姿を消している。中期以降の大型例は、松江市の山代二子塚古墳（墳丘長94m）を筆頭に出雲東部に集中し、後期後葉まで継続した。一方、房総では前期に一旦姿を消した後、後期後葉に再び主墳として現れている。

東山道　とうさんどう／とうせんどう

七道の1つ。畿内から北東方向へ山間の諸国を連絡した道で、近世の中山道にほぼ相当する。8世紀後半以前は近江・美濃・飛驒・信濃・上野・武蔵・下野・陸奥・出羽の9ヵ国であった。しかし、武蔵国は、上野→武蔵→下野と迂回する経路であったこと（これを東山道武蔵路と呼ぶ）、相模→武蔵→下総間の交通量が増えたことなどから、宝亀2年(771)、東海道に移管された。

渡来人と帰化人　とらいじんときかじん

かつて歴史学では「帰化」「帰化人」ということばが使用されたが、本来は天皇の徳を慕って自分の意思で渡来した人々を指す、古代の支配層が用いた用語であった。そのため中国・朝鮮半島から移動・移住して来た人々全体を示す用語としては不適切であると考えられるようになり、1970年頃から、価値判断をともなわない「渡来人」ということばが使用されはじめ、現在では定着している。しかし、最近では、両者とも古代社会の実情を反映していないのではないかと疑問視されるようになり、「渡来系移住民」ということばも提起されている。こうした用語の違いは、現代社会の「帰化」と切り離せない問題でもある。

埴輪群像　はにわぐんぞう

古墳に埴輪を立て並べて行う埴輪祭祀は、当初壺や円筒埴輪を用いていた。やや遅れて祭殿などの建物を模した家形埴輪が加わり、次いで盾・靫《ゆき》・蓋《きぬがさ》の器財埴輪と鶏形埴輪が加わる。中期に入ると、甲冑・船・導水施設、水鳥などが加わって形象埴輪

上野三碑　こうずけさんぴ
上野国（現在の群馬県）高崎市にある3基の古代石碑の総称。山上碑(681年)、多胡碑（711年頃)、金井沢碑（726年）を指す。当地域には、朝鮮半島、とくに新羅からの渡来人が多く住んでいたため、新羅の石碑文化の影響を受けたと推測されている。山上碑は、日本最古の石碑で、放光寺の長利という名の僧が母のために建て、長利の母方、父方双方の系譜が記されている。多胡碑は、多胡郡が立てられたことを記念して建てられたもの。金井沢碑は、三家氏が先祖の供養と一族の繁栄を祈って建てた石碑である。

国府　こくふ
律令制下、国司が諸国を治めるために置かれた役所を中心とした都市。中心に国司が執務する国庁があり、南面する正殿（正殿の後ろに後殿が存することもある)、南北棟の東脇殿・西脇殿が中庭を挟んで配置される。この景観は、都の大極殿・朝堂院を模したもので、全国的にほぼ同一形態をとる。また、国庁から出る南北路があり、国府の官人が執務する官衙（曹司)、国司館、国厨・正倉などもあった。国府は七道や河川に面する交通の要衝にあったために、市（国府市）が立ち、工房や集落も取り巻いていた。これら全体を総称して国府と呼ぶ。付近には、国分寺、時代が下ると総社も置かれた。近年、7世紀末に遡る初期国府が複数の国で確認されるようになったが、8世紀の国府のように画一的な形態をとることはない。

国分寺　こくぶんじ
聖武天皇が七道諸国に建立させた寺院。聖武は、天平13年（741)、鎮護国家のために、好所を選んで七重塔を建て、『金光明最勝王経』と『妙法蓮華経』を写経すること、自らの写した金字の『金光明最勝王経』を塔に納めること、国ごとに国分僧寺と国分尼寺を1つずつ置き、僧寺は金光明四天王護国之寺、尼寺は法華滅罪之寺と名付けることなどを命じた（国分寺建立の詔)。造営はなかなか進捗せず、たびたび督促の命令が下された。天平勝宝年間頃、一応、完成する国が多かったようだが、すぐに修理が必要になったらしく、次第に退転していった。今も各所に2寺の遺跡が残されている。

前方後方墳　ぜんぽうこうほうふん
方形の主丘部に前方部が付く古墳を「前方後方墳」と呼んでいる。前方後円墳が円形の主丘に付いた突出部が発展した墳形であるのと同様に、

キーワード解説

駅家　うまや
律令によれば、30里（現在の約16キロメートル）ごとに、七道に設置された交通施設。駅長が管理した。駅使（使者）が往来に必要とする駅馬および駅子が準備され、厩舎や水飲場、駅長や駅子が執務をとる部屋、駅使が宿泊したり休憩を取るための施設、食事を提供するための厨、物資を保管するための倉庫などが設置されていた。運営には国司が関わり、運営・修繕のために当初は駅稲（駅起稲）、後には正税稲が用いられた。延喜兵部式および『倭名類聚抄（大東急記念文庫本）』に個別の名称が記載される。ただし、駅家の明確な遺構は、たつの市の小犬丸遺跡（布勢駅家）など、外国使節のため豪華につくられた山陽道のものしか見つかっておらず、考古学的には不明な点が多い。

郡家（郡衙）　ぐうけ／ぐんが
律令制下、郡司が郡を治めるために置かれた役所。考古学では郡衙と呼ぶ場合もある。郡庁（郡司が政務を執る政庁）、館（郡司の居住地）、厨家（料理をつくる場所）、正倉（稲穀を収納する倉）などから構成されるが、配置に規則性はあまりない。また、近くに郡司が建立した寺院（郡名寺院・郡寺）がともなうこともある。遺跡としては、7世紀末頃から現れるようになり、10世紀前半頃には消滅する場合が多い。

国造　くにのみやっこ／こくぞう
倭国の地方支配制度の1つ。語源は、国造の領域を示す「クニ」と接頭語の「ミ」、王権に隷属することを示す「ヤッコ（奴）」による。ヤマト王権が地方の首長を任命し、直・連・公などのカバネを与える代わりに、部民の管理やミヤケの経営を委任し、各地方を統治していた。また、独自の軍事力を持ち、王権の軍事力の一翼を担った反面、筑紫磐井の乱や武蔵国造の乱のように、王権に対して反旗を翻すこともあった。全国に120程度設置されたらしく、多くは「国造本紀」（『先代旧事本紀』所収）に列記されている。なお、律令制下でも国造を任命することがあったが、祭祀のみを担う場合や名誉職的な称号であったため、律令国造と呼んでもともとの国造とは区別する。

武蔵
相模
甲斐
信濃
飛騨
加賀
越前
美濃
尾張
参河
遠江
駿河
伊豆
近江
伊勢
琵琶湖
比楽
安宅
加賀国府
潮津
朝倉
三尾
阿味
足羽
朝津
越前国府
丹生
淑羅
鹿蒜
松原
愛発関
白山
飛騨国府
飛騨国分寺
飛騨国分尼寺
石浦
上留
下留
御岳山
錦織
浦野
亘理
清水
長倉
信濃国分尼寺
覚志
諏訪大社
八ヶ岳
深沢
宮田
賢錘
育良
恒川遺跡
(伊那郡家)
阿知
坂本
大井
土岐
泳宮伝承地
可児
加茂
武義
弥勒寺官衙遺跡
(武義郡家)
美濃国分寺
美濃国分尼寺
美濃国府
不破関
不破
大野
方県
各務
比奈守神社
尾張国府
尾張国分尼寺
尾張国分寺
新溝
馬津
尾張元興寺
熱田神社
両村
鳥捕
山綱
参河国分寺
参河国府
参河国分尼寺
寺部
三谷
渡津
猪鼻
栗原
伊場遺跡(敷智郡家)
引摩
遠江国府
遠江国分寺
遠江国分尼寺
横尾
坂尻遺跡
(佐野郡家)
郡遺跡(益頭郡家)
初倉
小川
御子ヶ谷遺跡
(志太郡家)
駿河国府
横田
息津
蒲原
長倉
日吉廃寺
伊豆国府
伊豆
三嶋神社
伊豆国分寺
伊豆国分尼寺
横走
浅間神社
富士山
加吉
河口
水市
甲斐国分寺
甲斐国府
甲斐国分尼寺
寺本廃寺
0
40km

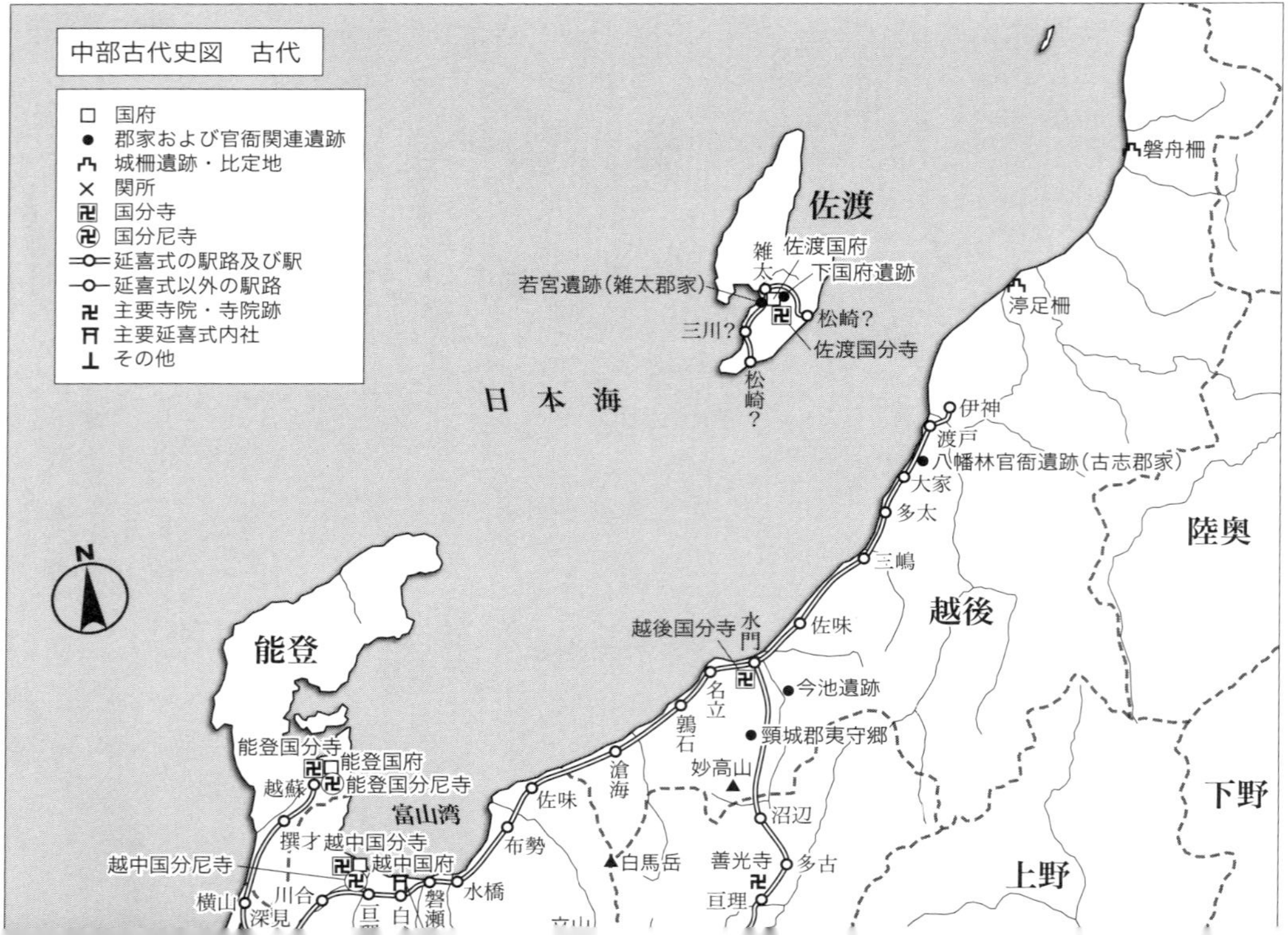
中部古代史図　古代
国府
郡家および官衙関連遺跡
城柵遺跡・比定地
関所
国分寺
国分尼寺
延喜式の駅路及び駅
延喜式以外の駅路
主要寺院・寺院跡
主要延喜式内社
その他
日本海
佐渡
雑太
佐渡国府
下国府遺跡
若宮遺跡（雑太郡家）
松崎？
三川？
佐渡国分寺
磐舟柵
渟足柵
伊神
渡戸
八幡林官衙遺跡（古志郡家）
大家
多太
三嶋
陸奥
越後
佐味
越後国分寺
水門
今池遺跡
名立
鶉石
頸城郡夷守郷
妙高山
滄海
沼辺
佐味
白馬岳
布勢
善光寺
多古
亘理
下野
上野
能登
能登国分寺
能登国府
能登国分尼寺
越蘇
富山湾
撰才
越中国分寺
越中国分尼寺
越中国府
水橋
磐瀬
白
亘
川合
横山
深見
N

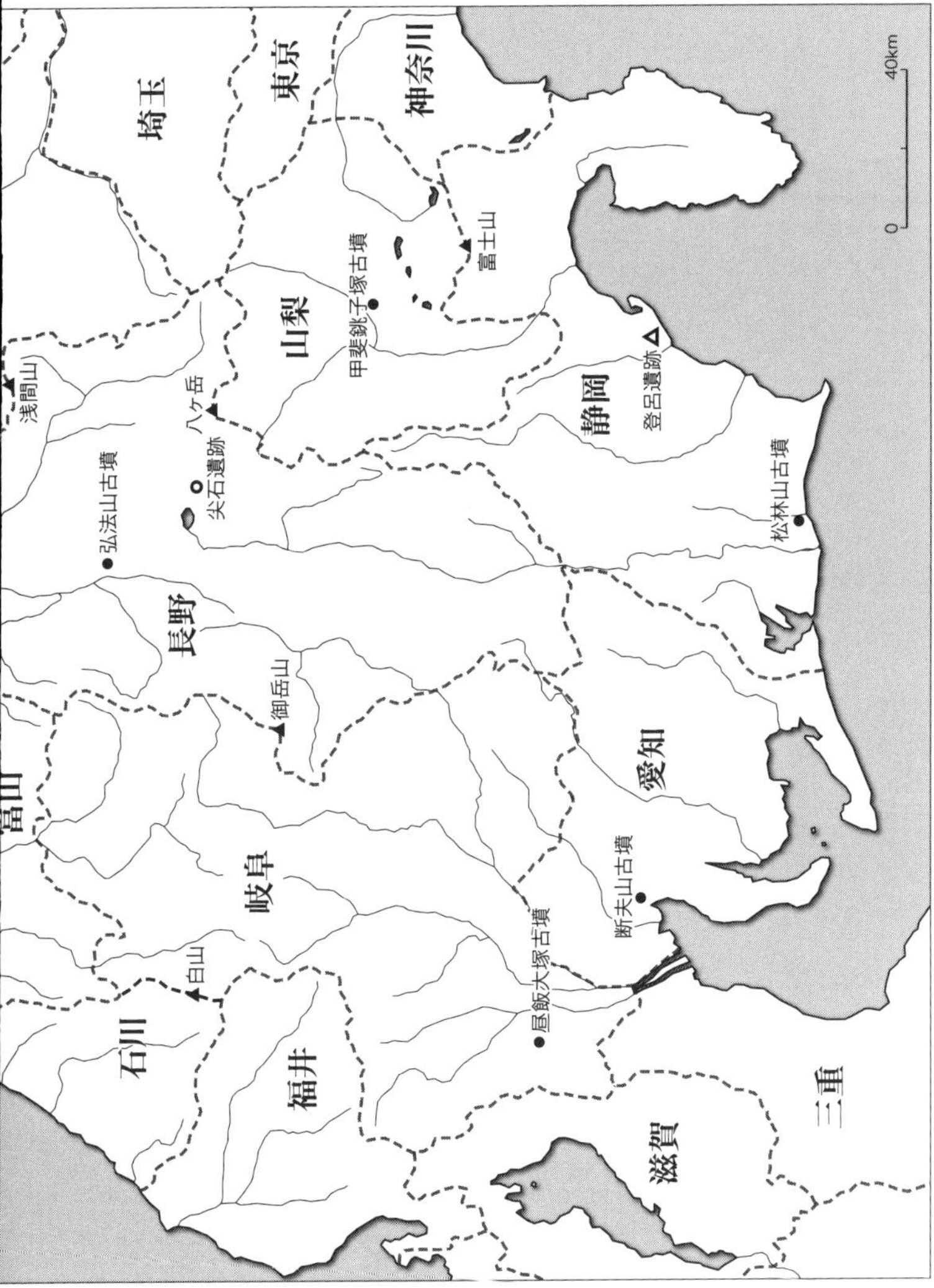

埼玉
東京
神奈川
山梨
静岡
長野
愛知
岐阜
石川
福井
滋賀
三重
浅間山
八ヶ岳
尖石遺跡
弘法山古墳
甲斐銚子塚古墳
富士山
登呂遺跡
松林山古墳
御岳山
断夫山古墳
昼飯大塚古墳
白山
0
40km

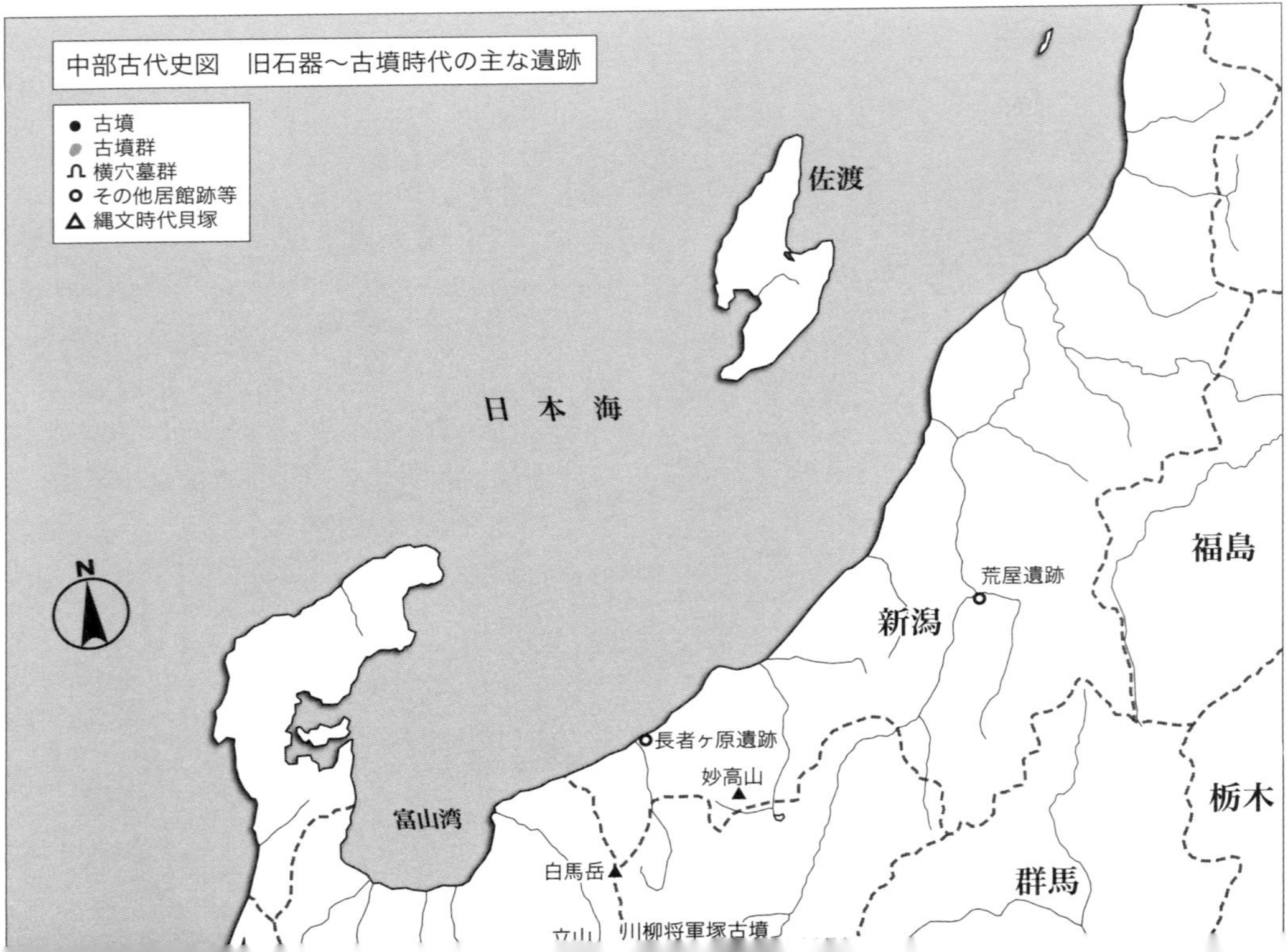
中部古代史図　旧石器～古墳時代の主な遺跡
古墳
古墳群
横穴墓群
その他居館跡等
縄文時代貝塚
N
佐渡
日本海
福島
荒屋遺跡
新潟
長者ヶ原遺跡
妙高山
栃木
富山湾
白馬岳
群馬
川柳将軍塚古墳

(鹿島郡家)
鹿島神宮
香取神宮
板来
相馬郡衙正倉跡
(相馬郡家)
榛谷
大畑Ⅰ遺跡
(埴生郡家)
荒海
真敷
山方
於賦
下総国府
茜津
龍角寺
下総国分尼寺
雲取山
武蔵
御殿前遺跡(豊嶋郡家)
武蔵国分寺
武蔵国分尼寺
乗潴
豊嶋
井上
鳥取
浮嶋
甲斐
下総国分寺
下総
嶋戸東遺跡
(武射郡家)
小高
大井
河曲
店屋
橘樹官衙遺跡群
(橘樹郡家)
長者原遺跡
(都筑郡家)
上総国分尼寺
上総国分寺
嶋穴
上総国府
夷参
相模
相模国分尼寺
浜田
相模国分寺
富士山
相模国府
藤潴
上総
上総大寺
坂本
箕輪
今小路西遺跡
(鎌倉郡家)
駿河
小総
下寺尾官衙遺跡群
(高座郡家)
大前
天羽
相模湾
川上
太
平
洋
安房
安房国府
安房国分寺
白浜
伊豆
0
40km

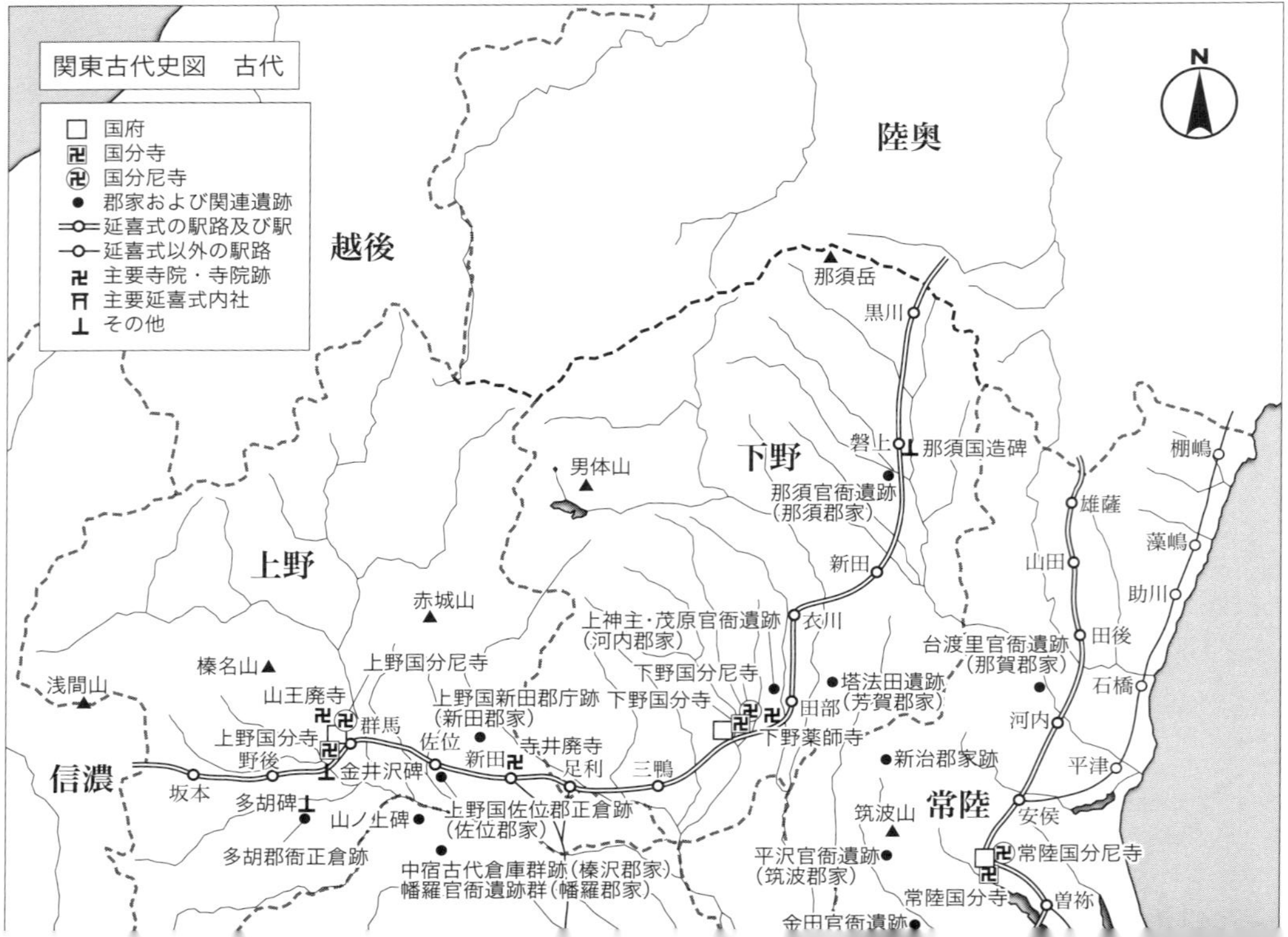
関東古代史図　古代
国府
国分寺
国分尼寺
郡家および関連遺跡
延喜式の駅路及び駅
延喜式以外の駅路
主要寺院・寺院跡
主要延喜式内社
その他
陸奥
越後
下野
上野
信濃
常陸
那須岳
黒川
磐上
那須国造碑
那須官衙遺跡
(那須郡家)
新田
衣川
男体山
赤城山
榛名山
浅間山
上神主・茂原官衙遺跡
(河内郡家)
下野国分尼寺
下野国分寺
田部
下野薬師寺
塔法田遺跡
(芳賀郡家)
台渡里官衙遺跡
(那賀郡家)
棚嶋
藻嶋
助川
田後
石橋
雄薩
山田
河内
平津
安侯
新治郡家跡
筑波山
平沢官衙遺跡
(筑波郡家)
常陸国分尼寺
常陸国分寺
曽祢
金田官衙遺跡
上野国分尼寺
山王廃寺
群馬
上野国分寺
野後
坂本
金井沢碑
佐位
上野国新田郡庁跡
(新田郡家)
新田
寺井廃寺
足利
三鴨
上野国佐位郡正倉跡
(佐位郡家)
多胡碑
山ノ上碑
多胡郡衙正倉跡
中宿古代倉庫群跡(榛沢郡家)
幡羅官衙遺跡群(幡羅郡家)

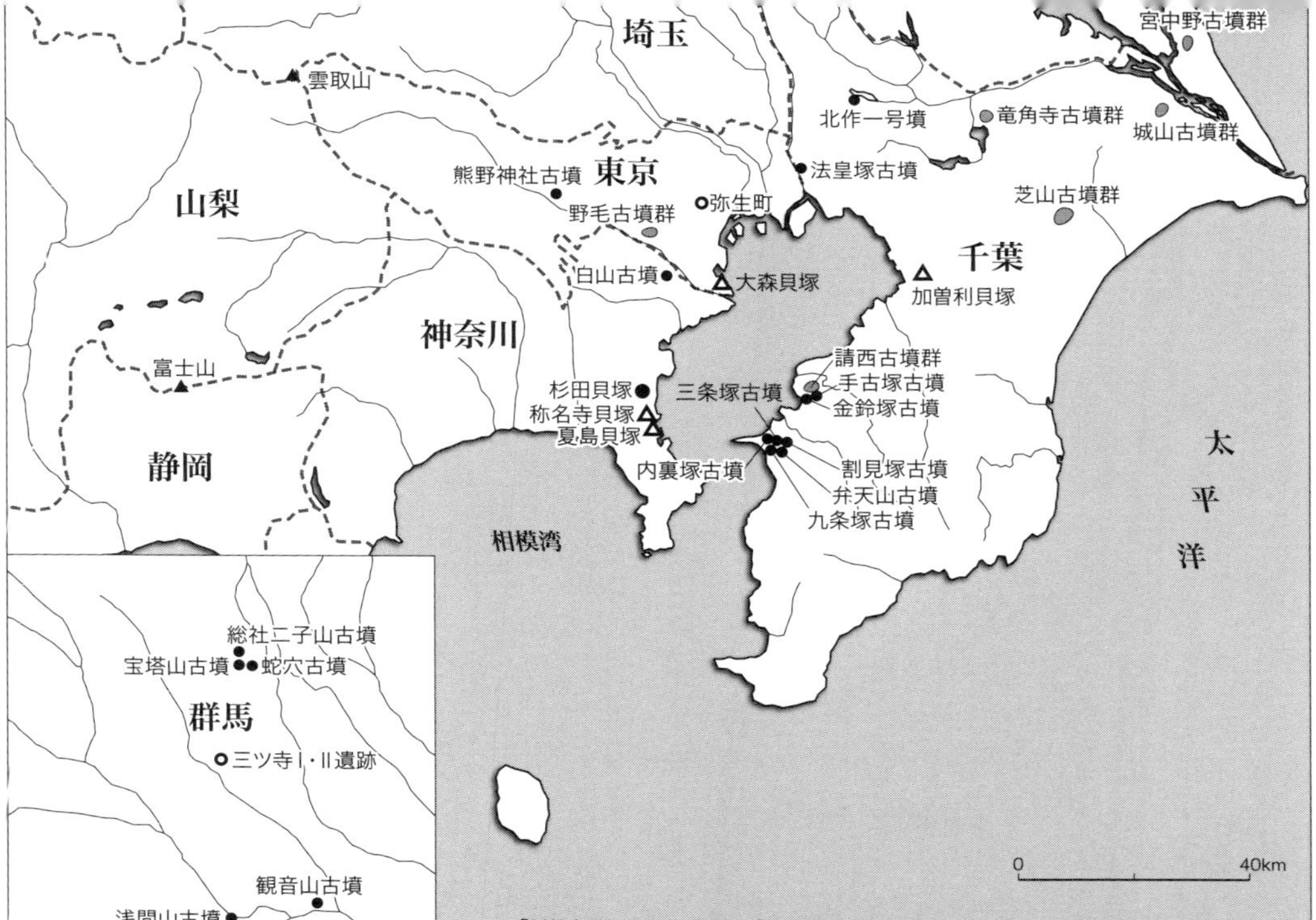

『新版古代の日本７ 中部』『同８ 関東』角川書店、巻末地図に加筆・修正し作成（以下同）

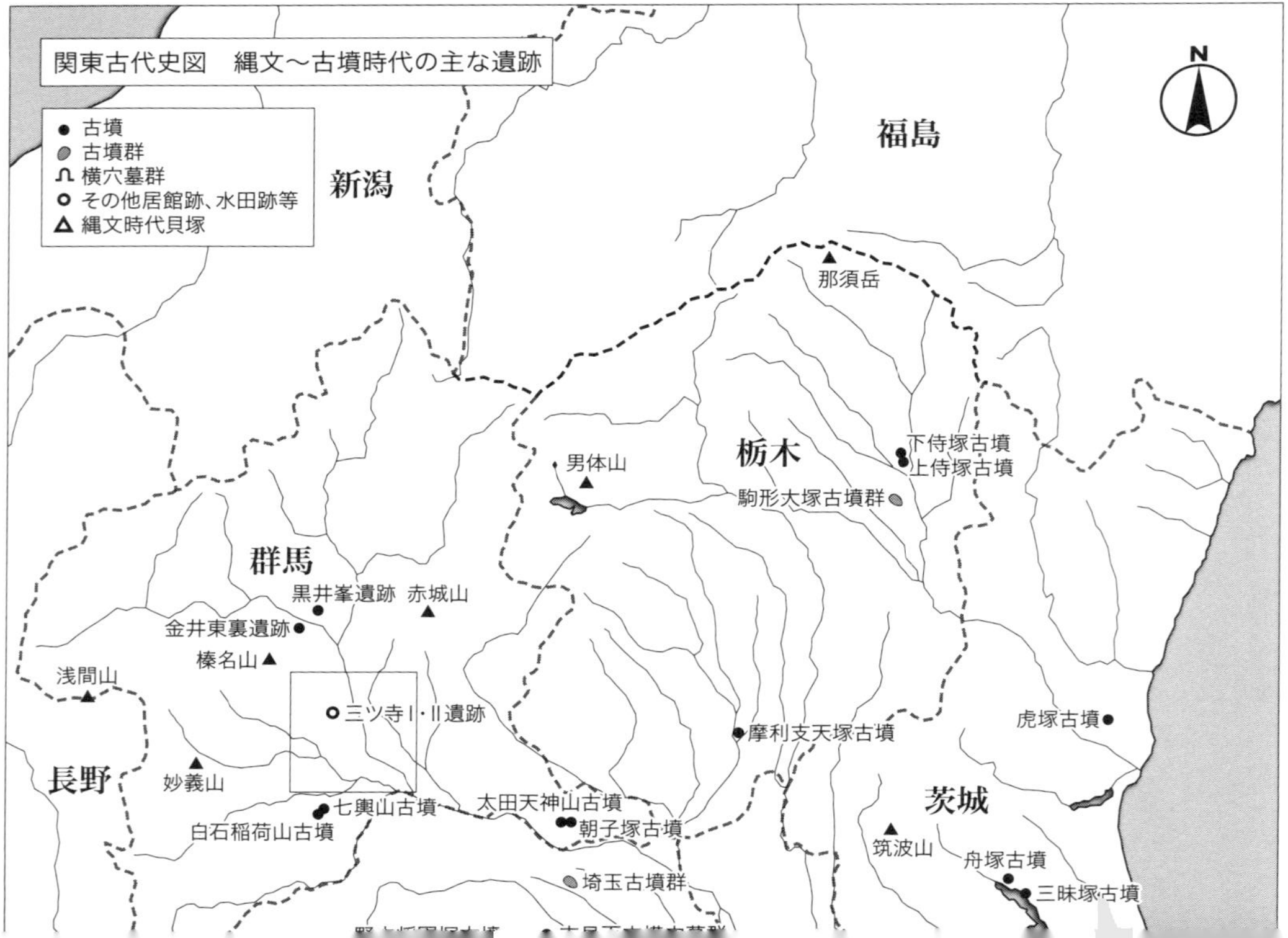

関東古代史図　縄文～古墳時代の主な遺跡
古墳
古墳群
横穴墓群
その他居館跡、水田跡等
縄文時代貝塚
N
福島
新潟
群馬
栃木
茨城
長野
那須岳
下侍塚古墳
上侍塚古墳
駒形大塚古墳群
男体山
黒井峯遺跡
赤城山
金井東裏遺跡
榛名山
浅間山
三ツ寺Ⅰ・Ⅱ遺跡
妙義山
七輿山古墳
白石稲荷山古墳
太田天神山古墳
朝子塚古墳
摩利支天塚古墳
虎塚古墳
筑波山
舟塚古墳
三昧塚古墳
埼玉古墳群

西　暦	時代・天皇・年号	記　　事
774	5	陸奥国に急変があった場合、坂東8ヵ国に援兵を差し向けることが命じられる
780	11	伊治呰麻呂の乱、多賀城が焼ける。坂東諸国に糒3万斛を準備させる。坂東の兵士を9月、下総・常陸国の糒を8月までに多賀城に送らせる
784	桓武／延暦3	長岡京遷都
789	8	紀古佐美らによる征夷が始まる
794	13	坂上田村麻呂らによる征夷が始まる。平安京遷都
802	21	蝦夷の首長阿弖流為、征夷大将軍坂上田村麻呂に降伏。富士山の噴火で足柄路がふさがれ筥荷（箱根）路が開かれる。胆沢城を造営
818	嵯峨／弘仁9	東国で大地震が起きる
826	淳和／天長3	上総・常陸・上野国を親王任国とする
838	仁明／承和5	神津島が噴火する
842	9	承和の変、橘逸勢を伊豆国に配流（途上の遠江国で死亡）
864	清和／貞観6	富士山が噴火し、溶岩が流れ出す
887	光孝／仁和3	大地震が起き、東海地方から西日本にかけて大きな被害をもたらす。翌年、地震でせき止められた千曲川が決壊し、信濃国に大きな損害をもたらす
894	寛平6	遣唐使（大使菅原道真）の派遣を停止
901	醍醐／延喜1	右大臣菅原道真を大宰権帥に左遷
902	2	延喜の荘園整理令発布
907		唐が滅び五代十国時代に入る
918		高麗が建国される
935	朱雀／承平5	平将門の乱（～天慶3〈940〉）

西　暦	時代・天皇・年号	記　　事
690	4	新羅人が下野国に移配される
694	8	藤原京遷都
700 頃	文武 4	那須国造碑建立
701	大宝 1	遣唐使を任命（粟田真人）。大宝律令制定
708	元明／和銅 1	和同開珎を鋳造（武蔵国秩父郡が銅を献上）
710	3	平城京遷都
711	4	上野国甘楽・緑野・片岡郡を割いて多胡郡ができる。この後、多胡碑が建てられる
716	元正／霊亀 2	駿河・甲斐・相模・上総・下総・常陸・下野国の高句麗人が集められ、武蔵国に高麗郡が建てられる
718	養老 2	この頃『常陸国風土記』が成立する。上総国を割き、安房国を置く
720	4	舎人親王らが『日本書紀』を撰上
721	5	下総国戸籍が作成される。この頃、下野薬師寺の本格的な造営がはじまる
724	聖武／神亀 1	「坂東九国」の兵士3万人に騎射を教習し、布・綿などを陸奥鎮所に運ばせる
726	3	金井沢碑建立
730	天平 2	防人の一時停止（天平勝宝 7 歳〈755〉までには復活）。防人が東国のみから徴発されるようになる
740	12	恭仁京遷都
741	13	国分寺・国分尼寺建立の詔。安房国が上総国に併合される
743	15	墾田永年私財法を公布。盧舎那大仏造立を発願
744	16	難波京遷都（後期難波宮）
745	17	平城京還都
750	孝謙／天平勝宝 2	肖奈福信らが高麗朝臣を賜る
757	天平宝字 1	東国防人を廃止。上総国を割き、再び安房国を置く
760	淳仁／天平宝字 4	武蔵国に新羅人を移配する
761	5	下野薬師寺に戒壇が設置される（天下三戒壇の1つ）
770	光仁／宝亀 1	道鏡を下野薬師寺に配流
771	2	武蔵国を東山道から東海道へ編入

東国と信越　古代史年表

西　暦	時代・天皇・年号	記　　事
3C末	古墳時代	前方後円墳が出現
471		埼玉県稲荷山古墳出土鉄剣銘「辛亥年七月中」
478	宋／昇明2	倭国王武、宋から「使持節都督倭新羅任那加羅秦韓慕韓六国諸軍事安東大将軍倭王」の称号を受ける
538	宣化3	仏教が日本に伝来（552年説もあり）
603	推古11	冠位十二階の制定
604	12	十七条憲法の制定
628		唐、中国を統一
645	孝徳／大化1	中大兄皇子・中臣鎌足らが蘇我入鹿を暗殺、蘇我本宗家が滅亡（乙巳の変）。東国国司を任命する。難波京遷都（前期難波宮）
646	2	「改新の詔」を公布
647	3	渟足柵を設置
648	4	磐舟柵を設置
649	5	常陸国で第1次立評が行われる
653	白雉4	常陸国で第2次立評が行われる
660		百済が唐・新羅連合軍に滅ぼされる
663	天智2	倭と百済軍、唐・新羅連合軍と白村江で戦い敗北
666	5	百済の男女2000人余が東国に移配される
667	6	近江大津京に遷都
668		高句麗が唐・新羅の連合軍に滅ぼされる
670	9	全国的な戸籍（庚午年籍）をつくる
672	天武1（弘文1）	壬申の乱
681	10	山ノ上碑建立
683	12	国堺を定めるため、伊勢王らが東国に派遣される
684	13	八色の姓制定。百済人の僧俗が武蔵に移配される
687	持統1	高句麗人56人が常陸国に、新羅人14人が下野国に移配される。新羅の僧俗が武蔵国に移配される
689	3	飛鳥浄御原令施行。新羅人が下野国に移配される。下毛野子麻呂が奴婢600人を解放する
690	4	庚寅年籍をつくる

口絵作成＝山下武夫（クラップス）
図版作成＝村松明夫

■執筆者一覧　掲載順、＊は編者

川尻秋生（かわじり・あきお）＊
執筆者紹介は奥付参照。

田中史生（たなか・ふみお）
1967年生。早稲田大学文学学術院教授。日本古代史。『日本古代国家の民族支配と渡来人』（校倉書房）、『渡来人と帰化人』（角川選書）など。

白井久美子（しらい・くみこ）
1954年生。千葉県立房総のむら主任上席研究員。古墳時代の考古学。『古墳から見た列島東縁世界の形成』（纂修堂）、『最後の前方後円墳　龍角寺浅間山古墳』（新泉社）など。

大橋泰夫（おおはし・やすお）
1959年生。島根大学法文学部教授。日本考古学。『出雲国誕生』『古代国府の成立と国郡制』（吉川弘文館）など。

藤本　誠（ふじもと・まこと）
1976年生。慶應義塾大学文学部准教授。日本古代仏教史。『古代国家仏教と在地社会――日本霊異記と東大寺諷誦文稿の研究』、「古代の説法・法会と人々の信仰」伊藤聡・佐藤文子編『日本宗教の信仰世界』（吉川弘文館）など。

大隅清陽（おおすみ・きよはる）
1962年生。山梨大学教育学部教授。日本古代史（律令制）。『律令官制と礼秩序の研究』（吉川弘文館）、『古代甲斐国の交通と社会』（六一書房）など。

田島　公（たじま・いさお）
1958年生。東京大学史料編纂所教授。日本古代史。編著『史料から読み解く三河』（笠間書院）、編著『禁裏・公家文庫研究』1～8（思文閣出版）など。

福田アジオ（ふくた・あじお）
1941年生。国立歴史民俗博物館名誉教授。民俗学・日本村落社会史。『近世村落と現代民俗』『歴史と日本民俗学』（吉川弘文館）など。

吉村武彦（よしむら・たけひこ）

1945年生。明治大学名誉教授。日本古代史。『日本古代の社会と国家』（岩波書店）、『新版 古代天皇の誕生』（角川ソフィア文庫）など。

川尻秋生（かわじり・あきお）

1961年生。早稲田大学文学学術院教授。日本古代史。『古代東国史の基礎的研究』（塙書房）、『日本古代の格《きゃく》と資財帳』（吉川弘文館）など。

松木武彦（まつぎ・たけひこ）

1961年生。国立歴史民俗博物館教授・総合研究大学院大学教授。日本考古学。『古墳とはなにか——認知考古学からみる古代』（角川選書）、『人はなぜ戦うのか——考古学からみた戦争』（中公文庫）など。

角川選書 657

シリーズ 地域《ちいき》の古代日本《こだいにほん》

東国《とうごく》と信越《しんえつ》

令和４年４月４日　初版発行

編　者　吉村武彦《よしむらたけひこ》・川尻秋生《かわじりあきお》・松木武彦《まつぎたけひこ》

発行者　青柳昌行

発　行　株式会社 KADOKAWA
東京都千代田区富士見 2-13-3　〒 102-8177
電話 0570-002-301（ナビダイヤル）

装　丁　片岡忠彦　　帯デザイン　Zapp!

印刷所　横山印刷株式会社　　製本所　本間製本株式会社

ISBN978-4-04-703695-6 C0321

角川選書

この書物を愛する人たちに

詩人科学者寺田寅彦は、銀座通りに林立する高層建築をたとえて「銀座アルプス」と呼んだ。
戦後日本の経済力は、どの都市にも「銀座アルプス」を造成した。
アルプスのなかに書店を求めて、立ち寄ると、高山植物が美しく花ひらくように、
書物が飾られている。
印刷技術の発達もあって、書物は美しく化粧され、通りすがりの人々の眼をひきつけている。
しかし、流行を追っての刊行物は、どれも類型的で、個性がない。
歴史という時間の厚みのなかで、流動する時代のすがたや、不易な生命をみつめてきた先輩たちの発言がある。
また静かに明日を語ろうとする現代人の科白がある。これらも、
銀座アルプスのお花畑のなかでは、雑草のようにまぎれ、人知れず開花するしかないのだろうか。
マス・セールの呼び声で、多量に売り出される書物群のなかにあって、
選ばれた時代の英知の書は、ささやかな「座」を占めることは不可能なのだろうか。
マス・セールの時勢に逆行する少数な刊行物であっても、この書物は耳を傾ける人々には、
飽くことなく語りつづけてくれるだろう。私はそういう書物をつぎつぎと発刊したい。
真に書物を愛する読者や、書店の人々の手で、こうした書物はどのように成育し、開花することだろうか。
私のひそかな祈りである。「一粒の麦もし死なずば」という言葉のように、
こうした書物を、銀座アルプスのお花畑のなかで、一雑草であらしめたくない。

一九六八年九月一日　角川源義

東国と信越

シリーズ ❖ 地域の古代日本

吉村武彦
川尻秋生
松木武彦 編

角川選書